诗意的探寻

王崧舟诗意语文创新课堂十例

王崧舟 ——— 著

长江出版传媒　长江文艺出版社

图书在版编目（CIP）数据

诗意的探寻：王崧舟诗意语文创新课堂十例 / 王崧舟著. -- 武汉：长江文艺出版社，2023.9
（大教育书系）
ISBN 978-7-5702-3173-7

Ⅰ. ①诗… Ⅱ. ①王… Ⅲ. ①小学语文课—教案（教育）Ⅳ. ①G623.202

中国国家版本馆CIP数据核字(2023)第115412号

诗意的探寻：王崧舟诗意语文创新课堂十例
SHIYI DE TANXUN : WANG SONGZHOU SHIYI YUWEN CHUANGXIN KETANG SHI LI

| 责任编辑：施柳柳 | 责任校对：毛季慧 |
| 封面设计：天行健设计 | 责任印制：邱 莉 杨 帆 |

出版：长江出版传媒 | 长江文艺出版社
地址：武汉市雄楚大街268号　　邮编：430070
发行：长江文艺出版社
http://www.cjlap.com
印刷：湖北画中画印刷有限公司

开本：710毫米×970毫米　1/16　　印张：28.25
版次：2023年9月第1版　　2023年9月第1次印刷
字数：391千字

定价：59.80元

版权所有，盗版必究（举报电话：027—87679308　87679310）
（图书出现印装问题，本社负责调换）

目录

序 …………………………………………………… 001

第一课：如何在意境冥想中促进创意表达——《花开自在》

教学简案 …………………………………………… 003
课堂教学实录 ……………………………………… 008
名师点评：禅意入墨，臻于化境 / 黄吉鸿 ………… 030

第二课：如何以整合思维的方式深化整本书阅读——《城南旧事》

教学简案 …………………………………………… 041
课堂教学实录 ……………………………………… 049
《城南旧事》导读指南 …………………………… 074
《城南旧事》领读缘起 …………………………… 077
名师点评：情感逻辑下的课堂美学 / 王小庆 ……… 078

第三课：如何通过意脉追索开掘古诗的文化意蕴——《墨梅》

教学简案 …………………………………………… 089
课堂教学实录 ……………………………………… 093
《墨梅》文本解读：人与梅花一样清 ……………… 114

名师点评：还原意象，破解咏物诗的密码 / 孔令权 ········ 119
名师点评：支架的建构与诗意的澄明 / 吴冕 ············ 125

第四课：如何突破难文教学——《好的故事》

教学简案 ··· 137
课堂教学实录 ·· 142
名师点评：那么远，那么近 / 陈蒸 ···················· 165
名师点评：名师引领理念下的难课文教学策略探索 / 王清臣 ··· 170

第五课：如何在名篇教学中勾连名著导读——《红楼春趣》

教学简案 ··· 177
课堂教学实录 ·· 182
名师点评：课即斯人王崧舟 / 施茂枝 ·················· 210
名师点评：为古典名著阅读打开一扇窗 / 潘淑亚 ······ 216

第六课：如何以语文的方式传承革命文化——《十六年前的回忆》

教学简案 ··· 223
课堂教学实录 ·· 227
名师点评：入境·入文·入心 / 杨美云 ················ 252
名师点评："文化"立起语文的课堂 / 向爱平 ·········· 261

第七课：如何以大概念统领群诗教学——《咏物诗与〈竹石〉》

教学简案 ··· 269

课堂教学实录 ··· 273

名师点评：在大任务学习中，与伟大的事物相遇 / 魏星 ··· 300

第八课：如何创设有效的学习情境——《母鸡》

教学简案 ··· 309

课堂教学实录 ··· 313

圆桌论坛：素养立意下语文课堂教学新样态 ················ 342

第九课：如何彰显思辨性阅读的教学特征——《表里的生物》

教学简案 ··· 351

课堂教学实录 ··· 358

名师点评："发现"里的素养立意 / 向爱平 ················ 385

教学反思：警惕"沉默的螺旋" ···························· 390

第十课：如何在任务群视域下重构单篇教学样态——《梅花魂》

教学简案 ··· 395

课堂教学实录 ··· 400

教学反思：任务群视域下小学语文单篇教学样态的转向 ··· 425

序

> 树上的叶子说:"这来又变样儿了,
> 你看,有的是抽心烂,有的是卷边焦!"
> "可不是,"答话的是我自己的心:
> 它也在冷酷的西风里褪色、凋零。
> 这时候连翩的明星爬上了树尖;
> "看这儿,"它们仿佛说:"有没有改变?"
> "看这儿,"无形中又发动了一个声音,
> "还不是一样鲜明?"——插话的是我的魂灵!
>
> —— 徐志摩《变与不变》

套用瑞士学者海因里希·奥特的话来说,"诗意"永远是一种更高的存在,永远是一种更大的奥秘。

"诗意的探寻",作为一个名词,意指对语文教育的探寻本身是一种充满诗意的教育生活。在这里,关键不是"找到",而是"探寻"。找到意味着诗意的终结,诗意死了;而探寻本身,则为"诗意"永远是一种更高的存在、更大的奥秘提供了实践注脚。

"诗意的探寻",作为一个动词,意指对充满诗意的语文教育的一种永

无止境的探索与追寻。正因为"诗意"永远是一种更高的存在、更大的奥秘，因此，对诗意语文的探寻有着无限的可能。任何形式的停驻与凝固，都意味着诗意的消亡。

从某种意义上讲，诗意即探寻，探寻即诗意。也是在这个意义上，我对诗意语文的探寻一刻都未曾停止过。正所谓，莫怨孤舟无定处，此身自是一孤舟。

探寻的动力，一方面来自诗意语文的外缘，另一方面则来自诗意语文的内因。就诗意语文的外缘看，几乎所有的条件和因素都处在不断变化中。作为课程主体的学生，他们的时代环境、社会背景、人生阅历、文化境遇，以及语言经验、认知能力、思维水平、情感状态等，都在更新迭代中；作为课程载体的课程计划、课程标准、教材教法等，也随着国家意志、宏观政策，以及全球化、信息化等诸多因素的影响而发生持续的变革与创新。如何主动适应甚至积极引领语文教育环境的新变化、新变局，是摆在诗意语文面前的一个时代课题。

就诗意语文的内因看，其天然具有的和谐、个性、自由、超越、创造等特性，决定着诗意语文永远不会僵化、固化、模式化。对诗意语文来说，诗意就是一种永恒的探寻与创造。只要生命之火还在燃烧，他就无日不探寻，无处不创造。我深知，在自己的心灵深处，有一种根深蒂固的冲动，这就是对空的永无止境的探寻与确证。我们但知诗意语文是一种"有"，有思想格局，有道德境界，有审美品位，有文化底蕴，有人生信仰。却不知诗意语文也是一种"空"，这"空"，不是空无，不是空虚，也不是空洞，而是对诗意语文之"有"的否定与超越。正是"空"，给了诗意语文以无限的可能。

本书收录的诗意语文创新课堂十例，均是我自己近五年来对诗意语文的最新探寻与创造。其中，《花开自在》创作于 2018 年，《城南旧事》《墨梅》创作于 2019 年，《好的故事》创作于 2020 年，《红楼春趣》《十六年前的回忆》《咏物诗与〈竹石〉》创作于 2021 年，《母鸡》《表里的生物》《梅花魂》创作于 2022 年。

所有这些课例，都在努力、真诚地探寻与创造诗意语文的某种新可能。

《花开自在》是诗意语文对课程新模式的一种探索。习作教学一直以来是语文教学的老大难问题，困扰最大的莫过于学生表达的言之无物。而常态的做法，是通过外求来改变这一困境。诸如：丰富学生的生活体验、增加学生的语言积累、拓宽学生的阅读视野等。《花开自在》则反其道而行之，不外求，向内求。即通过意境冥想这一新模式，引导学生在自己的内心深处挖掘想象和语言的潜能，并以一种内视的方式将这种潜能释放出来，从而切实解决言之无物、言之无情的习作困境。

《城南旧事》是诗意语文对课程新路径的一种尝试。关于整本书阅读，我们已经有了相对成熟的课型经验，通常按照整本书的自然阅读过程，形成导读课—推进课—展示课—延伸课这样一种课型流程。《城南旧事》则是对这种线性路径的超越，它试图通过整合思维，将导读课的期待营造、推进课的支架搭建、展示课的成果分享和延伸课的阅读链接等，通过一种主题统摄、任务驱动、情境铺垫的方式加以整合。因此，它尝试的不是一种历时性的阅读指导方式，而是一种前后关联、左右顾盼的共时性导读路径。

《墨梅》是诗意语文对课程新视角的一种转换。传统的古诗词教学主要存在两种视角，一种是"意象还原"视角，一种是"意境创生"视角，两种视角都有其独特的教学结构与功能。但问题也是显而易见的，即往往囿于"这一个"，因而遮蔽了"这一个"背后的"这一类"（文化语境）与"这一代"（历史语境）。《墨梅》选择的是第三种视角，即"意脉追索"视角。一方面，将《墨梅》置于更大的咏梅诗的文化语境之中，开掘其深藏的文化意蕴；另一方面，将《墨梅》置于作者王冕所处的历史语境之中，触摸其承载的生命情怀，从而在大文化视域中实现"这一个"（《墨梅》）与"这一类"（咏梅诗）"这一代"（王冕）的统一。

《好的故事》是诗意语文对课程新热点的一种突破。统编教材的一部分选文对学生来说有着相当难度，其中呼声最高的莫过于鲁迅先生的《好的故事》。先生此文至少有"四难"：难在语言文字的年代感，难在诗哲交融的文体感，难在梦境意象的朦胧感，难在知人论世的历史感。如何突破上述难点呢？此课充分利用"文献资料"这一支架，通过聚焦创作时间，来转换有年代感的语言文字；通过比较表达方式，在复沓回环的诵读中品味散文诗的特殊节奏与神韵；通过参读鉴赏材料，明了梦境意象的暗示性与象征性；通过研究历史文献，了解鲁迅先生在特殊时期的特殊心境。最终，学生以情悟情、以心契心，成功抵达了先生的"好的故事"，也开启了属于自己的"好的故事"。

《红楼春趣》是诗意语文对课程新结构的一种变革。首先，立足课程，超越课程。《红楼春趣》安排在五下第二单元，本单元属于中国古典名著单元，"初步学习阅读古典名著的方法"是单元语文要素。作为略读课文的《红楼春趣》，自然需要承担落实语文要素的任务；但是，作为古典名著《红楼梦》进入小学语文课程的第一课，《红楼春趣》同时还承载着开启"红楼"之窗、亲近"红楼"之书的重要使命。故此，教学既立足课程，扎实践履语文要素；又超越课程，积极启动名著阅读之旅。其次，初识红楼，期待红楼。《红楼春趣》节选自《红楼梦》第七十回，人物众多，性格鲜明；情节曲折，引人入胜。通过《红楼春趣》的阅读，学生不仅能体会到宝玉、黛玉等《红楼梦》主要人物的性格特点，还能感受到《红楼梦》主要场景大观园中的生活景况，也能品味到《红楼梦》叙事语言的质朴自然、精致传神。以此为导读契机，让学生对人物的命运产生期待、对诗意的人生产生向往、对名著的价值产生思考。

《十六年前的回忆》是诗意语文对课程新取向的一种演绎。语文课程在落实革命文化教育过程中，很容易暴露出两种倾向：一是架空语文实践活动，代之以纯粹的革命题材讲述、革命思想灌输；二是罔顾儿童的认知规律与年龄特征，以成人的思维方式将革命观念、革命精神强加给儿童。此课以"文道统一、以文化人"为价值取向，通过删繁就简集中目标、整合习题随堂落实、围绕人物还原形象、进入历史贯通文脉等策略，让革命文化教育有育人高度、有课程黏度、有文化厚度、有陶冶效度，实现语文学习与立德树人的有机统一。

《咏物诗与〈竹石〉》是诗意语文对课程新形式的一种构建。此课曾经三易其稿，由一开始的单篇教学到之后的群诗教学，再由群诗教学升华到大概念教学。而作为大概念统领下的古诗教学，无疑对教学设计形式、教学组织形式、教学内容呈现形式，都提出了全新挑战。此课围绕"托物言志"这一咏物诗学习的大概念，整个教学过程经历了由具体事实（曾经学过的5首咏物诗）上升到抽象概念（咏物诗的特点与方法）的归纳过程，又由抽象概念（咏物诗的特点与方法）下移到具体事实（郑燮的《竹石》）的演绎过程。在这样一个特殊到一般再到特殊的交互过程中，成功实现咏物诗学习的大概念建构。

《母鸡》是诗意语文对课程新理念的一种践行。该课是在《义务教育语文课程标准（2022年版）》（以下简称"新课标"）正式颁布的背景下所作的一次致用性学习，是诗意语文践行新课标理念的第一课。该课以任务情境的创设作为突破口，打破了普通课堂的单一情境，即文本情境的局限，走向了文本情境与虚构情境的融合。一方面，这堂课顺着文本本身的情境，从对母鸡"一向讨厌"转向对母鸡"不敢再讨厌"，体会到作家运用对比手法表达对母鸡情感的作用；另一方面，则是充分利用文本情境，虚构出一个作家创作《母鸡》过程的艺术情境。从写"投诉信"到写"表扬信"，最后到"怀念母亲"。两个维度的情境有机交织在一起，形成一个复合情境。它的作用，正如叶圣陶先生所讲，促进学生学习的办法有两个，"一使需之切，一使乐其业"。让学生对学习产生迫切需要，才会主动学习；让学生感到学习有无限乐趣，才会越学越爱学。这是《母鸡》一课在践行新课标上的一个重要突破。

《表里的生物》是诗意语文对课程新领域的一种探寻。新课标颁布之前的语文教学，尚未出现"学习任务群"这一概念。因此，任一单元的语文教学，除了需要落实"语文要素"之外，再无特定的"学习领域"这一意识。而新课标以"学习任务群"的内容组织方式，将语文学习划分为六大领域：

语言文字积累与梳理、实用性阅读与交流、文学阅读与创意表达、思辨性阅读与表达、整本书阅读、跨学科学习。每一学习领域，都有着明确的课程宗旨、内容结构以及实施方式、评价要求。此课的设计，首次将学习领域作为大前提，然后依据所划定的"思辨性阅读与表达"这一领域的特点和要求，将"科学精神"设定为学习主题，以作者求证表里有生物这一思维过程作为教学主线，引导学生感受人物形象中的科学品质，体会作者求证过程中的理性精神，进而达成"思辨性阅读与表达"这一学习领域的目标要求。此课上承早年诗意语文课例《两小儿辩日》的思辨理趣、《只有一个地球》的质疑精神，继之以新课标的素养立意与任务群建构，教学过程中的理性思维得到进一步展露，理性精神得到进一步彰显。此课是诗意语文由诗向思的一次升华。

　　《梅花魂》是诗意语文对课程新样态的一种创生。随着新课标的不断落实，课堂教学持续出现多种样态，诸如：大单元教学样态、项目式教学样态、专题教学样态、活动教学样态、群文教学样态等。但是，在可以预见的将来，单篇教学依然会是最基本、最常见的教学样态。只不过与之前的单篇教学相比，新课标理念下的单篇教学样态会有诸多新的转向。此课便是对这种转向的探索与创新。首先，在学习领域上，此课导向了"任务群"——文学阅读与创意表达；其次，在学习目标上，此课指向了"大概念"——文学意象；最后，在学习活动上，此课投向了"真情境"——种什么树来怀念外祖父。学生围绕"梅花"这一文学意象，在任务情境的驱动下自主学习、合作探究，实现了文化自信、语言运用、思维能力、审美创造等语文课程核心素养的整体提升。

　　当然，变与不变是相对的，更是统一的。上述课例，无论怎么变，变模式、变路径、变视角、变热点、变结构、变取向、变形式、变理念、变领域、变样态，唯一不变的是诗意语文。诗意语文主张以发展学生的言语生命为核心，从生命成长的高度观照和深化语文课程变革，促进学生语言和生命的协同发展，努力成全学生的诗意人生。这一教学主张，过去没有变，现在没有变，未来也不会变。

蒋勋说，过得像个人，才能看到美。柳宗元说，美不自美，因人而彰。言语从来不外在于生命，生命的诗意彰显着言语的诗意，离开了生命的诗意，言语的诗意空无一物。

潘新和先生说，语文课程是一门学习以言语表现服务人生，彰显人、人类存在价值，培养写作者、立言者的课程。

是的，言语和人，文字和人，从来都是一体的。

语文教育的根本问题，在功利主义。功利是必须的，功利主义则是可怕的。作为语文教育的主流价值观，甚至是唯一价值观，功利主义将学语文、教语文的人当作工具，借由人这个工具，无限度、无操守地追逐语文教育的功利——更高的分数、更高的升学率、更高的知名度和美誉度、更高的品牌效应。

功利本身无可厚非，字词句段篇，必须积累；听说读写书，必须习得；语修逻文章，必须掌握。但是，功利主义只要"字词句段篇"、只要"听说读写书"、只要"语修逻文章"，人成了"语文"的受体和工具。这是典型的缘木求鱼、本末倒置。语文教育的所有问题，根子都在这里。

相反，存在主义将"人"视为目的，且是唯一的也是最终的目的。学语文、教语文的人，不是"语文"的受体，乃是"语文"的主体；不是"语文"的工具，乃是"语文"的目的。字词句段篇，才是工具；听说读写书，才是工具；语修逻文章，才是工具。人为了要活得更好，才需要语文这一工具；掌握了语文这一工具，人应该活得更好。这更好，不仅体现在应世上，更体现在应性上。

语文教育的功利主义，是整个基础教育功利主义的折射；基础教育的功利主义，是整个社会功利主义的折射。社会有病，教育必然有病，语文自然也在劫难逃。

但这并不意味着语文教育只能束手就擒、坐以待毙。指望社会先好起来、教育先好起来，语文才能好起来的观望主义、逃避哲学，只能陷语文于万劫不复的深渊，成为误尽天下苍生的笑柄。

子曰："仁远乎哉？我欲仁，斯仁至矣。"诗意语文能否破解当前语文教育的困境，我不敢说，说了也不算数。但是，我敢说，诗意语文反对功利主义，旗帜鲜明，从未动摇。

诗意语文，不是某种固化的教学模式。我宁愿相信，诗意语文是教师个体的一种境界。教语文，首在境界。事实上，并不存在一种纯客观的、放之四海而皆准的语文教学模式。语文一定只能是语文老师的语文，这话儿说得有点拗口，直言之，我们只能教自己所理解的语文。撇开任何一位具体的有名有姓有人格的语文老师谈什么客观语文、科学语文、本色语文，全是扯淡！

因此，语文的境界，本质上是由教语文的人的境界决定的。教师境界高，语文境界就高。反之亦然。因此，我们不能就语文论语文，更不能囿于语文的圈子去发现所谓语文的规律。我们只能在"人和语文"的关系中谈论语文、发现语文的规律，舍此，别无他途。

语文的出发点是人，语文的归宿是人，语文的过程显现一样离不开人。这样理解语文，就是王国维所讲的"不隔"的境界，就是禅宗所讲的"打成一片"的境界，就是儒家所讲的"道也者不可须臾离也"的境界，就是叔本华所讲的"世界万物之意志，皆吾之意志也"的境界。

有境界，语文自有高格、自有名师。有境界的语文教师愈多，战胜功利主义的可能性就愈大。

是为序。

王崧舟

壬寅年除夕于泊静斋

第一课

如何在意境冥想中促进创意表达

——《花开自在》

教学简案

教学 依托

以统编小学语文教科书五年级上册第一单元习作《我的心爱之物》为依托,独立开发基于意境冥想的创意表达课程。

教学 目标

1. **核心目标**:在意境冥想的过程中,看见心爱之花的外形、色彩、光泽、姿态等,并由此联想到心爱之花的性格特点;与此同时,用文字将自己在意境冥想过程中的所见所闻、所感所悟完整地记录下来。

2. **条件目标**:通过意境冥想,感受心爱之花的外形之美和性格之美;在意境冥想过程中,逐步记录并完善一个相对完整的"花开自在"作文片段;在名家名篇的引领下,将写实之花与写意之花结合起来,突出心爱之花的性格特点。

教学 时间

2 课时

教学 过程

一、启:花开有因

1.意境冥想引导:孩子们,请闭上眼睛。(背景音乐响起)把你的双手轻轻地放下来，你觉得怎么舒服就怎么放。对，怎么舒服就怎么放。放松你的头，头松开了；放松你的眼睛，眼睛松开了；放松你的脸，脸松开了；放松你的身体，身体松开了；放松你的双手，双手松开了；放松你的双脚，双脚松开了。继续放松——放松你的呼吸，让呼吸慢下来，慢下来，慢下来；放松你的心跳，让心跳慢下来，慢下来，慢下来。

学生随着引导语，放松自己，进入意境冥想状态。

2. 意境冥想心爱之花：现在，你可以想象了。有一朵花开在了你的心上。对，一朵花，一朵你最最喜欢的花。一朵花在你心上开着，你仔细看着。你看着她，她也看着你。你知道这朵花是谁，她也知道你是谁。你看见这朵花的模样，看得清清楚楚；她同样看见你的模样，看得明明白白。

学生随着引导语，冥想一朵花。

组织交流分享意境冥想的结果，并记录自己的冥想结果。

二、承：花开有形

1. 细化意境冥想结果：我猜，一定是你太喜欢太喜欢这朵花了，这朵花才开到了你的心上，是吧？你喜欢的花是——（指名回答）；你喜欢她多久了——（指名回答）；你跟她说过你喜欢她吗？（指名回答）

2. 将细化冥想的结果记录下来：孩子，这样说来，你对这朵花已经相当熟悉了，是吧？你一定熟悉她的颜色，一定熟悉她的光泽，一定熟悉她的姿态，一定熟悉她的风韵，一定熟悉她的气息，一定熟悉她的味道，甚至，你对她开花的声音也非常熟悉。既然，你都喜欢她这么久了，能把你心上的这朵花画下来吗？

（课件呈现）

用你的文字，画出你心上的这朵花。

她的颜色、她的光泽、她的姿态、她的风韵、

她的气息、她的味道，甚至还有她开花的声音。

学生写作约 6 分钟。

3. 组织第一次习作交流。

三、转：花开有情

1. 名家名篇引导：孩子，当你用文字一次又一次地触摸着你最最喜欢的这朵花的时候，你知道吗，这朵花，因为你的看见、你的触摸，活得更精神、更秀气了。其实，所有的花，跟人一样，都是有灵魂的，也是有性格的。

①梅花的性格

（课件呈现）

这梅花，是我们中国最有名的花。旁的花，大抵是春暖才开花，她却不一样，愈是寒冷，愈是风欺雪压，花开得愈精神，愈秀气。她是最有品格、最有灵魂、最有骨气的！

——陈慧瑛《梅花魂》

意境冥想：梅花，在你向着寒冷绽放的时候，你在对寒冷说什么？

②无名小花的性格

（课件呈现）

此刻那些花儿一下子全冒了出来，顿时改天换地，整个世界铺满了全新的色彩。虽然远处大片大片的花与蒙蒙细雨融在一起，低头却能清晰地看到，在冷雨中，每一朵小花都傲然挺立，明亮夺目，神气十足。

——冯骥才《花的勇气》

意境冥想：你不过是一朵无名小花呀，你不开，绝对不会影响这个全新的世界，你为什么非要冒出来不可？

③山茶花的性格

（课件呈现）

就因为每一朵花只能开一次，所以，山茶花就极为小心地绝不错一步，满树的花，就没有一朵开错了的。它们是那样慎重和认真地迎接着唯一的一次春天。

——席慕蓉《白色山茶花》

思考：席慕蓉笔下的山茶花，又有着怎样的性格呢？

④莲花的性格

（课件呈现）

看那株莲花，在雨中怎样的唯我又忘我，当没有阳光的时候，它自己便是阳光。当没有欢乐的时候，它自己便是欢乐！一株莲花里有怎样完美自足的世界！

——张晓风《雨荷》

意境冥想：莲花，没有阳光的时候，你不觉得害怕吗？没有欢乐的时候，你不觉得伤心吗？

2. 写一写花的性格：每一朵花都是有性格的。有的花，最有骨气；有的花，勇气十足。有的花，慎重认真；有的花，完美自足。我想，你的心爱之花一定也是有性格的。

（课件呈现）

活泼、忧伤、坚强、脆弱、稳重、任性、豪爽、拘谨、孤僻、乐观
善良、高雅、朴实、端庄、纯情、忠诚、谦虚、天真、坚韧、憨厚
小心翼翼、多愁善感、温柔体贴、精力充沛、富于冒险、从容不迫
大智若愚、光明磊落、和蔼可亲、孤傲不群、温文尔雅、超凡脱俗

意境冥想心爱之花的性格：她，可能是活泼的，可能是忧伤的，可能是坚强的，可能是脆弱的；她，可能是善良的，可能是高雅的，可能是朴实的，可能是端庄的；她，可能小心翼翼，可能多愁善感，可能大智若愚，可能光明磊落。来，发挥你自由而丰富的想象，写一写你心爱之花的性格特点。

学生写作约12分钟，配背景音乐。

3. 组织第二次习作交流。

四、合：花开有道

1.意境冥想引导：无论怎样一朵花，活泼也好，忧伤也好，坚强也好，稳重也好，总会有飘零的时候，凋谢的时候，消逝的时候。孩子们，到那时，这朵花还在吗？（静默5秒钟，音乐响起）

请闭上眼睛，放松自己。放松你的呼吸，让呼吸慢下来，慢下来，慢下来；放松你的心跳，让心跳慢下来，慢下来，慢下来。

学生随着引导语放松身体，进入意境冥想状态。

2.继续引导意境冥想：现在，你可以想象了。在你心上，这朵花还在吗？我想，这个时候，你应该有话想对心中的这朵花说。你想对她说——

（课件呈现）

一朵花，就是一个灵魂。

当我看花时，花也在看我。

我看见了一朵花，我也看见了一个如花一样的灵魂。

那一刻，花就是我，我就是花。

结课：千言万语，万语千言，也许，这就是我们最终的领悟。

课堂教学实录

一、启：花开有因

师：孩子们，闭上眼睛。（背景音乐起）把你的双手轻轻地放下来，放下来，怎么舒服就怎么放，对，怎么舒服怎么放。闭上眼睛，放松你的头，头慢慢地松开；放松你的眼睛，眼睛慢慢地松开；放松你的脸，脸也松开了；放松你的身体，身体也开始一点一点地松开了；放松你的双手，放松你的双脚，双手、双脚也慢慢地松开了。继续放松，放松你的呼吸，让呼吸慢下来，慢下来，慢下来……

生：（闭眼，随着引导语在冥想中放松自己）

师：现在，你可以想象了。一朵花开在了你的心上，对，一朵花开在了你的心上。你看着这朵花，她也在看着你；你知道她是谁，她也知道你是谁。你看着她的模样，看得清清楚楚；她也看着你的模样，也看得清清楚楚。你看着她，她看着你……

生：（随着引导语，冥想一朵花）

师：睁开眼睛，你的心上有一朵花开了，来，说说开在你心上的是什么花？

生1：我觉得开在我心上的是一朵郁金香。

师：郁金香开了。打开你的作文本，把这句话记下来，"郁金香开了！"

生2：开在我心上的是一束桃花。

师：桃花开了！记下来，写在第一行。

生3：开在我心上的是一朵傲雪的梅花。

师：梅花，真好。"梅花开了！"记在第一行。

生4：开在我心上的是一朵很华贵的牡丹。

师：哦，"牡丹花开了！"记下来。

生5：我觉得开在我心上的是一朵郁金香。

师：也是郁金香。好，"郁金香开了！"

生6：我觉得开在我心上的是一朵彼岸花。

师：什么花？

生6：彼岸花。

师：我是第一次听到这种花的名字，真有彼岸花吗？

生6：真的有。

师："彼岸花开了！"记下来。好的，孩子们，打开你们的作文本，在第一行记下你心中开的那一朵花——"什么花开了！"

二、承：花开有形

1. 唤醒爱花之情

师：孩子们，把笔放下。我猜，一定是你太喜欢、太喜欢这朵花了，所以她才开在你的心上，是不是？

生：是。

师：那我来问问，你喜欢的花是——（指名一生）

生1：我最喜欢月季花。

师：所以月季花开在你的心上了，是吗？

生1：是。

师：你喜欢她多久了？一个月？一年？还是好几年？

生1：一两年。

师：可见比较长了。（指名一生）你喜欢的是什么花？

生2：我喜欢的是梅花。

师：你喜欢梅花多久了？

生2：一年。

师：你是怎么喜欢上梅花的？

生2：因为梅花遇到雪不会被埋藏，所以我喜欢她。

师：好，我们继续聊。这位孩子，你喜欢的花是——

生3：我喜欢的是荷花。

师：我想问问你，你告诉过荷花你喜欢她吗？

生3：说过。

师：你真的跟她说过？

生3：我在心里说的。

师：我信！荷花能听到，而且能听懂。

生4：我喜欢的是梅花。

师：你给梅花拍过照片吗？

生4：有。

师：拍过。你跟她一起合过影吗？

生4：没有。

师：既然你这么喜欢她，下次见了梅花，跟她合个影吧。

生5：我喜欢的也是梅花。

师：你喜欢她多久了？

生5：大概五年了吧。

师：哇！这么久啦！那你照料过梅花吗？比如，给她浇浇水啊，施施肥啊，陪她聊聊天啊？

生5：照料过，以前在叔叔的工厂里。

师：可见你是真心喜欢梅花的。

生6：我喜欢紫荆花。

师：你喜欢紫荆花多久了？

生6：两年应该有了吧。

师：你会继续喜欢她吗？

生6：会。

师：多久？

生6：很久。

师：很久很久，那就是永远，一辈子喜欢她，是吗？

生6：是。

2. 画出爱花之形

师：孩子们，看来你对你心中的这朵花已经很熟很熟啦！我想，你一定熟悉她的颜色，是吧？你一定熟悉她的光泽，是吧？你一定熟悉她的姿态，你一定熟悉她的风韵，你一定熟悉她的气息，你一定熟悉她的味道，你甚至还可能熟悉她开花的声音。既然，你已经喜欢她这么久了，你能不能用文字画一画你心中的这朵花呢？

（课件呈现）

用你的文字，画出你心上的这朵花。

她的颜色、她的光泽、她的姿态、她的风韵、

她的气息、她的味道，甚至还有她开花的声音。

生：（习作约6分钟）

师：（边巡视，边提醒写字姿势，边轻轻诉说学生的习作内容）

——"郁金香开了！那如白雪似的花瓣儿……"呦！诗一样的语言，真好！看来你是真的喜欢她。

——"桃花开了！它大概开在二月左右……"你真了解她，没错。

——"荷花开了！它开得那么美，那么艳……"一提笔就夸她，真好！

——"三角梅开了！这是我最爱的花……"好深情的表白，最爱。

——"苜蓿花开了，它就是我童年的伙伴……"哦，你喜欢苜蓿花，这种花我好像没看到过，你的童年真有意思。

——"玫瑰花开了！她……"哦，这个"她"用得好！他用的是女字旁的"她"，感情更深一层了。"她穿着红色的裙子，随风起舞。"读了你的文字，

我眼前就有一幅画出现了,真好!我给你画红圈线,你知道红圈线是啥意思吗?

生:知道,是好句。

师:是好句,我给你编上1号,真好!

师:(在巡视中不断发现优秀习作)

——好极了!我得给你加上红圈线,给你编上2号。

——好极了!给你编上3号。

——哦,你已经写了3个"温暖"了,你不打算写第4个"温暖"吧?好,继续写。

——真漂亮,非常好。给你编上6号。(之前已经编了4号、5号,凡是编上号的,都是写得比较典型的习作,等待反馈点评。)

师:还想写的,可以继续写;已经写好了的,可以轻轻地读一读自己的文字。文章怕读字怕挂。读一读,就知道好在哪儿,不足的地方又在哪儿。

生:(部分继续写,部分开始轻声朗读自己的习作)

3. 分享爱花之文

师:好,孩子们,把笔放下。转了一圈,虽然没有全部看完,但是我越来越相信,只要你真心喜欢这朵花,真心对待这朵花,你的文字一定会像花儿一样引人注目的。有请1号,仔细倾听她笔下的这朵花,看看对你有什么启示。

生1:(朗读习作)月季花开了!浓郁的紫色中,抹着那点雪白,好似一个亭亭玉立的少女,飘出一丝淡淡的、淡淡的香味,却又飘出了很远、很远,让人陶醉又喜欢。(掌声)

师:她这朵花,带给你什么启示?

生:那香味飘进了我的心里。

师:哦,你觉得这一句写得特别……

生:特别好。

师:为什么呢?

生：因为她描写的香味……

师：如果她写"飘到了她的鼻子上"，你还想学她吗？

生：不想了。

师：飘到了哪里？

生：飘到了很远很远的地方，最后飘到了我的心里。

师：这样就把花香的特点写出来了。对吧？非常好！有请2号——

生2：（朗读习作）梅花开了！她，是那纯洁无瑕的白色，在寒风中，在那寒冷的冬天，她开了。她来了，哦，哦，是她，是她。那优雅的姿态，可真是世界上独一无二啊。

师：这样的文字，听一遍显然不过瘾，我很想再听一遍，你们想吗？

生：（纷纷应答）想。

生2：（重读自己的作文）

师：什么地方你觉得听起来特别过瘾？

生：就是在一些句式里边，有一些反复的味道，加强语气。

师：比如说——

生："哦，是她，是她。"

师：她为什么要这样写？反复写，为什么？

生：因为这样可以写出她很惊喜。

师：很惊喜！梅花终于开了，她没有想到，那么冷那么寒，梅花竟然还开！所以反复出现"哦，是她，是她"。太惊喜了。

生：对。

师：真好！他懂了。懂了就吸收了。有请3号——

生3：（朗读习作）牡丹开了！她很小心地抖掉自己身上的尘埃，很自信地挺起自己的花蕊，粉嫩的花瓣透出一种高贵的红色，微微弯腰，面带笑容地迎接我们这些看客。像一位穿着石榴裙的舞者随风而舞。

师：怎么没有掌声呢？

生：（热烈鼓掌）

师：这么美的画面，你能不心动吗？我发现，他对牡丹花的描绘中有几个字眼儿特别传神。你们谁听出来啦？

生：他到处都用了拟人的手法。

师：比如——

生：比如像"抖掉了尘埃"。

师："抖掉了"不就是拟人吗？那是人的动作，现在用来写牡丹，花儿就活了。继续——

生："挺起了她的花蕊"。

师：这个"挺"字太传神啦。你们仿佛看到了什么？

生：仿佛看到牡丹开得很有精神的样子。

生：仿佛看到花很自豪的神态。

师：这是拟人的好处。有请4号——

生4：（朗读习作）百合花开了！她是一位穿着白色婚纱的新娘，迈着优雅的脚步缓缓地走进我的心里。她白得透亮，白得无瑕，仿佛只要有一点泥泞沾上，就会从一位新娘摇身一变，变成一位普通的妇女。

师：新娘变成妇女，这是她的一种担心、一种假想。你们从哪个词上听出了她的这种假想和担心？

生：仿佛。

师：其实，在她心中，这朵百合花永远是一位白得透亮、白得无瑕的新娘。这种假想和担心，恰恰写出了她对百合花的感情。真好！有请5号——

生5：（朗读习作）玫瑰花开了！她那身翠绿欲滴的外衣脱了，艳紫的内心露出来啦。那么美丽，那么动人，宛如一位亭亭少女在随风起舞。

师：说说看，他的写话带给你什么特别深的印象——

生：他把美丽的玫瑰花写成了人，印在了我的心里。

师：你知道吗，你说的话里也有一个字印在了我心里，哪个字？

生：印。

师：他显然把玫瑰当作什么来写了？

生：人。

师：还不是一般的人，不是普通的人，是什么人？

生：少女。

师：是少女。有请6号——

生6：（朗读习作）百合花开了！只听见嘶嘶几声，百合花张开了她的一只手，她对着我笑，对着我说话，对着我发出淡淡的花香箭，直射我心中，让我感受到温暖、温暖、温暖。

师：我说嘛，你已经写了3个"温暖"，还打算写第4个"温暖"吗？

生：打算。

师：啊？还打算写第4个啊？（笑）不需要啦，知道为什么吗？

生：事不过三。

师：重要的事，说三遍；关键的词，写三遍。否则，就过头了，明白吗？

生：明白。

师：其实，他除了用拟人的手法写百合花，这一点跟前几位同学是差不多的。但有一点写得特别细腻、与众不同，你们谁听出来啦？

生：他听见了百合花开放的声音。

师：你看，一个男孩心思这么细腻，耳朵这么灵敏，我真没想到。他写了百合花开花的声音，"嘶嘶"，花开的声音绝对是天籁啊。可惜，很多人都听不到花开的声音。像他一样，用心灵的耳朵去听。有请7号——

生7：（朗读习作）白莲花开了！她洁白如玉的花瓣终于绽放出她自己新的一面了。那片又大又圆的花瓣在阳光的映衬下显得那么靓丽、那么鲜艳。她穿着白纱裙，散开那金色的秀发，随着微风在跳舞。那舞姿是那么优美，那么迷人。

师：我想请她重新读一遍，大家注意倾听。她的文字至少有2个地方写得特别新鲜，是前面的孩子没有写到过的。注意倾听——

生7：（再次朗读自己的习作）

师：有人听出来了吗？

生：她写了"那片花瓣在阳光的映衬下显得那么靓丽、那么鲜艳。"

师：没错！我们写花只写花，你忘啦，没有光，没有影，那花是死的呀。她写了阳光，有了光，有了影，那花才是活的。这一点写得特别好。继续——

生：她还写出了少女的衣装。

师：少女的衣装前面也有人写到过。但是，有一点只有她写了，别人好像都没有写过，听出来了吗？

生：她写了金色的秀发。

师：其实就是白莲花的花蕊。但是颜色写得特别好，金跟白搭在一起，那叫一个贵气。莲花嘛，出淤泥而不染，濯清涟而不妖，当然是高贵的。

4. 修改爱花之文

师：孩子们，刚才我们听了七位同学的作文，写得都特别形象、特别生动。你发现没有，只要你真心实意喜欢这朵花，只要你真心实意对待这朵花，你的文字就会像花一样绽放。我想，听了七位同学的分享，你是不是有一种冲动，我要重新改一改，有没有这样的冲动？有这个冲动的请举手——

生：（纷纷举手）

师：赶紧改吧！还等什么？带着内心的冲动修改文字，你的文字就会又一次像花儿一样绽放。

生：（修改各自的习作）

师：（边巡视边插话）是好的，你都可以学，没有专利，只管学。你们知道修改符号吧？添加的符号，删除的符号，改正的符号，调整的符号，你们都知道吧。写作文，文字本身是美的，其实各种各样的修改符号同样是美的。

三、转：花开有情

师：好，孩子们，把笔都放下。你们刚才在干吗？

生：修改。

师：不是。你们在重新触摸你们心中的那朵花，你们在重新看见你们心中的那朵花。孩子们，你们知道吗？正是因为你们的触摸，你们的看见，让那一朵花再次在你们的心中活了起来。其实啊，任何一朵花都有灵魂，任何一朵花都有性格，不信，我们一起来看一看。

1. 品味梅花的性格

（课件呈现）

这梅花，是我们中国最有名的花。旁的花，大抵是春暖才开花，她却不一样，愈是寒冷，愈是风欺雪压，花开得愈精神，愈秀气。她是最有品格、最有灵魂、最有骨气的！

——陈慧瑛《梅花魂》

师：这是你们曾经读过的课文《梅花魂》。谁来读一读？

生：（朗读这段文字）

师：你们语文老师是谁？

生：徐老师。

师：徐老师，您教得太好了！都过去大半年了，您的学生还是读得这么熟练、这么富有激情！来，孩子们，我们一起读——

生：（齐读语段）

师：我想问问在座的各位梅花，当你向着寒冷开放的时候，你在对寒冷说什么？

生1：让暴风雪来得更猛烈些吧。

师：你怕吗？

生1：不怕。

师：因为你就是这样的性格，什么性格？

生1：不惧困难，不惧危险。

师：没错。因为你是最有——

生1：品格的。

师：最有——

生1：骨气的。

师：最有——

生1：灵魂的。

师：没错。各位梅花，当你向着狂风绽放的时候，你仿佛在对狂风说什么？

生2：狂风，我一点也不惧怕。即使你把我吹到地上，我也会在那生根发芽。

师：我还要绽放我的美丽，因为我就是——

生2：梅花。

师：各位梅花，当你向着大雪绽放的时候，你仿佛在对大雪说什么？

生3：大雪，你压不垮我的。我就是梅花，你压垮了我，也压不垮我千千万万的同胞们。

师：我知道，我知道，他已经完全进到梅花魂的意境中去了。我给你加一句哦，你可以压垮我，但是你打不败我。愿意加这一句吗？

生3：大雪，你可以压垮我，但是你打不败我。

师：是的，孩子们，这就是梅花的性格。我们都知道，她最有——

生：（齐答）品格。

师：最有——

生：（齐答）灵魂。

师：最有——

生：（齐答）骨气。

师：来！用你的朗读，把这样的性格读出来——

生：（齐读该段）

2. 品味无名小花的性格

师：真好！继续看——

（课件呈现）

此刻那些花儿一下子全冒了出来，顿时改天换地，整个世界铺满了全新的色彩。虽然远处大片大片的花与蒙蒙细雨融在一起，低头却能清晰地看到，在冷雨中，每一朵小花都傲然挺立，明亮夺目，神气十足。

——冯骥才《花的勇气》

　　师：这也是你们曾经学过的《花的勇气》，谁来读一读？

　　生：（朗读这段文字）

　　师：最后三个词读得最好、最棒、最有味道，谢谢。孩子们，你们都知道，这些是维也纳的无名小花，你们知道她的名字吗？没有人知道。所以，我想问问在座的各位无名小花，你不开，没事，天太冷。你不开，绝对不会影响这全新的世界。请问，你为什么还要冒出来？

　　生1：因为我想让这世界更加光彩夺目。

　　生2：因为我是一朵花，花就要冒出来，开花是我的职责。

　　师：把职责改成使命好不好？把使命改成天命好不好？开花就是你的——

　　生2：天命。

　　生3：因为我要人们都目睹我的光彩，所以我才冒出来。

　　师：哪怕我再小，哪怕我再无名，我也要人们看到我的——

　　生3：美丽。

　　师：这就是我的——

　　生3：性格。

　　师：我们一起把这种性格读出来。画线的地方你们读，别的地方我来读。此刻那些花儿——

　　生：（齐读）一下子全冒了出来。

　　师：顿时——

　　生：（齐读）改天换地。

　　师：整个世界——

　　生：（齐读）铺满了全新的色彩。

师：虽然远处大片大片的花与蒙蒙细雨融在一起，低头却能清晰地看到，在冷雨中，每一朵小花都——

生：（齐读）傲然挺立，明亮夺目，神气十足。

师：这，就是这些小花的性格。我们继续看——

3.品味山茶花的性格

（课件呈现）

就因为每一朵花只能开一次，所以，山茶花就极为小心地绝不错一步，满树的花，就没有一朵开错了的。它们是那样慎重和认真地迎接着唯一的一次春天。

——席慕蓉《白色山茶花》

师：这是席慕蓉的《白色山茶花》，你们应该没有读到过吧？来，谁来读读？

生：（朗读这段文字）

师：哇！咋就读得这么好呢！我简直怀疑你读过这篇文章，你读过吗？

生：没有。

师：真没读过？你的语感太好了！孩子们，在席慕蓉眼中，山茶花的性格是什么？

生1：（没有举手，王老师将话筒递给了他，学生没有发言）

师：我来帮你，我来帮你。愿意起立吗？

生1：（摇头）

师：哦，那就坐着，没关系。愿意拿话筒吗？

生1：（摇头）

师：孩子，你几年级？他都不好意思跟我说。（师转头问其他孩子）他是你们班同学吗？（生：是）他平时从来不发言吗？（生：从不发言）

师：那咱就创造一次奇迹，就请他发一次言，好吗？来，我们给他鼓鼓掌，好不好？

生：（纷纷鼓掌）

师：孩子，来，要不我替你拿话筒？哦，自己可以拿。（师走到他身边）来，老师帮你，老师帮你。我们一起期待奇迹的发生。孩子，你可以的，你肯定可以的。你跟我一起读下去，来！"就因为"——

生1：（腼腆地朗读）就因为——

师："每一朵花"——（其他孩子发笑）别笑，现在不需要笑，现在是见证奇迹的时刻。"每一朵花只能开一次"——

生：（跟读）每一朵花只能开一次——

师：所以——

生1：（跟读）所以——

师：山茶花就极为小心地——

生1：（跟读）山茶花就极为小心地——

师：绝不错一步——

生1：（跟读）绝不错一步——

师：你的声音开始响起来啦，真好啊！"满树的花"——

生1：（跟读）满树的花——

师：就没有一朵开错了的——

生1：（跟读）就没有一朵开错了的——

师：她们是那样慎重和认真地——

生1：（跟读）她们是那样慎重和认真地——

师：迎接着唯一的一次春天——

生1：（跟读）迎接着唯一的一次春天——

生：（热烈鼓掌）

师：你们已经见证了第一个奇迹！现在，应该是见证第二个奇迹的时候了。你告诉大家，山茶花的性格，两个词，你看出来了。（有几生插话）哦，不不不，这时候他一定不需要你们的帮助，你们的帮助反而会害了他。他可以的，自己的花自己开。

生1：慎重。

师：还有，还有一个词儿——

生1：认真。

师：大声说出来——

生1：认真！

师：掌声响起来！

生：（又一次热烈鼓掌）

师：孩子，记住，其实你也是花儿，开花是你的天命，好吗？在课堂上多举手，多发言，你的老师会帮助你的，好吗？

生1：（点头，羞涩地笑了）

师：好！我们一起来读一读这段文字——

生：（齐读这段文字）

师：席慕蓉告诉我们，这位创造了奇迹的孩子告诉我们，山茶花的性格，第一是——

生：（齐答）慎重。

师：第二是——

生：（齐答）认真。

师：你们是怎么看出来的？

生2：我从"极为小心"看出了她的慎重。

师：没错。还从什么地方看出来？

生3：从"就没有一朵开错了的"看出了她的认真。

师：没错！慎重，认真，这就是山茶花的性格。继续看——

4. 品味莲花的性格

（课件呈现）

看那株莲花，在雨中怎样的唯我又忘我，当没有阳光的时候，它自己便是阳光。当没有欢乐的时候，它自己便是欢乐！一株莲花里有怎样完美自足的世界！

——张晓风《雨荷》

师：这是张晓风笔下的莲花，谁来读一读？

生1：(朗读这段文字)

师：谁能把莲花的性格读成一个词？

生1：唯我又忘我。

师：还有一个词儿——

生1：完美自足。

师：完美自足。来！我想问问各位莲花，当没有清风的时候，谁是你的清风？

生2：我自己就是我的清风。

师：为什么？

生2：因为我完美自足。

师：好极了，这是你的性格。那么，当没有细雨的时候，谁是你的细雨？

生3：当没有细雨的时候，我就是那细雨。

师：因为——

生3：因为我完美自足。

师：当没有宁静的时候，谁是你的宁静？

生4：当没有宁静的时候，我自己就是我的宁静。

师：因为——

生4：因为我完美自足。

师：当没有高雅的时候，谁是你的高雅？

生5：当没有高雅的时候，我自己就是我的高雅。

师：因为你的性格就是——

生5：完美自足。

师：我是我的清风，我是我的细雨；我是我的宁静，我是我的高雅。一朵花，就是整个世界啊！来，孩子们，我们来读读张晓风笔下这朵完美自足的莲花。我读一句，你们读一句。(朗读)看那株莲花——

生：(齐读)在雨中怎样地唯我而又忘我。

师：当没有阳光的时候——

生：（齐读）她自己便是阳光。

师：当没有欢乐的时候——

生：（齐读）她自己便是欢乐。

师：一株莲花里——

生：（齐读）有怎样完美自足的世界。

师：所以，孩子们，你会发现，每一朵花都有不同的性格呀。有的，完美自足；有的，慎重认真；有的，勇气十足；有的，傲然挺立。那我就在想，你心中的那朵花，应该也有自己的性格。也许她是活泼的，也许她是忧伤的，也许她是善良的，也许她是高雅的；也许她是小心翼翼的，也许她是多愁善感的，也许她是大智若愚的，也许她是光明磊落的。来，各位，拿起你的笔来，写一写你心中那朵花的性格。

5. 写一写心中那朵花的性格

（课件呈现）

活泼、忧伤、坚强、脆弱、稳重、任性、豪爽、拘谨、孤僻、乐观

善良、高雅、朴实、端庄、纯情、忠诚、谦虚、天真、坚韧、憨厚

小心翼翼、多愁善感、温柔体贴、精力充沛、富于冒险、从容不迫

大智若愚、光明磊落、和蔼可亲、孤傲不群、温文尔雅、超凡脱俗

（配乐，学生动笔写约12分钟，师巡视）

6. 分享心中那朵花的性格

师：好，孩子们，差不多写了12分钟，来，我们把笔放下。不管你写多写少，不管你有没有写完，这都不是最重要的。最重要的是，在你提笔的那个瞬间，你不再是你，你就是那朵花。都说一朵花有一朵花的性格，因此千万朵花就有千万种性格，你信吗？来，请刚才打了星号的七位"花儿"站起来。

生：（七位打有星号的学生起立）

师：我们一起来听一听，在他们的笔下，这些花儿有着怎样与众不同

的性格。有请第一朵花——

生1：（朗读习作）细雨飘落的时候，晶莹的泪珠流入了桃花的心房，转眼之间，又轻轻地落在了绿叶上。她是那么多愁善感，随着细雨，乘着微风，从枝头飘向了远方。桃花又在别处看着，看细雨落在枝头，她脸上多了一道泪迹，看绿叶飘落在绿草之上，她脸上又泛起了泪花。（掌声）

师：听出来了没有？这孩子，这男孩子心中的桃花有着怎样的性格？

生：多愁善感。

师：多愁善感。这样的性格，他是通过写桃花的什么表现出来的？

生：泪。

师：他写了几次泪？

生：3次。

师：其实哪有泪啊，不就是雨水嘛。但是，在他的心中，这些都是桃花的泪，因为她多愁善感嘛。有请第二朵花——

生2：（朗读习作）彼岸花开了！她高雅，她端庄，她华贵。在微风中随风而舞的她，是那么的孤傲不群。左右没有花鸟，只有潺潺的流水伴着她，伴着她。一袭红裙飞舞，一曲歌舞上演。花开了，鸟飞了，只剩下了她，飞舞，跳跃。（掌声）

师：什么花？

生2：彼岸花。

师：难怪！她在彼岸嘛。所以，她是那么高雅，又是那么端庄。你看，她谁也不理啊，流水来了我不理，鸟儿走了我不理，白云飘过我不理，我只开好我自己的花儿！性格鲜明，栩栩如生！来，有请第三朵花——

生3：（朗读习作）三角梅是那样的不知安逸。只有在缺少足够的水分和养料时，她才会悄然开放。她就如人一般，安逸时只会长出绿叶。

师：（插话）安逸时只长绿叶，三角梅还真是"作"！接着说——

生3：（继续朗读习作）当她遇到生存的挑战时，自力更生，让人们看到她的努力，也看到她的美丽。

师：这是什么花?

生3：三角梅。

师：我还真不认识三角梅，今天通过你的文字，我记住了三角梅，她的性格是——

生3：不图安逸。

师：是不是有你自己的影子啊？不图安逸，努力生长！真好！来，有请第四朵花——

生4：（朗读习作）她是那么的孤傲，那么的脱俗。旁的花开得是那么的随意，而她就像一位精心打扮、细心梳理自己的女王，那么的冷艳，那么的高傲。群花中，唯独她最艳，唯独她最雅。

师：两个字：一个"冷"字，一个"艳"字，合在一起就是"冷艳"。什么花？

生4：梅花。

师：怪不得！冷艳的梅花，梅花的冷艳。如果，记得她开放时候的狂风呼啸，记得她开放时候的大雪纷飞，记得再读一读《梅花魂》，记得去听一听《一剪梅》，我想，"冷艳"二字你会写得更冷、更艳。有请第五朵花——

生5：（朗读习作）那高雅的性格使我不得不喜欢她、称赞她。她高雅的身姿居然不选择在温暖的春季中绽放，而选择那大雪纷飞的冬季，让花儿在冬季中闻出香味。她那高雅的性格，让所有的花都十分羡慕她能够在寒风中开放，可她却一点儿也不炫耀她的美丽，不炫耀她的香气，不炫耀她的身姿。

师：你写的大概也是梅花吧？

生5：是梅花。

师：你觉得自己的梅花跟她的梅花（指向前面写梅花的女生）有什么不同呢？

生5：我的梅花是不炫耀的。

师：不炫耀美丽，不炫耀香气，不炫耀身姿。低调，却不失高雅。有请第六朵花——

生6：（朗读习作）当花瓣上还十分小心地悬着几滴露珠时，她是任性天真的，摆出几个自认为完美的姿势，让阳光照射。顿时，珍珠在阳光下银光闪闪、耀眼夺目，让我们也大吃一惊。原来，从这个角度观赏这位贵夫人，会别有不一般的风采啊。她也是个乐天派，只要在她所能承受的雨后，即使被打掉了几片花瓣，到了第二天，便会再次挺立。虽然艳丽得使人睁不开眼睛，却也庄重得使人喘不过气。（掌声）

师：不得了啊！又是贵妇人，又是乐天派！你是文艺男青年吧？（众笑）

生：我喜欢写作文。

师：你不说，我也知道。来来，我问问你，你写的是什么花？

生6：牡丹。

师：牡丹，国色天香。"云想衣裳花想容，春风拂槛露华浓。"贵妇人也就罢了，那是很多人心目中牡丹的形象。你竟然说她是乐天派，这个厉害啊！雨打风吹，花瓣飘落，没什么，我照样挺立，照样开放！太好了！来，有请最后一朵花——

生7：（朗读习作）她是花中之后，虽然她没有牡丹的高贵，没有郁金香的多姿多彩，更没有桂花的十里飘香，但她穿着一件雪白的连衣裙，在阳光的照耀下，显得那么的妖娆，可能是为了印证"出淤泥而不染，濯清涟而不妖"这句话吧。她脱下了翠绿的外衣，换上雪白的衣裙，展出那粉红的花蕊。她是一个文雅、安静的少女，静静地坐在碧绿的小船上，任由人们观赏、拍照。（掌声）

师：（笑着）后面有点俗了，莲花嘛，"香远益清，亭亭净植，可远观而不可亵玩焉。"观赏呀，拍照呀，不一定要写。前面写得特别好！跟牡丹比，跟郁金香比，跟桂花比，这叫欲扬先抑，我要夸你之前，先贬一贬你，当然，不是真贬。这个写法特别好，特别好！

四、合：花开有道

师：人有人格，花有花格。有一千朵花儿，就有一千种性格；有一千个看花人，就能看出一朵花的一千种性格。这是多么美妙的事情，这是多么神奇的世界啊！但是，孩子们，你们知道吗？不管她是忧伤的还是坚强的，不管她是高雅的还是纯洁的，不管她是多愁善感的还是大智若愚的，总有一天，她会飘零，她会凋谢，她会随风而去。那么，孩子们，到那个时候，这朵花儿，还在吗？（音乐响起）

师：闭上眼睛，放松自己。放松你的呼吸，让你的呼吸慢下来，慢下来，慢下来……现在，你可以想象了。在你心中，那朵花，还在吗？一定还在，从未消失。你都喜欢她这么久啦，你清清楚楚记得她的模样，清清楚楚记得她的性格，你记得她的颜色，记得她的光泽，记得她的姿态，记得她的容貌，记得她的气息，你甚至记得她每一次开花时候的声音。你记得她的忧愁，记得她的高雅，记得她的脆弱，记得她的纯洁，记得她的多愁善感，记得她的一切的一切。你怎么会忘记她呢……

生：（随着引导语冥想）

师：睁开眼睛，慢慢地睁开你的眼睛。孩子们，此刻，你应该有话想对你心中的这朵花儿说一说吧——

生1：你虽然走了，但是我仍然还记得你，希望下次还能再见面，我永远不会忘记你。

生2：虽然你随风而逝了，但是你的模样，你的魂仍然在我的心中。

生3："落红不是无情物，化作春泥更护花。"你放心走吧。

生4：你虽然枯萎了，但是再到下一个夏天你依然会开放，我一定会等着你的。

师：等你三生——

生：（自发地齐声应答）三世。

师：等你十里——

生：（自发地齐声应答）桃花。

师：记住承诺！记住承诺！

生5：也许土地已经耐不得你继续绽耀自己，那么，你就开在我的心中吧。（掌声）

师：大地的花，终有凋零的一天；唯有心中的花，永远绽放。

（课件呈现）

一朵花，就是一个灵魂。

当我看花时，花也在看我。

我看见了一朵花，我也看见了一个如花一样的灵魂。

那一刻，花就是我，我就是花。

师：慢慢地，我们就会领悟：（朗读）一朵花——

生：（齐读）就是一个灵魂。

师：当我看花时——

生：（齐读）花也在看我。

师：我看见了一朵花——

生：（齐读）我也看见了一个如花一样的灵魂。

师：那一刻，花就是我——

生：（齐读）我就是花。

师：那一刻，我就是花——

生：（齐读）花就是我。

师：下课。

名师点评

禅意入墨，臻于化境

浙江台州市椒江区教育教学发展中心 黄吉鸿

一位小语前辈说过："王崧舟的课堂已达化境。他的课给予我们的启发，不是小学语文课怎么教，而是可以达到怎样的高度和境界。"《花开自在》一课，又让我们看到了小学习作教学的一个全新境界和高度。

纵观这一堂习作课，我最大的感受是，王老师的课如阳春白雪，若孤峰傲立，似天心圆月，空灵精致，深邃大气，令人仰望，叹为观止。

当下，我们在阅读课堂和习作课堂上极力推崇"语用"之用，没有错。但是，可能我们所做的，所希望获得的，恰是王老师所不屑的"皮相"。我们追求的是"有用之用"，是"技"；王老师追求的是"无用之用"，是"道"。我们在习作课上讲得很多、关注得很多的是言语技能、技法、技术、技巧；王老师关注的是师生的一种言语生存方式，一种言语生命状态，一种言语人生、诗意人生境界。我们关注的是实用、功利；王老师关注的是诗意、审美。我们的习作课，很像习作课；王老师的习作课还是习作课，但已然达到了无拘无束、无迹无痕、无求无用之化境。

一、无拘无束，自由之境

对于生命而言，自由最真。对于教学来说，同样如此。

在王老师的课堂上，学生很放松，毫无挂碍、羁绊，想说什么就说什么，想怎么说就怎么说，想怎么做就怎么做。这就叫"安"，"安全"的"安"，"安心"的"安"，也是"此心安处是吾乡"的"安"，更是"静而后能安，安而后能虑"的"安"。因为"心安"，所以学生无拘无束，真抵自由之境。

愚以为，大体上，王老师从两个方面构建了这样的课堂境界。

第一，没有任何要求，学生率性而为。 整节课上，对于学生的习作，王老师没有提任何要求。无论内容，你想到了什么花就写什么花，你想写花的什么特点就写什么特点；无论含义，你对花有着什么样的情感，有着什么样的体验，都可以写；无论形式，你想用怎样的句式、段落、修辞、文体，都可以。

诚如王老师在课堂上说的那句话："不管你写多写少，不管你有没有写完，这都不是最重要的。最重要的是，在你提笔的那个瞬间，你不再是你，你就是那朵花。"在他看来，习作教学中，老师对学生所作的一切指示、规定、要求，都是束缚、捆绑和遮蔽。不需要。

不由得想起美术界的一件往事。据吴冠中先生回忆，当年在杭州艺专，有认真、用功的学生拿严谨但缺乏灵气的作品请教林风眠先生。林先生看后微微摇头，笑眯眯地说了三个字："乱画嘛！"这个"乱"就是要求学生解放心灵约束，自由自在表达。而在王老师的习作课堂上，他其实在告诉学生，"乱写嘛！可以无拘无束地写嘛！"两者可谓异曲同工。

第二，没有任何否定，老师真诚欣赏。 在多数习作课堂上，老师总是不忘师者身份，指导学生，指明不足，指出缺点，指向正确，指引前进。所以，习作课通常被称为"习作指导课"。很多学生在老师的"评论""评议""评价"之下，或多或少会带着些许的"诚惶诚恐""忐忑不安""战战兢兢"。这势必在学生和老师之间壁立起一堵"又阴又冷的厚厚的墙"，学生对习作不感兴趣或兴趣不浓，这是其中一个原因。其实，每个人都希望自己被肯定、鼓励和欣赏，更何况孩子。

莫言先生说："小孩子实际上就是喜欢被夸奖的，夸耀之后就很得意。

再后来就是能够绘声绘色，有所发展，有所演绎……"在王老师的课堂上，就呈现出这样暖心的风景。在听课现场，我的的确确没有听到一句王老师对学生的言语、文字的否定。我听到的是一声声如春风化雨般的鼓励、肯定、表扬、赞赏甚至崇拜。"好！""不错！""诗一样的语言，真好！""你真了解她，没错！""好深情的表白，最爱。""真漂亮，非常好！""这样的文字，听一遍显然不过瘾，我很想再听一遍，你们想吗？"……

在细读文字实录时，我竟然找到了一处王老师否定学生的语言。一个学生写"荷花"，是这样写的："……她是一个文雅、安静的少女，静静地坐在碧绿的小船上，任由人们观赏、拍照。"王老师是这样评的："（笑着）后面有点俗了，莲花嘛，'香远益清，亭亭净植，可远观而不可亵玩焉。'观赏呀，拍照呀，不一定要写。前面写得特别好！跟牡丹比，跟郁金香比，跟桂花比，这叫欲扬先抑，我要夸你之前，先贬一贬你，当然，不是真贬。这个写法特别好，特别好！"看似有"否定"嫌疑，但王老师马上就有了觉察，立刻给予委婉、温暖的呵护。令人感动。

课堂上还有一幕，令人极其感动。一个坐在最后一排的近几年来一直没有举手没有发声的学生，被王老师注意到了。他诚挚、亲切地问学生，"愿意起立吗？""愿意拿话筒吗？"结果都被学生拒绝。他并没有放弃，耐心等待，细心呵护，用心鼓励。果然，学生开口说话了，尘封了几年的花儿，终于欣然绽放。全场爆发出热烈的掌声之时，我专注地看着那位小男孩，那一刻，他浑身被一种力量包围着。我又望了望他的班主任老师，那一刻，她已被感动的幸福的闪电击中了。

就在那一瞬间，我忽然想起王老师工作室的一句名言："教育当以慈悲为怀。"那一刻，我投向王老师的目光，似乎是在朝圣。因为爱，因为理解，因为慈悲，王老师和学生之间是没有任何隔膜的。在这样的课堂上，学生如花一般自由存在，心灵和情智自由绽放。

潘新和教授曾批评一些语文课堂说："语文教育，已然成为言语生命的屠场，不懂得尊重、欣赏和赞美言语个性的教师，便是言语天才的专职屠夫。"我想，如果潘教授聆听了王老师的课，他当悠然心会："噢，我说的是有些教师的课堂。"

二、无迹无痕，自在之境

真正好的教育，就是不让人觉得在接受教育。真正好的习作课，就是不让学生觉得是在练习写作。

仔细回味，王老师的课堂确实已达"看课还是课"的上境。从想起一朵花，唤醒一段情，写下花之形，分享花之语，修改花之文，遇见名家文，再写花之格，共享花之魂，悟出花之道。教学如天马行空般潇洒，似行云流水般自在，真的是一气呵成。让人拍案叫绝的是，王老师在教学中并没有放弃对学生习作的引领作用。"乱写嘛"，并不是只让学生随心所欲地写，他在自由的习作土壤上，巧妙地撒播下语言规范的种子。而一切如落雪，无迹可寻，却又像清风，吹过水生。

王老师是怎么做到的呢？

其一，游戏唤醒。 本节课的开头和结尾，借助音乐和语言，王老师让学生进入了近似于一种冥想状态的游戏语境。而就在如此自由放松的游戏语境中，王老师唤醒了习作主体对习作客体的认知和把握，才让学生能够原汁原味地说出自己心灵深处最有感触的花来。以至于一个学生出人意料地说出了"彼岸花"，连老师也不知道。我作为听众，也不知道。

这就成了。没有指导，就是最好的指导。最好的指导，就是让学生进入"我口说我心"的诚意境界。

课堂中，学生共练笔三次（第二次是让学生修改）。在第一次、第三次动笔写之前，王老师分别用课件呈现了两段文字。这根本不是要求，是供学生参考所用，可用可不用，充当了"脚手架"角色，仿佛游戏里的"道具"。这就是一种自在的游戏语境。

诚如托尔斯泰所说，"如果一本正经，那就没有游戏了。如果没有游戏，那还有什么呢？"游戏语境让王老师对学生的指导变得无迹可寻。

其二，对话激活。细节造就精彩，课堂教学的细节在于教师和学生的对话。本节课中，王老师和学生的对话可谓精彩纷呈。借助对话，他巧妙地对学生进行无形的习作指导和点拨。

首先，对话引发对生活的记忆。这一部分的对话，核心是"喜欢"一词。"喜欢"激活了学生对花的情感、记忆和生活。学生说得真实、真切，吐露的是真情。不知不觉间，达成了"修辞立其诚"的目标。所谓"立诚"，不是建立在原道、征圣、宗经之上，而是建立在充实的生活之上。王老师深谙此道。

其次，对话穿插对语言的品味。习作课中最难的是点评、分享学生习作环节，这是硬功夫，是现场即兴生成，由不得教学预设。

第一次交流时，王老师一共点评了七位学生，分别精准地抓住了七个特点。"月季花"抓"香味"，"梅花"扣"反复"，"牡丹"品"传神字眼"，"百合花"悟"情感"，"玫瑰花"赞"拟人"，"百合花"点"声音"，"白莲花"却突出"光"和"影"。

七位学生，七段文字，七个样本，七次点评，没有重复，精准妥帖，真是令人叹服。细品之余，忽有所悟，王老师所做的，对所写句子的学生而言，是点评，而对其他学生来说，是一种习作技法的暗示和引领。只不过，他做得极为含蓄，巧妙地融指导于点评之中，已达上乘之境。王老师希望达到的习作指导效果，如同朱熹所言，"引而不发，所以待人之自得也"。

最后，对话传递对心灵的感悟。第一次交流，王老师关注的可能是习作的"技术"，第二次交流，王老师关注的是学生的"心灵"。明文见性，透过语言文字的表面，他看到了学生的心灵。多愁善感的桃花，高雅、端庄的彼岸花，不图安逸、努力生长的三角梅，孤傲、脱俗的梅花，低调、高雅的梅花，国色天香、高贵无比的牡丹，以及文雅、安静、出淤泥而不染的清荷。这一部分的对话，细细品味，句句充满禅意。

其三，范文渗透。教学中，王老师精心安排了四段精美文字。《梅花魂》

节选，《花的勇气》片段，《白色山茶花》佳句，《雨荷》妙语。

四段文字，承载着王老师的良苦用心。他希望用著名作家的精彩文字对学生习作进行高位的引领，而这种引领不刻意指示，重潜移默化，无形渗透，看学生自己造化的，能悟者悟之，能学者学之，一切随缘，不做强求。他更渴求用知名作家写花的深刻思维对学生的习作进行深度的唤醒，他用对话、引读的方式引导学生发现，作家写的都是花的性格。学生读了，悟了，也变了，用了。梅花之风骨，无名花之勇气，山茶花之慎重，莲花之唯我忘我，都深深地冲击着学生的灵魂。在师生共同品味了四段范文后，学生再次写出的心中之花，已不再是"花之形""花之色"，而是"花之性格""花之精神"。

不知不觉间，学生的文字已然"灵魂附体"，有了一种"灵气"。这种"文字的灵气"无形地渗透、沾染、折射着学生的天赋、个性、气质和人格修养，虽然是雏形的、稚嫩的，但是纯洁、真挚，已然展现出一种独特的风格力量和基本的言语格调。细细品读，我们会惊叹于学生的言语创造力和才华。我们更惊叹于王老师"点石成金"般的教学智慧。

在这一境界里，王老师"无为"而教。

三、无用无求，自然之境

作为"诗意语文"的掌门人，王老师的这节习作课也是诗意盎然。

诗意是美的，美的对立面是实用，是世俗，是功利。纵观现实，多数时候，学生习作陷入了实用的泥淖，为"应世之需"，为"应试之用"。这已受到专家的批评和提醒。潘新和教授说："在今天看来，语文教育的目的定位在能读、能写'处世所必需'的粗浅的应用文字上，是在平民教育'扫盲'层次上的认定，不是对语文教育完整全面的界定。那是为了生存，为了过日子，是'物质经济时代'的认知。现今知识经济时代的语文教育，如果还是停留在'扫盲'层次上，无异于拾了芝麻丢了西瓜。知识经济时代的语文教育，应该是为了提高人的生命质量，使人活得有意义、有风采，言语活动应付的是知识创新和精神创造，是为了使人生富有诗意。"在史诗一般的教育著作《语文：表现与存在》里，潘先生提出了"言语生命动力学"这一学说。显然，王老师是深深认同的。

学生习作指向于"应世之用""应试之用"，乃是"小用"。指向于学生心灵的自由表达，指向于言语修养、言语文化心理的构建、言语生命的诉求和言语生命意识的觉悟的习作教学，对于急功近利，唯分是图的"应试主义"来说，是"无用"的。但是，教育的目的最终是为了人的发展，为了生命的成长。所以，"无用"就是"大用"，"大用"就是语文教育之道。

这个"道"就是"道统"。王老师道法自然，遵循着古老而神圣的"道统"。整节课上，他让学生不停地和花对话，其实就是在实践着"格物、致知、诚意、正心、修身"。先是"格花"，而后获得对花的记忆，唤醒人和花的情感。接下来是用花的性格导引学生的心智，最后告诉学生，花就是自我，花的灵魂就是自己的灵魂，要像花一样地生长。确实如此。

"有用"之用，着眼技巧，只盯眼前；"无用"之用，凝视生命，放眼未来。王老师的课让学生享受一时，受用一世。养护学生的言语生命，引领他们朝着幸福人生迈进，是他教学的真正目的。

在习作内容的选择上，王老师是"别有用心"的，他选择了写"花"，花象征着美好，代表着生命。课堂上，学生对花的关注、体会、品味、喜爱、欣赏、思索，就是对生命的关怀、感受、咀嚼、热爱、认同、思考。尤其是学生最后一次写出来的文字，已然变得那样不可思议的深刻。表面上看，是在写花朵，实质上已然在表达自己，抒写自己的性灵和生命。

课堂上，王老师在唤醒生命，呵护生命，又在提升生命，成全生命。他有意识地安排了陈慧瑛的《梅花魂》，冯骥才的《花的勇气》，席慕蓉的《白色的山茶花》，还有张晓风的《雨荷》，传递的都是花的力量，都是生命的正能量。他把张晓风《雨荷》的一句，安排在最后，是做过精心考虑的。他心里装着学生，想着学生。

"看那株莲花,在雨中怎样的唯我又忘我,当没有阳光的时候,它自己便是阳光。当没有欢乐的时候,它自己便是欢乐!一株莲花里有怎样完美自足的世界!"

当屏幕上出现这段文字时,全场静寂。我特意看了看那个在这堂课上被王老师唤醒的"小王子",他像一棵树,直直地坐着,头抬得很高,眼睛里放着光,盯着屏幕上的文字……一瞬间,我又有一种说不出的感动。王老师的这段文字仿佛是为这个孩子准备的,他悄悄地告诉这个曾经沉寂、沉睡的孩子,"你是如此的唯我又忘我,你就是阳光,你就是欢乐……"

忽然想起那首歌,"你是光,你是电,你是唯一的神话……"忽然又想起另一首歌,"愿生命化作那朵莲花,功名利禄全抛下,让百世传诵神的逍遥,我辈只须独占潇洒……"

其实,王老师这堂课所做的一切,是为所有孩子准备的。在课堂的最后,他深情地嘱托学生,"一朵花,就是一个灵魂……"室内,庄严、神圣。室外,五月的大地,金光如浪。

真的是意犹未尽啊!花开自在,清风徐来,如痴如醉,无限精彩!

第二课

如何以整合思维的方式深化整本书阅读

——《城南旧事》

教学简案

教学 版本

《城南旧事（插图珍藏版）》，文/林海音　图/关维兴，新星出版社2013年第一版。

教学 目标

1. **核心目标**：通过分析人物形象、品读经典情节、关注社会环境等方式，加深对作品的理解，交流独特的阅读感受，乐于分享读书心得。

2. **条件目标**：学习故事串联类长篇小说的基本阅读方法；通过话题交流，深入阅读思考，认识离别是人生的常态，我们在离别中永别实际的童年，也在离别中永存心灵的童年；结合自己的成长经历，体会人总是在离别中成长，要懂得珍惜现在拥有的时光。

教学 准备

学生按照《城南旧事》导读指南和领读缘起，完成小说的初步阅读。

教学 时间

2课时。

教学过程

一、离别:永远的童年

1. 铺垫基调,感受"离别"

听歌曲《送别》,听后分享各自的感受。

猜猜为什么要请大家听这首歌曲。

(课件呈现)

我们唱欢送毕业同学离别歌:"长亭外,古道边,芳草碧连天……问君此去几时来,来时莫徘徊……"我还不懂这歌词的意思,但是我唱时很想哭的,我不喜欢离别,虽然六年级的毕业同学我一个都不认识。

——《城南旧事》/"我们看海去"/P129

说说歌曲的主题是什么。

(课件呈现)

我唱了五年的骊歌,现在轮到同学们唱给我们送别:

"长亭外,古道边,芳草碧连天……问君此去几时来,来时莫徘徊!天之涯,地之角,知交半零落,人生难得是欢聚,唯有别离多……"

——《城南旧事》/"爸爸的花儿落了"/P224

齐读这段文字。

2. 回顾情节,梳理"离别"

(课件呈现)

根据《城南旧事》的故事内容,填写表格,并在相应的( )里打"√"。

故事	离别时间	离别地点	离别主角	离别方式
惠安馆	英子七岁 (春夏之交)	椿树胡同		死亡( ) 入狱( ) 远走( ) 回乡( )

续表

故事	离别时间	离别地点	离别主角	离别方式
我们看海去	英子八岁（暑假开始）	新帘子胡同		死亡（） 入狱（） 远走（） 回乡（）
兰姨娘	英子九岁（中秋节）	虎坊桥大街		死亡（） 入狱（） 远走（） 回乡（）
驴打滚儿	英子九岁（冬天）	家门口		死亡（） 入狱（） 远走（） 回乡（）
爸爸的花儿落了	英子十二岁（毕业典礼）	医院		死亡（） 入狱（） 远走（） 回乡（）

围绕表格内容，组织学生讨论，完成表格填写。

小结：这张表格就是《城南旧事》的结构，这样的阅读策略，就叫"简化"。（板书：简化：梳理整本书的结构）

3. 聚焦性格，思考"离别"

由人物的性格特点猜测对应的人物。依次出现以下人物性格特点，学生逐个猜测对应的人物。

①心地善良、苦命、爱孩子、像个"疯子"；

②心地善良、苦命、爱孩子、想要看海去；

③心地善良、苦命、爱孩子、追求自由；

④心地善良、苦命、爱孩子、勤劳质朴；

⑤心地善良、苦命、爱孩子、表面很严厉。

最后形成如下表格：

故事	主角	性格特点
惠安馆	秀贞	心地善良（√） 苦命（√） 爱孩子（√） 像个"疯子"（）
我们看海去	"小偷"	心地善良（√） 苦命（√） 爱孩子（√） 想要看海去（）
兰姨娘	兰姨娘	心地善良（√） 苦命（√） 爱孩子（√） 追求自由（）
驴打滚儿	宋妈	心地善良（√） 苦命（√） 爱孩子（√） 勤劳质朴（）
爸爸的花儿落了	爸爸	心地善良（√） 苦命（√） 爱孩子（√） 表面很严厉（）

小结：这些跟英子生离死别的人物，有着惊人的相似。是的，他们都是心地善良的人，都是苦命的人，都是爱孩子的人，无论爱的是自家的孩子还是别人家的孩子。

4. 选择典型，体悟"离别"

读一读英子生命中第一次离别的片段——

（课件呈现）

走出惠安馆的大门，街上漆黑一片，秀贞虽然提着箱子拉着妞儿，但是她竟走得那样快，还直说：

"快走，快走，赶不上火车了。"

出了椿树胡同口，我追不上她们了，手扶着墙，轻轻地喊：

"秀贞！秀贞！妞儿！妞儿！"

远远的有一辆洋车过来了，车旁暗黄的小灯照着秀贞和妞儿的影子，她俩不顾我，还在往前跑。秀贞听到我喊，回过头来说：

"英子，回家吧，我们到了就给你来信，回家吧！回家吧……"

声音越细越小越远了，洋车过去，那一大一小的影儿又蒙在黑夜里。我扒着墙，支持着不让自己倒下去，雨水从人家的房檐直落到我头上，脸上，身上，我还哑着嗓子喊：

"妞儿！妞儿！"

我又冷，又怕，又舍不得，我哭了。

——《城南旧事》/"惠安馆的小桂子"/P85，P88

读着这段离别的文字，你有什么感受？

哪些细节带给你这样一种感受？

小结：跟秀贞和小桂子离别了，跟嘴唇厚厚的"小偷"离别了，跟美丽热情的兰姨娘离别了，跟勤劳质朴的宋妈离别了，跟慈爱又严厉的爸爸离别了。就这样，在一次一次的离别中，"我"的童年永远结束了。（板书：永别实际的童年）

二、成长：永恒的主题

1. 联结生活，触发成长

师：小学六年，英子至少经历了五次令她刻骨铭心、终生难忘的离别，我想问问大家，在你的生活中，有没有遇到过类似的离别呢？

（课件呈现：相关图片）

生：（个别发言）

师：离别当然是难受的、忧伤的、痛苦的。但是，经历了这些离别之后，你有没有觉得自己发生了一些变化呢?

生(个别发言):懂得珍惜、懂得感恩、懂得责任、懂得承当、懂得宽容、懂得爱。

2. 细读范例,感悟成长

读一读英子生命中第五次离别的片段——

(课件呈现)

"老高,我知道是什么事了,我就去医院。"我从来没有过这样的镇定,这样的安静。

我把小学毕业文凭放到书桌的抽屉里,再出来,老高已经替我雇好了到医院的车子。走过院子,看到那垂落的夹竹桃,我默念着:

爸爸的花儿落了,

我也不再是小孩子。

——《城南旧事》/"爸爸的花儿落了"/P230

跟第一次离别相比,这第五次离别,英子的表现有什么不同?

一个十二岁的小女孩,面对爸爸的突然去世,竟然表现得如此镇定、如此安静,这是为什么呢?是谁在影响着英子、改变着英子?

小结:英子在一次次的离别中,失去了实际的童年;也是在一次次的离别中,她懂得了纯真、懂得了善良、懂得了坚强、懂得了勇气、懂得了坚持、懂得了爱。这就是英子心灵的童年。(板书:永存心灵的童年)实际的童年一去不返,而心灵的童年长留心间,这就是成长。(板书:成长)这就是《城南旧事》这本书的主旨,这样的阅读策略,就叫"深化"。(板书:深化:把握整本书的主旨)

3. 切己体察,表达成长

你有什么话想对自己说,想对那些已经离你而去的人说?

(课件呈现)

秀贞、小桂子、"小偷"、兰姨娘、宋妈、爸爸、英子

任选其中的一个人物,想象自己就是现在的"英子",把自己此刻最想

对她（他）说的话写下来。

___

学生写话并组织分享交流。

林海音在小说的序言《冬阳·童年·骆驼队》中所写的这样——

（课件呈现）

我对自己说，把它们写下来吧，让实际的童年过去，心灵的童年永存下来。就这样，我写了一本《城南旧事》。

我默默地想，慢慢地写。看见冬阳下的骆驼队走过来，听见缓慢悦耳的铃声，童年重临于我的心头。

——《城南旧事》/"冬阳·童年·骆驼队"/P8

生齐读。

结课：在一次次的生离死别中，英子失去了实际的童年；但是，也正是在一次次的生离死别中，英子留下了心灵的童年，纯真，善良，坚强，执着，勇气，责任，还有爱！其实，每个人都有属于自己的离别故事；每个人都有属于自己的"城南旧事"。在离别中，我们永别了实际的童年；在离别中，我们永存了心灵的童年。这是成长的哀伤，也是成长的幸福！

板书设计

主板书：

城南旧事

成长
↑
永别实际的童年←离别→永存心灵的童年

副板书：

　　　　　　简化：梳理整本书的结构

　　　　　　深化：把握整本书的主旨

　　　　　　内化：接受整本书的滋养

课堂教学实录

一、离别：永远的童年

1. 铺垫基调，感受"离别"

师：孩子们，我们先来听一首歌曲。这首歌的歌名叫《送别》，这首歌的谱曲者是美国音乐家奥德威，这首歌的填词者是民国时期的李叔同先生，也就是后来的弘一法师。这首歌在民国时期非常有名，几乎是家喻户晓，因为它是学堂乐歌，民国时期的小学生毕业，都要唱这首歌。现在，让我们静下心来，好好地听一听《送别》——

（课件播放：歌曲《送别》）

生：（听歌曲）

师：歌曲听完了，能跟大家分享一下你的内心感受吗？

生1：感觉有点淡淡的忧伤。

师：这是属于他的感受。

生2：歌词中最后一句是："人生难得是欢聚。"人生中没有几次欢聚，所以每次欢聚都要珍惜。

师：你的感受好独特，你在感伤中似乎学会了某种珍惜。

生3：我觉得这首歌离别的感觉特别浓。

师：我估计很多人都会有这种感觉。孩子们，知道为什么要请大家听这首歌吗？

生4：我觉得《城南旧事》里每个故事都有人和作者离别，而且这首歌也在这部电影里经常放到。

师：好厉害，他已经把整部小说的基调读出来了。

生5：因为我觉得首先这首歌是作者在一年级的时候唱给六年级的学生听的。

师：她记住了小说中的这个细节。

生5：并且在六年级的时候其他学生也为他们献出了这首歌。

师：她记住了小说中的又一个细节。

生6：正是在这个时候，她的父亲和她离别了，而且在故事中很多的悲剧人物都与她离别了，她承受着她这个年纪中不该承受的事情。

师：说得真好。是的，小说《城南旧事》写到了这首歌，而且前后出现了2次，第一次出现在《我们看海去》——

（课件呈现）

我们唱欢送毕业同学离别歌："长亭外，古道边，芳草碧连天……问君此去几时来，来时莫徘徊……"我还不懂这歌词的意思，但是我唱时很想哭的，我不喜欢离别，虽然六年级的毕业同学我一个都不认识。

——《城南旧事》/"我们看海去"/P129

师：谁来读一读？

生：（个别朗读）

师：来吧，我们一起来读一读。

生：（齐读）

师：是啊，我其实还不懂这首歌词的意思，但是我唱的时候很想哭，就像这位孩子听完这首歌的感受，一模一样。我不喜欢离别，就像刚才那位孩子所讲的一样，虽然六年级的同学我一个都不认识，这就是最真切的感情。

师：好，这是第一次。第二次出现在《爸爸的花儿落了》——

（课件呈现）

我唱了五年的骊歌，现在轮到同学们唱给我们送别：

"长亭外，古道边，芳草碧连天……问君此去几时来，来时莫徘徊！天之涯，地之角，知交半零落，人生难得是欢聚，唯有别离多……"

——《城南旧事》/"爸爸的花儿落了"/P224

师：谁来读一读？

生：（个别朗读）

师：来吧，我们一起读。我读开头，你们读歌词。

生：（齐读）

师：别离就是离别，离别就是别离。（板书：离别）

2. 回顾情节，梳理"离别"

师：歌曲的主题是离别，歌曲的情绪是离愁。而这篇小说，就像刚才那位男生所讲的那样，小说的每一个故事都跟离别有关。不光他这样说，作者林海音自己也是这样说的。在《城南旧事》的后记中，林海音写过这样的话——

（课件呈现）

读者有没有注意，每一段故事的结尾，里面的主角都是离我而去，一直到最后的一篇《爸爸的花儿落了》，亲爱的爸爸也去了，我的童年结束了。

——《城南旧事》/"童年（后记）"/P239

师：谁来读一读？

生：（个别朗读）

师：孩子们，作者已经非常明确地告诉我们，每一段故事的结尾都有一个主角离我而去，注意到这个现象了吗？

生：（自由应答）注意到了。

师：我们不妨简单地回顾一下这个现象。打开作业纸，完成课堂练习的第一大题。

（课件呈现）

根据《城南旧事》的故事内容，填写表格，并在相应的（ ）里打"√"。

故事	离别时间	离别地点	离别主角	离别方式
惠安馆	英子七岁（春夏之交）	椿树胡同		死亡（） 入狱（） 远走（） 回乡（）
我们看海去	英子八岁（暑假开始）	新帘子胡同		死亡（） 入狱（） 远走（） 回乡（）
兰姨娘	英子九岁（中秋节）	虎坊桥大街		死亡（） 入狱（） 远走（） 回乡（）
驴打滚儿	英子九岁（冬天）	家门口		死亡（） 入狱（） 远走（） 回乡（）
爸爸的花儿落了	英子十二岁（毕业典礼）	医院		死亡（） 入狱（） 远走（） 回乡（）

师：不看小说，只凭回忆，仔细想一想，当每一个故事结束的时候，谁离开了英子？离开的方式又是什么？

生：（根据小说内容，完成表格）

师：好，完成的孩子举手示意。我们来看第一个故事，惠安馆，离别的时间是英子七岁那年，她还没有上小学；离别的地点是在椿树胡同，也就是惠安馆、英子第一个家所在的那条胡同；谁还记得这个故事中离别的主角是谁？

生1：这里面离别的是秀贞和妞儿。

师：他说的是秀贞和妞儿，也有把它说成是秀贞和小桂子，因为我们知道小桂子就是妞儿。请你继续，离别的方式是什么呢？

生1：他们两个被火车轧死了。

师：也就是说，你选择了——（引说：死亡）。他读得很细心，因为读过小说的人都知道，作者并没有直接写她们娘儿俩的结局。这个结局，是英子在医院住院的时候，偶然听到妈妈和宋妈之间的对话，才隐隐感觉到的。原来，那天晚上，秀贞和小桂子被火车轧死了。是吧？

生1：（应答）是。

师：我们看第二个故事，我们看海去，离别的时间是英子八岁那年，她读一年级，正好是放暑假的第一天；离别的地点是在新帘子胡同，也就是英子第二个家的家门口；这个故事，离别的主角是哪位？

生2：离别的主角是一个"小偷"，他被一个便衣警察抓到监狱去了。

师：我问一下，"小偷"你加了引号没有？

生2：加引号了，因为那个小偷其实他本意是好的，他只是为了让弟弟去上学迫不得已才去偷东西的。

师：没错没错。所以我们知道，这个加了引号的"小偷"有特指的意思。好，离别的方式是——

生2：离别的方式是被一个便衣警察抓入狱了。

师：入狱，没错，这是第二个故事。我们继续来看第三个故事，兰姨娘，离别的时间是英子九岁那年的中秋节，她读三年级；离别的地点是虎坊桥大街，也就是英子第三个家的家门口；而这次离别的主角是谁呢？

生3：离别的主角是兰姨娘和德先叔两个人。

师：好记性。离别的方式是什么呢？

生3：离别的方式应该是远走。

师：是的，兰姨娘和德先叔，一个为了自由，一个为了革命，当然，还有爱情，他们要远走他乡，先去天津，再去上海，也可能再去别的地方。

好，第四个故事，驴打滚儿，离别的时间是英子九岁那年的冬天，那天，天刚蒙蒙亮，雪停了；离别的地点是英子家门口，离别的主角是哪位？

生4：这个故事离别的主角是宋妈。

师：英子家的奶妈兼保姆。

生4：对，她离别的方式是回乡。

师：好，我们看第五个故事，也是小说的最后一个故事，爸爸的花儿落了，离别的时间是英子十二岁，那天正好是毕业典礼；离别的地点是医院，准确地说是在北京的同仁医院；离别的主角是谁呢？

生5：离别的主角就是英子的父亲。

师：没错，爸爸。

师：离别的方式是什么？

生5：死亡，他是得病死亡。

师：（随着师生对话，逐渐形成以下表格）

故事	离别时间	离别地点	离别主角	离别方式
惠安馆	英子七岁（春夏之交）	椿树胡同	秀贞和小桂子	死亡（√） 入狱（　） 远走（　） 回乡（　）
我们看海去	英子八岁（暑假开始）	新帘子胡同	"小偷"	死亡（　） 入狱（√） 远走（　） 回乡（　）
兰姨娘	英子九岁（中秋节）	虎坊桥大街	兰姨娘和德先叔	死亡（　） 入狱（　） 远走（√） 回乡（　）
驴打滚儿	英子九岁（冬天）	家门口	宋妈	死亡（　） 入狱（　） 远走（　） 回乡（√）

续表

故事	离别时间	离别地点	离别主角	离别方式
爸爸的花儿落了	英子十二岁（毕业典礼）	医院	爸爸	死亡（√） 入狱（ ） 远走（ ） 回乡（ ）

师：孩子们，一起看大屏。五个故事，离别时间，离别地点，离别主角，离别方式。其实，你们已经很快地梳理了这部小说的基本结构，你们现在看到的，就是《城南旧事》的结构，一目了然，一清二楚。孩子们，这是整本书阅读的一个基本策略——简化。（板书：简化：梳理整本书的结构）

正如作者林海音自己在后记中所讲的那样，每一个故事的结尾，故事的主角都离"我"而去，不是生离，就是死别。看看第一次离别的方式是什么——

生：（齐答）死亡。

师：这是永远的离别。看看最后一次离别的方式是什么——

生：（齐答）死亡。

师：也是永远的离别。孩子们，这难道只是一种巧合吗？不管怎么说，一次次的离别，一次次永远的离别，贯穿了《城南旧事》的始终。

3. 聚焦性格，思考"离别"

师：那么，这些生离死别的人物，在英子心里都是些怎样的人呢？我们一起来回忆一下，猜猜他（她）是谁——

（**课件呈现：心地善良、苦命、爱孩子**）

师：他（她）是谁？

生1：应该是秀贞。

师：把"应该"改成"可能"，是不是更准确一些？为什么说可能是秀贞呢？秀贞这个人，心地善良吗？

生1：善良。

师：苦命吗？

生1：苦命。

师：爱孩子吗？

生1：爱。

师：凭他对秀贞的记忆，他觉得这个人可能是秀贞。有没有不同的猜测？

生2：我觉得可能是宋妈。

师：为什么这么说？

生2：宋妈心地善良，也是苦命的，她也同样很爱孩子。

师：有道理。还有别的可能吗？

生3：我觉得还有一点点可能是爸爸。

师：哦，是爸爸？有点意外。爸爸心地善良吗？

生3：善良。

师：爱孩子吗？

生3：爱孩子。

师：为什么说爸爸也苦命呢？

生3：因为，我觉得他跟英子关系很好，但是他在自己孩子毕业典礼的时候还不能去，得了绝症，最后死去了。

师：你知道爸爸去世的时候，家里有几个孩子？

生3：6个。

师：算上英子，是7个。我再问你，爸爸去世的时候，英子几岁？

生3：12岁。

师：下面还有4个妹妹，2个弟弟，一共7个孩子，最大的英子才12岁。这么多、这么小的孩子，爸爸放得下吗？

生3：放不下。

师：爸爸能放心走吗？

生3：不能。

师：有一个成语叫"死不瞑目"，也许，爸爸就是这样的。所以你说爸爸苦不苦命？

生：（齐答）苦命。

师：这么说来，爸爸确实也有可能。还有吗？

生4：我觉得还有可能是那个"小偷"。

师：为什么？

生4：因为首先是他心地善良，他去偷东西并不是为了使坏，是为了弟弟；就因为他这么爱他的弟弟，所以我觉得他很爱孩子的；苦命是因为他心地这么善良，最后还是被捕入狱了。

师：没错，"小偷"的父亲早死了，家里穷得叮当响，为了弟弟上学，没办法，所以才去偷，也是个苦命人。还可能是谁？

生5：可能是兰姨娘。

师：为什么？

生5：兰姨娘心地善良，她出生烟花之地。

师：她几岁就被人卖掉了？

生5：很小的时候。

师：三岁。

生5：而且她还嫁给了六十八岁的施老爷做小妾。

师：对，苦不苦命？

生5：苦命。

师：兰姨娘爱孩子吗？

生5：爱孩子，她非常喜欢英子。

师：所有的可能，你们都猜到了。根据这三个性格特点，这个人物可能是——（引答：秀贞），可能是——（引答："小偷"），可能是——（引答：兰姨娘），可能是——（引答：宋妈），可能是——（引答：爸爸）。

师：其实，这三个性格特点，正是所有跟英子离别的人物的共同特点。那么，有没有不同特点呢？当然有！你们看——

（课件呈现：像个"疯子"）

师：一起说，她是谁？

生：（齐答）秀贞。

师：（**课件呈现："秀贞"插图**）为什么说秀贞像个"疯子"？

生6：因为我记得，当时思康走的时候，她肚子里已经有孩子了，生出来的时候她妈妈才知道，她妈妈就把这个孩子扔掉了，她想孩子就想疯了。

师：她真的疯了吗？

生6：没有。

师：在外人看来，她的确疯了，时不时会有一些疯疯癫癫的行为。但是，在英子心目当中，她是不是疯子呢？

生6：不是。

师：好，我们继续看——

（**课件呈现：心地善良、苦命、爱孩子、想要看海去**）

师：他是谁？

生7：我觉得是"小偷"。

师：（**课件呈现："小偷"插图**）"小偷"为什么想着要去看海呢？

生7：因为英子那个时候刚刚学了一篇课文叫《我们看海去》，她就读给"小偷"听，"小偷"和英子约定了小学毕业后他们一起看海去。

师：约定一起看海去，说明在英子心里，"小偷"是个好人啊。

师：我们继续看，猜猜他（她）是谁——

（**课件呈现：心地善良、苦命、爱孩子、追求自由**）

生8：我觉得她是兰姨娘。

师：（**课件呈现："兰姨娘"插图**）没错，就是兰姨娘。继续看，猜猜他（她）是谁——

（**课件呈现：心地善良、苦命、爱孩子、勤劳质朴**）

生9：我认为应该是宋妈。

师：（**课件呈现："宋妈"插图**）应该没有问题，她就是宋妈。好，我们继续看，猜猜他（她）又是谁——

（**课件呈现：心地善良、苦命、爱孩子、表面很严厉**）

师：其实不用猜啦，我们一起来说吧，谁？

生：（齐答）爸爸。

师：（**课件呈现："爸爸"插图**）为什么说"爸爸"表面很严厉？

生10：因为他其实是很爱孩子的，他打了英子以后，马上就赶到学校给她送衣服，还给了英子两个铜钱。

师：没错，表面很严厉，其实特别爱孩子。孩子们，一起看大屏幕——

（**课件呈现：人物性格一览表**）

故事	主角	性格特点
惠安馆	秀贞	心地善良（√） 苦命（√） 爱孩子（√） 像个"疯子"（ ）
我们看海去	"小偷"	心地善良（√） 苦命（√） 爱孩子（√） 想要看海去（ ）
兰姨娘	兰姨娘	心地善良（√） 苦命（√） 爱孩子（√） 追求自由（ ）
驴打滚儿	宋妈	心地善良（√） 苦命（√） 爱孩子（√） 勤劳质朴（ ）
爸爸的花儿落了	爸爸	心地善良（√） 苦命（√） 爱孩子（√） 表面很严厉（ ）

师：可能之前你们读《城南旧事》的时候，不一定会注意到这些人物

的相同特点和不同特点，但是现在，当我们重新分析、比较这些人物的性格特点时，我想，你们应该会有一些新的发现——

生11：我发现他们心地都很善良，很苦命，也很爱孩子。

师：没错，他们都是好人，又都是苦命人。

生12：我记得在《我们看海去》中，英子对"小偷"说她以后要写本书，一定要把好人和坏人分清楚，她现在写出来的这些人都是好人。

师：看来，英子已经分清楚了。她写了好人，写了好人中的苦命人。跟好人离别，心里什么滋味儿？

生13：痛苦。

生14：特别伤感。

生15：依依不舍。

师：跟好人又是苦命人离别，滋味儿会变得——

生16：更难受。

生17：更痛苦。

生18：更加依依不舍。

4. 选择典型，体悟"离别"

师：你们还记得吧，这五次离别中，给你印象最深的是哪一次？

生1：给我印象最深的是第一次。

师：能说说理由吗？

生1：他们是在一个下着大雨的夜晚离别的，那个时候呢，英子又发着高烧，后面晕倒了，晕倒就已经给我们留下了悬念。

师：你能记住这么多细节，看来第一次离别确实给你留下了非常深的印象。有不一样的吗？

生2：让我印象最深的是跟爸爸的离别。

师：就是最后一次。

生2：刚才王老师说，当时在民国时期，每个小学毕业生都要唱《送别》，当时英子也小学毕业，她要跟那么多的老同学离别，这已经是很伤心了。但与此同时,她的爸爸也因为得了肺结核而病逝了。她爸爸是死别,小学毕业是生离,这就是生离死别,而死别又让我感觉是雪上加霜。

师:说得真好!孩子,你知道吗,把你的话全部录下来,整理成文字,就是一篇很好的文章。其实,重要的不是哪一次,重要的是你能用心去感受。来吧,我们来看看英子生命中第一次离别的片段——

(课件呈现)

走出惠安馆的大门,街上漆黑一片,秀贞虽然提着箱子拉着妞儿,但是她竟走得那样快,还直说:

"快走,快走,赶不上火车了。"

出了椿树胡同口,我追不上她们了,手扶着墙,轻轻地喊:

"秀贞!秀贞!妞儿!妞儿!"

远远的有一辆洋车过来了,车旁暗黄的小灯照着秀贞和妞儿的影子,她俩不顾我,还在往前跑。秀贞听到我喊,回过头来说:

"英子,回家吧,我们到了就给你来信,回家吧!回家吧……"

声音越细越小越远了,洋车过去,那一大一小的影儿又蒙在黑夜里。我扒着墙,支持着不让自己倒下去,雨水从人家的房檐直落到我头上,脸上,身上,我还哑着嗓子喊:

"妞儿!妞儿!"

我又冷,又怕,又舍不得,我哭了。

——《城南旧事》/"惠安馆的小桂子"/P85,P88

师:谁愿意来读一读?

生:(个别朗读)

师:读得真好!孩子们,又一次重温这个片段,你的心里依然会有一些感触和感受吧?你最大的感受是什么?

生3:我觉得英子非常舍不得妞儿,因为妞儿是陪她从小到大的。

师:你读出的是"舍不得"。

生4：英子很喜欢秀贞，也是特别舍不得秀贞。妞儿是和她一起长大的好伙伴，也是特别舍不得。我觉得是两种舍不得加在一起的感情。

师：依依不舍，难分难舍。

生5：我觉得还有一种就是很无助。因为她看着秀贞和妞儿走了，她们对英子印象非常深刻，她们两个走的时候，英子只能眼睁睁看着她们的声音越细越小越远了，渐渐没有了，她想阻止也阻止不了，我感觉她非常无助。

师：秀贞和妞儿跟英子离别，是为了去找谁？

生6：思康。

师：秀贞的爱人，妞儿的爸爸。从这个角度说，英子希望她们走。但是，英子好像又不希望她们走，为什么？

生7：因为她可能再也见不到她们了。

生8：她担心秀贞和妞儿可能找不到思康。

师：希望她们走，又不希望她们走。无奈，无助，纠结，担心，这些情绪交织在一起。那么孩子们，仔细看一看，用心找一找，哪些细节带给你这样一种感受？

生9：我看见了环境描写，她所见街上漆黑一片，说明了离别的时候是很黑的，连人影都看不见，也难以知道她们到底是怎么生离死别。

师：没错，这些环境渲染给你一种什么感觉？

生9：给了我一种很难过的感觉，而且当时下着大雨，我就感觉她很悲伤、难过的心情，然后她就哭了，和天空中这些雨水相呼应了。

师：仿佛泪水就是雨水，雨水就是泪水。好眼力！

生10：我发现的是车旁暗黄的小灯照着秀贞和妞儿的影子，只能看到影子，更能衬托她们的依依惜别。

师：小灯照着，看见影子；小灯过去，看不见影子。朦朦胧胧，若隐若现。影子不见了，英子的心也跟着她们一起去了。

生11：我觉得"声音越细越小越远了"这句。首先，声音越来越远了，说明她们跑得越来越远了，英子心里的希望也越来越小了。同时，那句"洋车过去，那一大一小的影儿又蒙在黑夜里"，感觉英子好像失去了她们一样的，就再也看不到她们了。英子"扒着墙，支持着不让自己倒下去"，一个是她的身子支持不住，同时她一下子失去了两个好伙伴，心里也支持不住了。

师：说得真好！所有的细节都在反射英子的内心，所有的环境都在渲染英子的情绪。你已经完全把自己放进小说的这个情境中了。来吧，我们一起带着刚才的感受，再来读一读这个片段。英子的喊话，秀贞的喊话，我们一起读；其他的文字，老师读。

师生：（合作朗读）

师：我们知道，这样的离别在小说中不是一次啊！第二次，跟善良的、苦命的、爱孩子的"小偷"离别；第三次，跟善良的、苦命的、爱孩子的兰姨娘和德先叔离别；第四次，跟善良的、苦命的、爱孩子的宋妈离别；而最后一次，是跟自己最最亲爱的爸爸离别。在一次次的离别中，英子渐渐失去了自己的童年，直到爸爸也离她而去，英子知道，自己的童年永远失去了。（板书：永别实际的童年）

师：正像《送别》这首歌所唱的那样，"人生难得是欢聚，唯有别离多——"

（课件播放：歌曲《送别》）

生：（听歌）

二、成长：永恒的主题

1. 联结生活，触发成长

师：其实，离别是人生的常态。孩子们，在生活中，你也遇到过类似的离别吧？跟谁离别？什么时候离别？在哪儿离别？以什么方式离别？为什么会离别？能跟大家交流交流吗？

生1：在我小学二三年级的时候吧，因为我妈妈身体不好，我原来是有个弟弟的，却有先天心脏病，出生几个月后，就在2016年2月15日那天，去世了。

师：现在还会想自己的弟弟吗？

生1：感觉很难受，才出生4个月就去世了。

师：理解，弟弟去世的那一天，你记得清清楚楚。

生2：我太公在我二年级的时候去世，我记得他以前特别爱我，我小时候特别喜欢吃糖，每一次我去他那里都会给我好几包糖。他说你这么喜欢吃糖，拿去吃吧，长蛀牙了也没关系。那时候我觉得太公真好，他走了以后我才发现，没有了太公就没人给我吃糖了。后来一想，就难过得哭了。

师：当初也觉得平平常常，一旦失去了，才发现原来吃太公的糖有这么珍贵啊。

生3：前年8月18日的时候，我爷爷得了肺癌去世了。我本来很想见到他，可是他在重症监护室待了三个月，我一直没有见到他的最后一面。8月19日就是他的生日，他连生日都没有过。我很伤心。

师：我理解。我也有过类似的伤心。

2. 细读范例，感悟成长

师：离别，确实是人生的一种常态，谁没有经历过离别呢？咱们一起来看看英子经历的最后一次离别。请一位孩子来读一读——

（课件呈现）

"老高，我知道是什么事了，我就去医院。"我从来没有过这样的镇定，这样的安静。

我把小学毕业文凭放到书桌的抽屉里，再出来，老高已经替我雇好了到医院的车子。走过院子，看到那垂落的夹竹桃，我默念着：

爸爸的花儿落了，

我也不再是小孩子。

——《城南旧事》/"爸爸的花儿落了"/P230

生：（个别朗读）

师：跟第一次离别相比，第五次离别的时候，英子的表现有什么不同呢？

生1：我发现她跟秀贞离别的时候，是很恐惧很害怕的，她不愿意接受这个事实。但是她现在跟自己的父亲离别，她是很镇定很安静的，她已经默默地接受了这个事实，承担起了家庭的重任。

师：是的，这是非常明显的不同。还有什么不同呢？

生2：第一次离别的时候，她完全还是一个单纯的小孩子，是很舍不得的。到了最后一次，她已经知道必须接受离别了，她懂得了放下。

师：你还记得前后两次英子的表现吗？

生3：第一次的时候，她内心很恐惧，她一直在喊"秀贞啊，妞儿啊"，把嗓子都喊哑了。那个时候可以看出她的情绪波动是很大的，内心的承受能力比较差。但现在这一次，她镇定了，哪怕是她最亲最爱的爸爸去世了，她也是很镇定的，这个也可以看出她的内心也是有一定成长的。

师：说到成长，我问你一个问题，第一次跟秀贞、小桂子离别的时候，英子有没有哭？

生4：有。

师：有。这一次跟最亲最爱的爸爸离别，英子有没有哭？

生4：没有。

师：没有。这个时候，英子几岁？

生4：这个时候英子12岁。

师：12岁。在座的各位，你们几岁？

生：（自由应答，有说11岁的，有说12岁的）

师：也就是说，你们跟英子是同龄人。那我再来问问大家，一个12岁的小姑娘，突然知道自己最亲最爱的爸爸走了，最自然最本能的反应是什么？

生5：应该是在那里哭。

师：哭。谁能找一个成语来形容英子可能的"哭"？

生6：泣不成声。

师：泣不成声。很有可能。

生7：可能是涕泗横流。

师：涕泗横流。眼泪鼻涕满脸都是，很有可能。

生8：泪流满面。

师：泪流满面。很有可能。

生9：号啕大哭。

师：号啕大哭、泪流满面、涕泗横流、泣不成声……这是一个12岁的小女孩最自然最本能的反应。但是，英子哭了吗？

生：（齐答）没有。

师：英子喊了吗？

生：（齐答）没有。

师：不但没有，英子的反应是从来没有这样的——

生：（齐答）镇定。

师：从来没有这样的——

生：（齐答）安静。

师：请问，谁在影响着英子？

生10：可能是和她离别的那些人。

师：比如说——

生11：妞儿和秀贞。

生12：还可能是宋妈。

生13：可能是那个"小偷"。

生14：还有可能是兰姨娘和德先叔。

生15：也可能是爸爸。

师：来！打开《城南旧事》，快速浏览《爸爸的花儿落了》。找一找，这些人物是怎样影响着英子的成长。

生：（快速浏览）

师：你们应该找到这些痕迹了吧？来，说说看，这些人物怎样影响着英子的成长。

生16：我找到的是：宋妈临回她的老家的时候说："英子，你长大了，可不能跟弟弟再吵嘴，他还小。"

师：没错，宋妈影响着英子的成长。继续找——

生17：就在她找的后面，兰姨娘跟着那个"四眼狗"上了马车的时候说："英子，你大了，可不能招你妈妈生气了。"

师：没错，兰姨娘影响着英子的成长。继续找——

生18：在草地里那个人说："等你小学毕业了，长大了，我们看海去。"

师：没错，"小偷"影响着英子的成长。继续找——

生19：爸爸也不拿我当孩子了，他说："英子，去把这些钱寄给在日本读书的陈叔叔。不要怕英子，你要学会做许多事，将来好帮助你妈妈，你最大。"然后后面还有一个，爸爸说："闯练，闯练，英子。"

师：没错，爸爸影响着英子的成长。还有吗？

生20：爸爸已经在医院去世了，老高也对我说："大小姐，到了医院，好好劝劝你妈，这里就数你大了，就数你大了。"

师：是啊，连家里的厨子——老高也在影响着英子的成长。正是这些人物，在不知不觉中影响着英子，所以，到了爸爸去世的时候，到了跟最亲最爱的爸爸永远离别的时候，英子才会表现得如此——

生：（齐答）镇定。

师：如此——

生：（齐答）安静。

师：这一切在告诉我们，虽然跟爸爸离别了，永远离别了，但是，似乎还有什么东西留在了英子的心上。

3. 扫描离别，确证成长

师：不光是这次离别，我们来看看，第一次，跟秀贞和小桂子离别的时候，小说是这样写的——

（课件呈现）

我没有再答话，不由得再想起——西厢房的小油鸡，井窝子边闪过来的小红袄，笑时的泪坑，廊檐下的缸盖，跨院里的小屋，炕桌上的金鱼缸，墙上的胖娃娃，雨水中的奔跑……一切都算过去了吗？我将来会忘记吗？

——《城南旧事》/"惠安馆里的小桂子"/P96

师：孩子们，这一切，英子会忘记吗？

生：这一切英子都没有忘记。

师：她记住了什么呢？

生1：这些人离别之后对她的影响永远留在了英子的身上。

师：我们再来看，第二次离别的片段——

（课件呈现）

我慢慢躲进大门里，依在妈妈的身边，很想哭。

宋妈也抱着珠珠进来了，人们已经渐渐地散去，但还有的一直追下去看。妈妈说：

"小英子，看见这个坏人了没有？你不是喜欢做文章吗？将来你长大了，就把今天的事儿写一本书，说一说一个坏人怎么做了贼，又怎么落得这么个下场。"

"不！"我反抗妈妈这么教我！

我将来长大了，是要写一本书的，但绝不是像妈妈说的这么写。我要写的是：

"我们看海去"。

——《城南旧事》/"我们看海去"/P141

师：那个时候的英子，曾经为分不清大海和蓝天而苦恼，也为分不清好人和坏人而苦恼。但是，当英子说将来我要写一本书《我们看海去》的时候，你知道有什么东西留在了英子的心里呢？

生2：我觉得一个可能是和"小偷"在院子里高高的草丛里说笑的记忆留在英子心上。

师：纯真留在了记忆深处。

生3：我觉得还可能是她和"小偷"曾经的约定——一起去看海。

师：憧憬留在了记忆深处。我们再来看第三次，那是与兰姨娘和德先叔的离别——

（课件呈现）

我想哭，也想笑，不知什么滋味，看兰姨娘跟德先叔同进了马车，隔着窗子还跟我们招手。

那马车越走越远越快了，扬起一阵滚滚灰尘，就什么也看不清了。

——《城南旧事》/"兰姨娘"/P175

师：孩子们，那时候的英子想哭也想笑，请问她为什么想哭？

生4：因为她舍不得兰姨娘。

师：她为什么又想笑？好像有点矛盾啊？

生5：因为在小说里有写道：他爸爸有点花心，是对兰姨娘有点暧昧的，所以她为了维护妈妈的地位，撮合兰姨娘和德先叔，最后撮合成功了，也维护了妈妈的地位，所以她想笑。

师：如果是在刚读小学的时候，这种想哭又想笑的矛盾、纠结，可能就不会留在英子心上。这说明，英子在成长。我们再来看第四次离别的片段，与宋妈的离别——

（课件呈现）

宋妈打点好了，她用一条毛线大围巾包住头，再在脖子上绕两绕。她跟我说：

"我不叫醒你妈了，稀饭在火上炖着呢！英子，好好念书，你是大姐，要有个大姐样儿。"说完她就盘腿坐在驴背上，那姿势真叫绝！

……

驴脖子上套了一串小铃铛，在雪后清新的空气里，响得真好听。

——《城南旧事》/"驴打滚儿"/P208、212

师：孩子们发现没有，这次离别的情绪好像跟前面几次都不一样，你看，宋妈盘腿坐在驴背上的姿势——

生：（接答）真叫绝！

师：你听，驴脖子上套了一串小铃铛，在雪后清新的空气里，响得——

生：（接答）真好听！

师：这次英子显得——

生6：英子显得成熟多了。

师：成熟多了，她的情绪是——

生7：我觉得是非常平静。

师：不光是平静，甚至还有一点点——

生8：开心。

师：开心。你知道这是为什么吗？

生9：我觉得她现在想她了，开始体谅宋妈了，她觉得等宋妈回去了以后，再去看看自己的孩子，她还会再回来，她会变得更加快乐。

师：所以，宋妈的离去似乎让英子看到了——

生10：她似乎看到了希望。

师：是啊，孩子们，不要以为离别只有伤感，只有痛苦，只有不舍。其实有些离别也可能意味着希望。看来英子的确在长大，而所有的这一切都留在了英子的心上，她的纯真、她的善良、她的坚强、她的勇气，包括她对这些人的深深的情义。孩子们，这就是心灵的童年。（板书：永存心灵的童年）

师：是的，在离别当中，英子一次一次地失去她实际的童年。然而，也是在离别当中，英子却永远留存了她美好、纯真、心灵的童年。孩子们，这就叫成长。（板书：成长）这就是《城南旧事》这本书的主旨，这样的阅读策略，就叫"深化"。（板书：深化：把握整本书的主旨）

4. 切己体察，表达成长

师：就这样，在一次一次的离别中，英子在成长。就如现在，你就是成长中的英子，你十二岁，你已经离开了自己的爸爸，你已经意识到自己是个大人了，那么回过头来，各位英子，你想对小说当中曾经跟你有过深深联结的人物说些什么呢？来，打开作业纸，请你任选小说中的一个人物，把自己想象成现在的英子,把你最想对他(她)说的话写下来。

(课件呈现)

秀贞、小桂子、"小偷"、兰姨娘、宋妈、爸爸

任选其中的一个人物,想象自己就是现在的"英子",把自己此刻最想对她(他)说的话写下来。

_____

_____

_____

生:(背景音乐《送别》响起,想象写话)

师:好,孩子们,把笔都放下,选其中的一位角色,此刻你是英子,把你最想说的话说给他(她)听。

生1:"小偷",我虽然不知道你的名字,但是我知道你是好人。你是为了你的弟弟才去做这些的,你善良,爱孩子,在我心里你就是一个好人。谢谢你带给我不一样的童年,让我分清好人、坏人、大海和蓝天,我们还会一起去看海吗?

师:其实,你和"小偷"早就一起看过海了。你们看的是生活的大海,是心灵的大海。

生2:小桂子,你还好吗?如果你还在,就可以和我一起毕业了;如果你还在,我们就可以养一大群小黄鸡了;如果你还在……我好想你啊!小桂子。

师:我想,在天堂的小桂子,一定也在读书,一定也爱养一大群小黄鸡,一定也在想你——她最好最好的朋友。

生3:爸爸,您的花儿落下了,我也不是孩子了,我长大了,是家里的姐姐,我不会让你失望的。现在的我,多了一份担当,多了一份责任,我会帮妈妈撑起这个家,会像您最喜欢的夹竹桃一样,落了又开,坚韧不屈。

师:是的,爸爸的花儿不会落,爸爸的花儿永远开在你的心里。

生4:爸爸,谢谢您!是您使我慢慢懂得了许多道理,是您使我在风雨

中缓缓地成长。在渐渐长大的同时，我永存了美好、纯真的心灵童年，谢谢您！我亲爱的爸爸。

师：真好！还有谁说？

生5：宋妈，放心吧！我已经长大了，能够帮妈妈撑起这个家了，不会给妈妈添乱了。希望你能找回小丫头，希望你的丈夫不再赌博了，你们可以幸福地生活在一起。希望你们不要忘了给我回信，我好想去你们家看看你的小丫头。

师：宋妈走了，是带着希望走的。宋妈留给你的，同样是对未来的希望。希望，真好！说你们好，是出于真心的好。为什么？因为你们替英子写下的所有话，我感受到的是纯真，是善良，是对爱的希望。所有这些人，虽然都已经离你而去，但是，在你心里，他们永远活着。所以，孩子们，读小说，其实就是在读自己。不知不觉中，你们把小说最美好的东西化作自己的东西。这也是我们整本书阅读的一个重要策略——内化。（板书：内化：接受整本书的滋养）

（最后形成如下板书）

城南旧事
成长
↑

永别实际的童年←离别→永存心灵的童年

简化：梳理整本书的结构

深化：把握整本书的主旨

内化：接受整本书的滋养

师：其实，你们写的这些话，他们是永远不可能听到的。但是，那又有什么关系呢？因为，所有的话，都是说给自己听的；真正的阅读，其实都是在读自己。正如作者林海音在小说的序言《冬阳·童年·骆驼队》中所写的这样——

（课件呈现）

我对自己说，把它们写下来吧，让实际的童年过去，心灵的童年永存下来。

就这样，我写了一本《城南旧事》。

我默默地想，慢慢地写。看见冬阳下的骆驼队走过来，听见缓慢悦耳的铃声，童年重临于我的心头。

——《城南旧事》/"冬阳·童年·骆驼队"/P8

师：我们一起读——

生：(齐读)

师：在一次次的生离死别中，英子失去了实际的童年；但是，也正是在一次次的生离死别中，英子留下了心灵的童年，纯真，善良，坚强，执着，勇气，责任，还有爱！其实，每个人都有属于自己的离别故事；每个人都有属于自己的"城南旧事"。在离别中，我们永别了实际的童年；在离别中，我们永存了心灵的童年。这是成长的忧伤，也是成长的幸福！（下课）

《城南旧事》导读指南

王崧舟

无论你之前是否读过《城南旧事》，这一次，我们再读一遍《城南旧事》，好吗？我也一样。

你也许知道，有些书需要反复读，在不同的时间、不同的年岁读，你会有不同的感受、不同的思考。据我所知，《城南旧事》就是这样的书。

本来，不应该规定读书的时间，那会是件让人扫兴的事儿。但考虑到六一儿童节那天，我们将在越读馆共读《城南旧事》，这是我们共同的约定。所以，建议你尽量在五月底读完全书。当然，如果你实在太忙，或者还有比这更重要的事情要做，不读完也无妨。《城南旧事》是林海音慢慢地写出来的，所以，你慢慢地读慢慢地写出来的《城南旧事》，也许会更有意思。读小说如果没有意思，那就真没有意思了。你说呢？

《城南旧事》这部书，有许多出版社出版过，估计还会有别的出版社想出版它。我们这次共读的《城南旧事》，是新星出版社 2013 年 10 月出版的，准确地说，这一版的《城南旧事》应该叫作《城南旧事》插图珍藏版。这是到目前为止，我最喜欢的版本。不知这一版的《城南旧事》会不会也是你的最爱？到时候我们也可以聊一聊。语文老师一般不会跟你提版本的事儿，但是，对于那些经典名著来说，版本是一件绕不过去的事儿。你读下去就会知道，版本不同，不光内容会有不同，品味和体验也会不同。

阅读整本书，我们一般从阅读目录开始。这一版《城南旧事》的目录是这样安排的：

冬阳·童年·骆驼队	1
惠安馆的小桂子	9
我们看海去	97
兰姨娘	143
驴打滚儿	179
爸爸的花儿落了	213
童年（后记）	231
附录	243

如果你正在读小学五年级，那么，你马上就能在自己的语文书里读到《冬阳·童年·骆驼队》。它是五年级下册的第6课。当然，你可以把语文书中的《冬阳·童年·骆驼队》跟这一版书中的《冬阳·童年·骆驼队》比照着读一读，你会发现一些不一样的地方。我建议，把这些不一样的地方画下来。

《惠安馆的小桂子》才是《城南旧事》的开篇。开篇写了疯子秀贞、妞儿小桂子，她们是母女俩。这母女俩的结局到底怎么了？不知道你一旦明白了那个结局，心里会是什么滋味儿？

读了《我们看海去》，你会发现，故事里根本没有海。但是，你不妨留意一下，"我们看海去"这句话在小说中一共出现了多少次。你可以画一画，再标上序号。每一次读到"我们看海去"，不知你会有怎样的感受和想法？

读《兰姨娘》会让你有一点小小的纠结。这个纠结，可能来自英子的爸爸和兰姨娘，也可能来自英子和兰姨娘，还可能来自英子和爸爸。如果你真的感受到这种纠结，可以跟自己的爸爸妈妈说一说，听听他们会怎么说。

《驴打滚儿》其实写的是宋妈一家子事儿。为什么作者要起这么一个题目呢？

《爸爸的花儿落了》是《城南旧事》的结局。等你读初中一年级的时候，你会再次读到小说的这个篇章。在这个篇章里，写到英子参加小学毕业典礼。在毕业典礼上，英子这样想："我们是多么喜欢长高了变成大人，我们又是多么怕呢！"我在想，你是不是也会有跟英子类似的想法呢？这个年纪的人，为什么既喜欢又害怕变成大人呢？

一看标题你就知道，《童年（后记）》是《城南旧事》的后记。有些版本的《城南旧事》并没有选录《童年（后记）》，不知道是什么缘故，也许是他们觉得无关紧要吧。不知你读了之后会怎么看？你觉得这篇后记紧要吗？

对了，还有《附录》呢。附录当然不是正文（小说），但既然录在书上，当然也不再是可有可无的。你读了就知道，附录对你阅读正文会有不少帮助。比如，《＜城南旧事＞名物考》，旧日京华的那些个味道和气息，全在这"名物考"里了。我建议，随着小说篇章的阅读，你不妨随时翻翻《附录》。

还有一件有趣的事儿，就是去看看电影《城南旧事》。最好是在读完小说之后，最好是看完电影之后跟小说再比照比照，看看有什么不一样的地方。

但愿这是你生命中又一次有趣而难忘的阅读经历。

我会陪着你一起体验。

《城南旧事》领读缘起

王崧舟

《城南旧事》我至少读过 6 遍。最早的一遍，是因为看了电影《城南旧事》，才想着要去看看小说《城南旧事》。那是 1984 年，那一年，我刚刚做小学教师。

后来，陆陆续续重读《城南旧事》，都有不同的缘故。有的是为了陪自己的女儿一起读，有的是为了要指导年轻教师执教《冬阳·童年·骆驼队》，有的则是为了自己要上公开课《爸爸的花儿落了》。

这次越读馆策划的"读小库"整本书共读体验活动，提供了一系列适合儿童阅读的经典名著，我一眼看中的就是《城南旧事》。要说缘由，其实很简单。

《城南旧事》跟我的生命最为相应。

怎么说呢，每本书都是有性格的。有的书，活泼；有的书，严肃；有的书，天真烂漫；有的书，气度豪迈。《城南旧事》，有它自己独特的性格。

哀而不伤，著而无碍。

《城南旧事》，事事写离别，有的是生离，有的是死别。每一事，都足以令人悲恸不已。但我们读进去，感受到的是一种节制，一种刚刚好的情感起伏，既无不过，也无不及。所写的每一事，都是心灵童年的再现与回味。淡淡地来，又淡淡地去，不迎不拒，不取不舍，如同明镜映照万物。

这背后，是一种生命境界。这境界，属于童心，属于诗心，属于初心，属于天地之心。

我把《城南旧事》当作诗来读，我眼中的《城南旧事》就是一首诗。

这首诗如果非要有一个题目，那就叫《送·未别》吧。

名师点评

情感逻辑下的课堂美学

自由教师 王小庆

> 读小说，其实就是在读自己。不知不觉中，你们把小说最美好的东西化作自己的东西。这也是我们整本书阅读的一个重要策略——内化。
>
> ——王崧舟

（一）

在对《城南旧事》一书进行教学时，王崧舟老师遵循的，依然是他驾轻就熟的情感逻辑。

这恐怕是"诗意语文"课堂之所以具有独特美感的原因之一。无论是文本的解读、师生对话的组织，还是课堂情境的创设，都建立在情感生成与发展的基础之上，并由此形成与之相关的教学艺术手法，形成有利于学生人格发展的情感知识体系。

按理说，情感逻辑与理性逻辑在阅读教学中应该是相辅相成、并行不悖的，但是，在日常教学中，我们却试图只沿着理性逻辑建立课堂话语（尽管我们未必做得端正到位）。我们对文本的解读是"理性"的，"客观"的，我们创设的课堂是"知识"的甚至是"应试"的，我们与学生的交往脱离了他们的生活，变成纯粹的知识交易的甲方乙方。这样的结果，是阅读课堂的"逻辑结构"被不断强化，而"生态结构"却在无形中被忽视、被弱化——所谓的"生态结构"，是"师生身体、情感与文化之间的生命的内在对话，是一个阐释、理解自我生活与生命意义的过程"[①]。

而王崧舟的课堂，正是试图通过情感逻辑，让师生在文本的学习中使自己的生命得以觉醒、得以丰满。

事实上，王崧舟曾多次在各种场合阐明他对"情感逻辑"的重视。比如，针对"只有语言文字的实际使用才是语用"的"语用焦虑"，他就明确指出："蕴含着高浓度情感的'语用知识'，只有用情感的方式才能被学生切实地理解并掌握。"[②] 在讲到诗歌教学时，他也指出："诗的逻辑不是自然的逻辑，甚至不是生活的逻辑，而是情感的逻辑。"[③] 他的许多课堂——从《总理的一夜》到《慈母情深》，都演绎着他的这一观点和立场。

王崧舟以及他的"诗意语文"之所以如此强调情感逻辑，是因为他特别注重"人"在教学中的角色和地位。正如鲁庆中在其《情感逻辑纲要》一文中所指出的：

> 在理性逻辑的起点即感性认识中，不管是感觉，还是知觉或表象，它们所关注的都是客观的对象，包括现象学亦然，现象学研究的问题即是现象在意识中的自明性，关注的仍然是对象，因此缺乏对人性的关怀。而情感逻辑则直接以感受为核心，它关心的正是人的本身。[④]

因此，对《城南旧事》的教学虽然属于"整本书阅读教学"，教师必须和学生一起研析小说的框架、要素和技法，但其中"人"的立场，依然是课堂所首先要坚持的，也因此能成为课堂的光亮所在。

---

① 范春香，余小强. 从逻辑结构到生态结构：英语课堂教学方法论的嬗变[J]. 西安外国语大学学报，2013，21（2）.

② 王崧舟. 语用焦虑与实践突围（二）——语用教学三个层次的厘定与整合[J]. 新教师，2013（11）.

③ 王崧舟. 古诗教学的价值取向和实践智慧[J]. 小学语文教师，2010-10.

④ 鲁庆中. 情感逻辑纲要[J]. 现代哲学，2001（3）.

（二）

那么，在《城南旧事》的教学中，王崧舟老师是如何演绎情感逻辑并使之服务于其"诗意语文"课堂的？

事实上，教学《城南旧事》并不是一件容易的事。这本书包含了若干个互有联系的小故事，这些故事，学生已在课前仔细阅读，并对其中的情节了然于胸。教师若不能为课堂组织一条独特的线索，便无法使学生的阅读走向深入，甚至会使阅读课滑向纯粹是字词语句分析和训练的"语文课"或者信马由缰的"讨论课"。

"弱水三千，只取一瓢"，王崧舟最后选择"离别"为课堂教学的主线索，从而使教学的思路清晰而准确，也从而使课堂中的情感逻辑发展有了一个载体。

事实上，对于任何教学文本，教师、学生的解读立场往往不尽相同——教师有教师的解读思路，学生有学生的欣赏逻辑，除此之外，文本还有其自身的发展规律。这些现象的背后，是观念，是生活，也是知识。但是，当"离别"被提炼为《城南旧事》的主线索时，无论教师、学生还是文本，都有了彼此对话的可能，也有了共同的情感基础。

抓住"离别"这一文本的七寸之后，教师才得以在课堂内将"诗意语文"的各种技巧加以运用，并创造出专属于这一课的美学效果。具体体现在以下几个方面：

首先，情境创设。

有人认为，情感逻辑包含情境、感受、悟觉等基本元素[1]，而对课堂教学来说，情境的创设，则能在整体上奠定情感的基调。

在《城南旧事》一课中，教师对情境的创设，首先是通过一种仪式感来

---

[1] 鲁庆中. 情感逻辑纲要[J]. 现代哲学，2001（3）.

实现的。上课伊始，教师便给学生播放了李叔同填词的《送别》一歌。值得注意的是，在播放音乐前，教师告诫孩子们"把心静下来，把手放下来"。这意味着聆听音乐，需要一种仪式感；而当师生们对"离别"进行了充分探讨，学生完全走入文本之后，教师又一次播放了《送别》一歌。这种回环往复的艺术手法，使得课堂的情境不断被强化，学生的情感体验不断得到升华。

需要指出的是，《送别》无论是歌词还是曲调，都有着一种凄清、悠远的味道，当孩子们带着一种仪式感安静地聆听这样的音乐时，他们会不由自主地培植起一种灰色的心绪，从而迅速与文本的色调相和。

另一方面，教师的语言催化，也在某种程度上强化了课堂的这种色调和情境，并促使学生的情感迅速融入文本，融入故事之中。

这种催化，体现在课堂语言上，表现为鼓励、提醒、认同、追问等方式。由于王崧舟老师自身的语言（包括语速、音调）、形象、体态等特色，他的课堂总能创造出一种磁力场效应，使课堂参与者全身心地融入他所设定的情境之中。

比如，课堂中，教师有几次意味深长的追问：

师：歌曲听完了，能跟大家分享一下你的内心感受吗？

师：孩子们，作者已经非常明确地告诉我们，每一段故事的结尾都有一个主角离我而去，注意到这个现象了吗？

师：你们还记得吧，这五次离别中，给你印象最深的是哪一次？

师：能说说理由吗？

追问、排比、顶针，这些文学语言中的技法，一旦被熟练地移植到课堂之中，会使学生产生强烈的情感反应，激发他们的表达欲望，促使他们在言说中不断走进文本，深刻理解"离别"的意义；也促使他们在自己的言语抒发中，流淌着与文本一样的情感，实现"人""文"合一的效果。

其次，人本立场。

教师对文本的解读姿态，往往决定了课堂教学的走向。在确定"离别"

为课堂教学的主线索之后，王崧舟老师还以他对文本的基本立场，将《城南旧事》中的人物、语言一一定格、聚焦，从点到面，在短短一个半小时内形成了一个长镜头式的透视图景。

我们不妨看看他是如何呈现故事的基本内容的。

根据《城南旧事》的故事内容，填写表格，并在相应的（ ）里打"√"。

故事	离别时间	离别地点	离别主角	离别方式
惠安馆	英子七岁（春夏之交）	椿树胡同		死亡（ ） 入狱（ ） 远走（ ） 回乡（ ）
……	……	……	……	……

在完成这张表格前，教师提示："当每一个故事结束的时候，谁离开了英子？"从而引出五个故事中的五组重要人物——秀贞和小桂子、"小偷"、兰姨娘和德先叔、宋妈、爸爸。这五组人物，最后无不与英子互相别离；同时，这五组人物，虽各有特点，却无不处在社会的底层。在分析了这些人物的性格特点后，教师又及时展示了另一张表格——

故事	主角	性格特点
惠安馆	秀贞	心地善良（√） 苦命（√） 爱孩子（√） 像个"疯子"（ ）
我们看海去	"小偷"	心地善良（√） 苦命（√） 爱孩子（√） 想要看海去（ ）
……	……	……

按照教师之后的总结，与英子进行离别的人，都是"好人中的苦命人"。这种对人，尤其是对普通人的本位坚持，打破了我们对底层社会的惯有思维，通过认知的冲突、环境的分析、语言的解析，拉近了学生与文本中人

物的情感距离，使他们越来越具有同理心，并在文字的阅读中实现一种自我教育，也同时使课堂具有了强烈的人本倾向，从而得到参与者最广泛的认同。

第三，生活链接。

在分析"情感逻辑"时，有些教师主张从文本出发，通过对文本的字、词、句的解读来揣摩作者的情感思路，挖掘作者的情感态度[①]。这种基于文本的分析法固然有它的道理，但拘泥于文本的情感解读并不能真正打开学生与文本（以及作者）之间的对话通道。毕竟，"在情感逻辑中，语言并不直接指向对象，而是唤起人的经验，刺激人的想象，调动人的情感"[②]，"艺术语言不追求判断或推理的正确性，而专注于传主体之情，达主体之意"[③]。

王崧舟老师深谙此道。他在课堂内无时不在"唤起人的经验、刺激人的想象，调动人的情感"，无时不在"传主体之情，达主体之意"。按照他自己的说法，这是"与生活的链接"。

师：其实，离别是人生的常态。孩子们，在生活中，你也遇到过类似的离别吧？跟谁离别？什么时候离别？在哪儿离别？以什么方式离别？为什么会离别？能跟大家交流交流吗？

"说自己的故事"，尽管是一个在小学课堂内司空见惯的教学招数，但它能迅速让课堂具有立体感，提高教学意义的丰富性。学生在言说自己的往事（离别）时，一方面能实现自身经历与文本的个性化融合，另一方面，也能重现记忆中人物的音容面貌并与之进行心灵对话，并在这一过程中实现精神的洗涤与净化。事实证明，在这堂课中，当教师引出这一任务时，孩子们都能深情地叙述他们各自遇到的"离别"事件，并毫无掩饰地表达自己对其中人和事的念想。

---

① 黄焕. 语文阅读教学中情感逻辑能力的培养 [J]. 中外交流，2017（6）.
② 黄朝东. 真与美——理性逻辑与情感逻辑的关系 [J]. 中国科教创新导刊，2009（3）.
③ 胡霞. 论艺术语言的情感逻辑规律 [J]. 社会科学家，2015（6）.

第四，教学形式。

需要指出的是，王崧舟作为一名课堂艺术大师，在本节课中所采用的教学手段、形式和媒介，也极大地促进了情感逻辑之于课堂美学的生成。具体而言，大致体现在以下几个方面：

1. 教学结构。从艺术的角度看，一堂课的各个环节都是"按照一定的逻辑、条理、秩序组合而成的"①。富有艺术气息的教学结构，能创造出相应的课堂美学效果。纵观《城南旧事》一课，教师无论是对作品进行情节回顾、人物呈现，还是激发学生表达自我，都显示了其深厚的教学功力，在教学设计上能做到运筹帷幄。一条线索，让读者（学生）以小见大，走进文本；两张表格，则让学生体会到了书中所描述的丰富的人性；而"讲述故事"，又让学生在时空转换中"入情入境"，以自身的生活体验去深度理解文本。整个课堂干净利落，同时又不失其风韵。

2. 课堂节奏。《城南旧事》一课，正如"诗意语文"的其他课堂一样，颇具有节奏上的美感。从文本的角度看，《城南旧事》是一本成年人写作的童年回忆体小说，舒缓、沉郁，充满灰黄色的基调。与之相配，王崧舟的课堂也轻柔而不拖沓，各环节之间过渡自然，彼此照应，学生在学习过程中不觉得疲劳、厌倦，并能在整个过程中不断有所发现、有所创造。这样的课堂节奏，是贴近心灵的节奏。整个课堂仿佛是一首诗，又仿佛是一篇美文，能在起承转合、抑扬顿挫中完成情感的生成、发展、高潮以及思考中的收缩。这种具有强烈个人色彩的课堂风格，与教师的才气有关，更与"诗意语文"的美学追求有关。同时，教师因为"对书中每个字都摸过"（某听课教师评语），更使得此节课具有了生活的温度。

3. 视觉效果。比如，基于《城南旧事》的故事情境以及课堂内情感逻辑发展的需要，教师将幻灯片设置为古朴、淡雅的灰底色和藏蓝色，并插入了著名画家关维兴先生为本书特制的水彩画。这一切，让课堂内的师生

---

① 黄伟亮. 课堂教学结构的美学思考 [J]. 教育探索，2011（7）.

仿佛回到了故事中那古老的北京城墙下灰黄而又鲜活的童年时代，从而创造出令人挥之不去的情愫。再比如教师的板书，更是简要通达、意味深远，清楚而有力地将与这一故事有关的几个关键词书写在白板之上，创造了含蓄而有力的视觉效果，令人记忆深刻。

（三）

从某种程度上说，《城南旧事》这一课是王崧舟老师在"诗意语文"教学中的一次有意义的探索——如果说之前的课堂教学都是针对某个"文本"展开的，那么这次的教学，面对的则是一整本书。教师需要选择适宜的教学时机，确定适宜的教学策略，从而让学生既能在课堂内有所收获，又能在阅读的路上走向深远。借用王崧舟老师在本节课中的板书，这样的阅读课堂，其基本策略是两点——简化：梳理整本书的结构；内化：接受整本书的滋养。

可贵的是，即便在这样一个复杂的阅读教学系统中，王崧舟老师依然保持了"诗意语文"的教学风格，依然坚持了"情感逻辑"的课堂演绎路线。通过精妙的教学设计和完美的课堂演绎，将文本、学生、教师融于课堂的情境之中，在情境中形成对话、生成知识、链接生活。

从本质上讲，王崧舟的"诗意语文"课堂大多是自洽的课堂。无论是教学情境还是言语方式，都在课堂伊始就已经基本确立，而之后的文本解读、情感升华、问题与对话的生成，仿佛都在"意料之中"。这使得王崧舟和他的"诗意语文"一方面被不断效仿，另一方面也被不断诟病。他的课堂赋予了文本和生活以美感，但缺乏对文本和生活的质疑与想象。但我们不能不承认，在一个缺乏情感体验的教育语境中，王崧舟老师的"情感逻辑"多少让学习者从纯粹的知识学习中挣脱出来，以一种可感的方式触摸文本。在这样的课堂内获得的体验和知识，也许更多的是私人的、内在的，但它所培养的对文本和生活的审美触觉，却是恒久的、温暖的。

第三课

如何通过意脉追索开掘古诗的文化意蕴

——《墨梅》

教学简案

教学 版本

统编小学语文教科书四年级下册第 22 课《古诗三首》之《墨梅》。

教学 目标

1. **核心目标**：能联系诗人生平，感受诗人借画梅、咏梅来表达自己高洁、孤傲的人格追求。

2. **条件目标**：能正确认读"砚、冕、乾、坤"四个生字，并有感情地朗诵诗歌，理解"墨梅、洗砚池、淡墨痕、满乾坤"等词的意思；能理解《墨梅》的诗意，体会诗中"梅的清气"这一文化意象；初步了解诗歌托物言志的写作手法。

教学 时间

60 分钟。

教学 过程

（一）整体感知，梳理"三种梅"

1. 读好诗题和作者。齐读诗题，齐读作者，为"冕"正音。

2. 读好并理解诗中的两个新词：洗砚、乾坤。

中国书法，离不开"文房四宝"，谁知道"文房四宝"指的是哪四宝？洗砚的砚，就是"文房四宝"的第四宝——砚台。

"乾坤"是什么意思？"乾"和"坤"，哪个指"天"？哪个指"地"？

3. 读好整首诗。个别读，推荐读，齐读。

4. 梳理诗中隐藏的三种梅花：家中梅，画中梅，心中梅。

（二）引经据典，品读"家中梅"

1. 读好第一句诗。要强调这是谁家的梅花，该怎么读？要强调我家的梅花种在哪儿，该怎么读？

2. 借助注释理解典故"洗砚池"。

洗砚池：位于山东省临沂市"王羲之故居"内。传说东晋大书法家王羲之从小刻苦练字，经常到池塘边洗刷笔砚，结果池塘的水都被染黑了。

王冕说他家有洗砚池，意思是自己也像王羲之那样勤奋刻苦。

你读懂了什么？如果"洗砚池"会说话，它会对王冕说些什么呢？当王冕学画遇到困难的时候，洗砚池好像在对他说什么？当王冕学画已经很有成就的时候，洗砚池好像在对他说什么？

（三）知人论世，品读"画中梅"

1. 读好第二句诗。仔细观察《墨梅图》，看看这一朵梅花，什么颜色？看看这一枝梅花，什么颜色？看看这一树梅花，什么颜色？

2. 结合王冕生平，理解"淡墨痕"。

史书记载，朋友李孝光想推荐王冕去做府吏，被他拒绝了。

史书记载，老友泰不华多次举荐王冕为官，被他拒绝了。

史书记载，他的老师王艮劝王冕做官，被他拒绝了。

史书记载，元朝的达官贵人不惜重金向王冕求画，被他拒绝了。

史书记载，明朝开国皇帝朱元璋要重用王冕，他以出家为由也拒绝了。

王冕拒绝过哪些人？他为什么要拒绝这些人？当他拒绝了这些人，也意味着他同时拒绝了什么？

读懂了这些之后，你觉得王冕是个怎样的人？诗句中有个字就透露了王冕的人格，谁能结合王冕的为人，给"淡"组个词？（平淡、清淡、淡雅、淡泊、淡定、淡然）

（四）互文比较，品读"心中梅"

1. 读好第三、第四句诗。
2. 拓展写梅花香气的诗句。

数点梅花满院香

——［宋］钱时《睡起即事》

梅花夜开香满溪

——［明］止庵《月夕看梅》

梅花至老香犹在

——［宋］胡仲弓《寄适安》

落尽梅花尚有香

——［宋］杨万里《寒食相将诸子游翟得园》

半夜梅花入梦香

——［宋］戴复古《觉慈寺》

据不完全统计，100首写梅花的诗里，至少有60首会写梅花的香气。但是，王冕这首写梅花的诗，写的不是"香气"，而是"清气"，这是为什么？四人小组讨论，完成课堂练习。

香气写的是花，清气写的是（　）；

香气是鼻子闻出来的，清气是（　）品出来的；

香气每个人都能闻到，清气只有（　）的人才可以品到。

小结：香气写花，清气写人；香气是鼻子闻出来的，清气是心灵品出来的；香气人人能闻到，清气只有高洁之士才能品到。

3. 拓展王冕的梅花诗，印证人格的"清气"。

疏花个个团冰雪，羌笛吹他不下来。

——［元］王冕《素梅四八》

平生固守冰霜操，不与繁花一样情。

——［元］王冕《素梅十九》

忽然一夜清香发，散作乾坤万里春。

——［元］王冕《素梅五六》

4. 王冕不慕虚荣，不羡富贵，不与黑暗势力同流合污，以天下苍生为己任，像梅花一样传播春天的美好希望。这一切，其实都写在了王冕的这首《墨梅》中。带着自己的理解，读好整首诗。

（五）托物言志，传承"梅文化"

1. 提炼托物言志的表现手法。

结合板书，在"墨梅""王冕""托物""言志"之间梳理关系，明白托物言志的具体内涵。

2. 诵读诗歌，欣赏经典咏流传。

自从王冕画出、写出《墨梅》之后，以梅为志，高洁独立，成了越来越多的中国人的向往和追求，你听——

（课件播放《经典咏流传·墨梅》）

板书设计

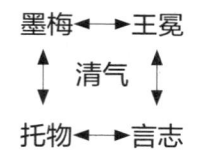

```
墨梅 ←→ 王冕
  ↕   清气   ↕
托物 ←→ 言志
```

课堂教学实录

一、通读分类，整体感知

（课前板书：墨梅 王冕）

师：这节课，我们学习一首古诗。（指着板书：墨梅）古诗的题目叫——

生：（齐读）墨梅。

师：（指着板书：王冕）古诗的作者叫——

生：（齐读）王冕。

师："冕"是个生字，读第三声，再读一遍——

生：（齐读）王冕。

师：诗中还有两个新词，谁来读一读？

（课件呈现）

我家**洗砚**池头树，朵朵花开淡墨痕。

不要人夸好颜色，只留清气满**乾坤**。

生1：（朗读）洗砚，乾坤。

生2：（朗读）洗砚，乾坤。

生3：（朗读）洗砚，乾坤。

师：我们一起读！

生：（齐读新词）

师：孩子们练过书法吗？练习书法，一定离不开"文房四宝"。谁知道"文房四宝"指的是哪四宝？

生4："文房四宝"就是"笔墨纸砚"。

师：说得没错！"笔"就是——

生4：毛笔。

师："墨"就是——

生4：墨汁。

师："纸"就是——

生4：宣纸。

师："砚"就是——

生4：砚台。

师：说得好！这是文化！所以，洗砚的"砚"，就是"文房四宝"的第几宝？

生：（齐答）第四宝。

师：你们现在读的是"宝"啊！一起再来读一读——

生：（齐读）洗砚。

师：诗中还有一个新词，叫"乾坤"，"乾坤"是什么意思？

生5："乾坤"就是天地之间。

师：你是怎么知道的？

生5：《墨梅》这个注释里面就写了。

师：孩子，不用羞羞答答。你能找到注释，并且能记住注释，这是非常好的习惯。告诉大家，你是怎么知道的？

生5：我是在《墨梅》的注释里找到的。

师：他在注释里找到了"乾坤"的意思，你们注意了吗？注意的请举手！（生纷纷举手）好习惯！学古文一定要留心注释。来，孩子，我问你，你从注释里知道，乾坤就是天地之间。那么，你知道哪个字是"天"？哪个字是"地"？

生5："乾"是"天"，"坤"是"地"。

师：好！那我反过来问你，"天"就是——

生5：乾。

师:"地"就是——

生5:坤。

师:"乾坤"就是——

生5:天地。

师:"天地"就是——

生5:乾坤。

师:真聪明!这就是文化。我们一起读——

生:(齐读)乾坤。

师:生字新词会认会读了,整首诗会认会读吗?

(课件呈现)

我家洗砚池头树,朵朵花开淡墨痕。

不要人夸好颜色,只留清气满乾坤。

师:谁来读一读?

生6:(朗读《墨梅》,把"清气"读成了"清香")

师:就差一口气。但是,这口气我给不了,得你自己争这口气啊!相信自己,把这口气争回来!

生6:(再次朗读《墨梅》,完全正确)

师:真好!这就叫争气!哪里跌倒,就从哪里爬起来!这样,老师给你一个奖励。请你推荐一位同学,条件只有一个,就是他(她)的朗读可能超过你。(见班里有不少同学悄悄说出建议人选)你们不要帮忙推荐,这是她的权利,不要把你们的想法强加给她。(对生6)孩子,现在你最大,你说了算。

生6:我请张安琪(音)。

师:你确定?

生6:确定!

师:说个理由。

生6:平时老师给我们上课的时候,要求很多同学读课文,就是她读得最好。

师：我信你，你肯定比我更了解她！（对生7）同学推荐你，你什么感觉？

生7：感觉同学信任我，有些紧张，又害怕辜负了他们的希望，有点感动。

师：五味杂陈，有点紧张、有点害怕、有点感动、有点惊喜。来！放下这一切，就跟平时一样，有请张安琪为我们朗读《墨梅》——

生7：（朗读《墨梅》，读得字正腔圆、声情并茂）（全场掌声）

师：高手！绝对的江湖高手！安琪啊，你知道我首先要感谢谁吗？

生7：王艺诺（音）。

师：对！咱俩想到一块儿去了。艺诺推荐得好，有眼力，更有修养。我觉得能够真心诚意欣赏同学，那是一种修养。当然，我也要感谢张安琪。不瞒大家说，她比我读得好！这样，我请张老师带着大家一起朗读《墨梅》。

生：（领读、齐读《墨梅》）

师：真好！"墨梅""墨梅"，顾名思义，当然写的就是"梅花"。有人说，这首短短的只有二十八个字的诗里，竟然藏着三种不同的梅花。

（课件呈现）

家中梅 画中梅 心中梅

师：第一种——

生：（齐读）家中梅。

师：第二种——

生：（齐读）画中梅。

师：第三种——

生：（齐读）心中梅。

师：那么，家中梅藏在哪里？画中梅藏在哪里？心中梅又藏在哪里呢？请大家默读诗歌，完成课堂练习的第一大题。

（课件呈现）

我家洗砚池头树	心中梅
朵朵花开淡墨痕	家中梅
不要人夸好颜色	画中梅
只留清气满乾坤	心中梅

生：（完成课堂练习第一题）

师：好，我请一位同学来分享自己的发现。"我家洗砚池头树"写的是——

生8：家中梅。

师："朵朵花开淡墨痕"写的是——

生8：画中梅。

师：我也同意，但是，我想请你解释一下，为什么你认为这一句写的是画中梅？

生8：因为在这一句中后面三个字写了"淡墨痕"，文房四宝里面有一个是"墨汁"，看到"墨"字，我就想到他是画出来的。

师：说得清楚，因为想得清楚。继续看，"不要人夸好颜色"写的是——

生8：心中梅。

师：同意的请举手（生纷纷举手）。能说说你的理由吗？

生8：因为他说不要人夸颜色好，并没有说在家中长的，也没有说画出来的。他只是说，不用夸它的颜色好看，所以我觉得是心中梅。

师：有点绕。有同学想要补充吗？

生9：我觉得"不要人夸"是王冕心里的想法，所以，这是心中梅。

师：一语中的啊！是的，"不要人夸"是一种想法，是一种态度。家中梅、画中梅会有这样的想法吗？

生：（自由应答）不会。

师：会有这样的态度吗？

生：（自由应答）不会。

师：只有人，才会有这样的想法、这样的态度呀！所以，这一句的梅花已经不再是梅花了,梅花好像变成了谁?

生8:王冕。

师:所以,这一句不是写家中梅,因为家中梅不会有人一样的想法;这一句也不是写画中梅,因为画中梅也不会有人一样的态度。所以,这一句写的是——

生:(齐答)心中梅。

师:好,看最后一句,"只留清气满乾坤"写的是——

生8:心中梅。

师:懂得了第三句,也就懂得了第四句。因为,只有心中梅才会有"只要留下"的想法和态度。看来,王冕的《墨梅》的确藏着三种不同的梅花,已经被我们一一破解。好!我们再来读一读王冕的《墨梅》——

生:(齐读)我家洗砚池头树。

师:这是家中梅。

生:(齐读)朵朵花开淡墨痕。

师:这是画中梅。

生:(齐读)不要人夸好颜色。

师:这是心中梅。

生:(齐读)只留清气满乾坤。

师:这也是心中梅。

二、引经据典,品读"家中梅"

师:那么,诗中藏着的这三种不同的梅花,究竟想要告诉我们什么呢?

(课件呈现)

我家洗砚池头树

师:谁来读一读家中梅?我有要求,我的要求是——我问你读,明白吗?

生：（自由应答）明白。

师：请问，这是谁家的梅花？

生10：（朗读）我家洗砚池头树。

师："我家"读重音，读得很明确。谁再来试试？这是谁家的梅花？

生11：（朗读）我家洗砚池头树。

师：当你告诉所有人，这不是张家的梅花，不是李家的梅花，这是我王家的梅花，心里什么感受？

生11：很自豪。

师：你有过自豪的时候吗？

生11：有过。

师：什么时候？

生11：比如说，我考试考了第一名。

师：考第一名，当然自豪！把这种自豪感带进去，告诉大家，这是谁家的梅花。读——

生11：（朗读）我家洗砚池头树。

师：真好！该自豪时就自豪！我们一起读——

生：（齐读）我家洗砚池头树。

师：谁还想读？不过，我的问题不一样了。听好了，请问：我家的梅花在哪里？

生12：（朗读）我家洗砚池头树。

师：一听就明白，在洗砚池头！我们一起来，我家的梅花在哪里？

生：（齐读）我家洗砚池头树。

师：不对啊！哪有把梅花种在洗砚池头的？一般人种梅花，要么种在自己家的花圃里，要么种在自己家的庭院里。可是，王冕却把自己家的梅花种在洗砚池头，这是为什么？一起看，请大家默读一分钟。

（课件呈现）

洗砚池：位于山东省临沂市"王羲之故居"内。传说东晋大书法家王羲之从小刻苦练字，经常到池塘边洗刷笔砚，结果池塘的水都被染黑了。

王冕说他家有洗砚池，意思是自己也像王羲之那样勤奋刻苦。

生：（默读资料）

师：看懂的请举手（生纷纷举手）。这位孩子是第一个举手的，迫不及待啊，告诉大家你看懂了什么。

生13：王冕说他家有洗砚池，意思是自己也像王羲之一样勤奋刻苦。

师：刚才留心最后一句话的，请举手（生纷纷举手）。这说明，你们都懂了。这叫眼力！但是，我还是有点不踏实。（对生13）我问你，王冕姓什么？

生13：姓王。

师：王羲之姓什么？

生13：也姓王。

师："也"字用得好！王冕家有什么？

生13：洗砚池。

师：王羲之家有什么？

生13：也有洗砚池。

师：王羲之家的洗砚池，象征什么？

生13：勤奋，刻苦。

师：王冕把自家的梅花种在洗砚池头，表明他要向谁学？

生13：王羲之。

师：学习王羲之的什么？

生13：勤奋，刻苦。

师：她读懂了，完完全全读懂了！你们完全读懂了吗？

生：（自由应答）读懂了。

师：不一定！（稍停）你们不是练过书法吗？其实学画学书法都是很苦的，练着练着，腰酸了；练着练着，背疼了；练着练着，手麻了。王冕也觉得苦，心说：算了吧，这么苦。这个时候，他家的那口洗砚池开口说话了，洗砚池好像在对王冕说什么？（指生14）孩子，我就是王冕，看着我说：王冕啊王冕——

生14：王冕啊王冕，你一定要坚持不懈，只有坚持不懈，你才能成大器。

师：好！"坚持不懈，成就大器！"听你的，继续练。在洗砚池的提醒下，在王羲之的激励下，王冕继续练画。说实话，练画真的很单调，不好玩啊！今天画线条，明天还是画线条；春天画线条，冬天还是画线条；今年画线条，明年还是画线……真的不好玩啊！好玩的事你们知道的，比如：儿童散学归来早——

生：（齐背）忙趁东风放纸鸢。

师：放风筝好玩啊！比如：蓬头稚子学垂纶——

生：（齐背）侧坐莓苔草映身。

师：学钓鱼好玩啊！比如：儿童急走追黄蝶——

生：（齐背）飞入菜花无处寻。

师：追黄蝶好玩啊！王冕真想出去玩啊！就在这个时候，他家的那口洗砚池又说话了——

生15：王冕啊王冕，你学画画不能半途而废，半途而废你什么都学不好，而且以前的工夫都被浪费了，你现在已经有了一些功底，还不如继续学下去吧。

师：真会讲道理啊！"半途而废，前功尽弃！"我愿意听你的。就这样，在洗砚池的提醒下，在王羲之的激励下，王冕继续练画。功夫不负有心人，王冕画画终于小有成就。左邻右舍，亲朋好友，都知道王冕画得不错，纷纷夸赞！王冕呢，有点得意了，有点翘尾巴了。就在这个时候，他家的那口洗砚池又开口说话了——

生16：王冕啊王冕，你没有听说过"骄兵必败"这个成语吗？你就像以前王羲之一样，自己会一点点书法就了不起了，结果呢，连一个包水饺的老婆婆都比不过。所以，你要继续练画，只有练到得心应手了才行。

师：孩子，你说的是《王羲之与天鹅饺子》的故事吧？看来，你肚子里的墨水装得还真不少啊！是的，饺子店的老婆婆包饺子能做到个个精巧玲珑、大小分量一致，靠的就是"功夫"二字。用老婆婆自己的话说："熟要五十年，深要一辈子。"就这样，在洗砚池的提醒下，在王羲之的激励下，王冕练画，坚持不懈，持之以恒，最后，终于成为一代画梅圣手。孩子们，"家中梅""洗砚池"，原来还藏着这样的秘密啊！我们再来好好读一读——

（课件呈现）

我家洗砚池头树

生：（齐读）我家洗砚池头树。

师：是啊，这口洗砚池，是王冕立志向书圣王羲之学习的象征；这口洗砚池，是王冕立志学画、最终成为"画梅圣手"的见证。而王冕家的梅花，就种在洗砚池头。这梅花，同样见证了王冕学画的志向和刻苦。

三、知人论世，品读"画中梅"

师：家中梅，藏着这样一个秘密。那么，画中梅是不是也藏着什么秘密呢？

（课件呈现）

朵朵花开淡墨痕

师：我们一起读——

生：（齐读）

师：孩子们，请仔细看大屏幕。大屏幕上的画，就是墨梅。我可以很负责任地告诉你们，这墨梅，就是王冕亲手所画。我还可以很负责任地告诉你们，这幅墨梅图，就收藏在我们国家的故宫博物院，那是国宝级的文物啊。仔细看，请把你的目光盯在任何一朵梅花上。看清楚，你看到的这朵梅花什么颜色。

生17：我看到的那朵梅花是黑色的。

师："黑色"这个词不准确，能用王冕诗中的词来形容吗？

生17：淡墨痕。

生18：我看到的梅花也是淡墨痕的颜色。

生19：我看到的梅花也是淡墨色。

师：但是，天底下的梅花，没有淡墨色的。有的梅花，是红色的，很鲜艳，你们看到过吧？（生纷纷应声）有的梅花，是白色的，很亮丽，你们看到过吧？（生纷纷应声）但是，没有梅花是淡墨色的，而王冕居然把自家的梅花画成了淡墨色。这是为什么？

生20：我觉得是因为想表达自己的独特。

师：你说得也很独特。这是他的看法，很独特。

生21：我觉得是因为他想突出梅花不跟百花争艳，独自在冬天开放，不鲜艳。

师：第二种看法，凌寒独自开，不鲜艳，所以画成淡墨色。

生22：我觉得王冕之所以不把梅花画成鲜艳的红色，因为那样会显得非常骄傲，他不想骄傲，骄兵必败。如果画成白色的话，因为梅花非常顽强，在冬天都可以开放，他为了突出冬天下雪在梅花身上，突出雪非常白，王冕就把梅花画成淡墨痕，这也看出了雪裹在梅花上的样子，体现王冕非常谦虚。

师：你的意思是，不画红色，不想骄傲；不画白色，显得谦虚。是吗？（生点头）

生23：因为他练字很刻苦，他把梅花画成淡墨痕的颜色，为了突出自己像王羲之那样练字练画非常刻苦。

师：明白，这是第四种看法。还有第五种看法吗？

生24：淡墨痕这种颜色显得很冷淡，画出来之后能显出梅花的孤傲，同时也能表达他的性格十分孤傲。

师：果然还有第五种看法。画成淡墨色，表现孤傲。五种看法，各有不同，但是，有一点是相同的，你们的这些看法都跟王冕这个人有关。是吧？那咱们来看看，王冕究竟是个怎样的人？

（课件呈现）

史书记载，朋友李孝光想推荐王冕去做府吏，被他拒绝了。

史书记载，老友泰不华多次举荐王冕为官，被他拒绝了。

史书记载，他的老师王艮劝王冕做官，被他拒绝了。

史书记载，元朝的达官贵人不惜重金向王冕求画，被他拒绝了。

史书记载，明朝开国皇帝朱元璋要重用王冕，他以出家为由也拒绝了。

师：第一句，请你读——

生25：（朗读第一句）

师：第二句，请你读——

生26：（朗读第二句）

师：第三句，请你读——

生27：（朗读第三句）

师：第四句，请你读——

生28：（朗读第四句）

师：第五句，请你读——

生29：（朗读第五句）

师：五句话，五件事，人物不同，情节不同，但是，有关王冕的一个词却完全相同，这个词是——

生：（齐答）拒绝。

师：大声地读——

生：（齐答）拒绝。

师：斩钉截铁地读——

生：（齐答）拒绝。

师：（稍停）我在想，王冕要是不拒绝，该有多好啊！你想，不拒绝，就可以做官了；做了官，就可以发财了；发了财，就可以过上好日子了！荣华富贵有了，锦衣玉食有了，光宗耀祖有了，多好啊！你说王冕傻不傻？我不知道你们怎么看——

生30：因为王冕去过很多地方，看到了老百姓的痛苦生活，就很鄙视官吏，所以他不想做官。

师：看来你懂点历史，看过一点背景资料。的确，元朝末年，朝廷黑暗，官场腐败，王冕会跟他们同流合污、狼狈为奸吗？当然不会！

生31：我觉得还有一个原因，王冕本来就性格孤傲，鄙视权贵，他的诗作很多都是同情老百姓的，鄙视官吏权贵，他不求索取，只希望在人间留下自己的崇高品质。

师：（对生31）你准备了发言稿？这个发言稿是你自己写的吗？

生31：不是，我从网上搜来的。

师：但是你做了整理，是不是？（生31点头）好习惯！非常好的习惯！网上有那么多资料，哪些有用、哪些没用、哪些是重要的、哪些是不重要的，这是要通过自己的思考加以整理的。生性孤傲，不求索取，只想做一个干干净净的人，真好！其实，孩子们，王冕这样的为人，这样的性格，早就画在他的墨梅中——

（课件呈现）

朵朵花开淡墨痕

生：（齐读）

师：有没有同学留心过这个"淡"字？谁能联系王冕的为人和性格，为这个"淡"字组一个词语？

生32：清淡。

师："清"就是干净，不跟当朝的达官贵人同流合污，这叫清淡。

生33：淡雅。

师："雅"是高雅，不求名，不求利，保持自己独立的人格，这叫淡雅。

生34：冷淡。

师：冷淡？请问，王冕对什么表示冷淡？

生34：对做官表示冷淡。

师：是的，对做官毫无兴趣，这是冷淡。王冕还对什么表示冷淡？

生35：对发财冷淡。

生36：对出名冷淡。

生37：对荣华富贵冷淡。

师：这就是王冕的为人和性格。

生38：淡香。

师："淡香"用来形容王冕的性格，不是很妥当。我贡献一个词——淡泊。（板书：淡泊）这个词，常常跟"名利"连在一起说——淡泊名利。（板书：名利）孩子们，请把这个词记下来。

生：（抄写"淡泊名利"）

师：亲朋好友请王冕做官，他拒绝，这叫——

生：（齐读）淡泊名利。

师：达官贵人用重金购买王冕的画作，他拒绝，这叫——

生：（齐读）淡泊名利。

师：开国皇帝朱元璋请王冕出来做官，他拒绝，这叫——

生：（齐读）淡泊名利。

师：现在我们发现，王冕的画中梅也藏着秘密啊！一起读——

生：（齐读）朵朵花开淡墨痕。

四、互文比较，品读"心中梅"

师：家中梅，让我们发现了王冕学画的刻苦。画中梅，让我们看到了王冕淡泊名利的品格。那么，心中梅又意味着什么呢？

（课件呈现）

不要人夸好颜色，只留清气满乾坤。

师：谁来读一读？

生39：（朗读诗句）

师："不要人夸"是想法，"只留清气"是态度，谁能读出这样的想法和态度?

生40:(朗读诗句)

师:想法如此独特!态度如此坚定!我们一起读——

生:(齐读诗句)

师:是的!鲜艳的红色我不画,亮丽的白色我不画,我只画看起来不鲜艳不亮丽的淡墨色。那是因为,我只想把什么留在天地之间?

生:(齐答)清气。

师:把"清气"这个词圈出来(板书:清气)。

生:(圈出"清气")

师:据我所知,很多人写梅花,写的不是"清气",而是"香气"。你们要不信,我找了一些证据让你们瞧瞧。谁来读?

(课件呈现)

数点梅花满院香

——〔宋〕钱时《睡起即事》

生41:(朗读诗句)

师:看,不过是几朵梅花,却引来了满院的香气,梅花香不香?

生:(齐答)香!

师:继续看——

(课件呈现)

梅花夜开香满溪

——〔明〕止庵《月夕看梅》

生42:(朗读诗句)

师:白天花开满院香,晚上花开香满溪,这叫全天候的香!继续看——

(课件呈现)

梅花至老香犹在

——〔宋〕胡仲弓《寄适安》

生43:(朗读诗句)

师：梅花都老了，但是香气依旧，你们说，梅花香不香？

生：（齐答）香！

师：再来看——

（课件呈现）

落尽梅花尚有香

——［宋］杨万里《寒食相将诸子游瞿得园》

生44：（朗读诗句）

师：梅花已经谢了，但是香气还在，梅花香不香？

生：（齐答）香！

师：再来看——

（课件呈现）

半夜梅花入梦香

——［宋］戴复古《觉慈寺》

生45：（朗读诗句）

师：白天醒着的时候，闻到梅花的香气；没有想到，晚上做梦，还能闻到梅花的香气。你们说，梅花香不香？

生：（齐答）香！

师：不瞒大家说，我查了100首写梅花的诗，惊讶地发现，其中有65首写到了梅花的香气。但是，请注意，王冕写的不是"香气"，而是——

生：（齐答）清气。

师：这就怪了！那么多人写的是香气，而独独王冕写的却是清气。难道香气和清气有什么不一样吗？（稍停）请打开作业纸，四人小组学习讨论，共同完成课堂作业第二大题。

（课件呈现）

1. 香气写的是花，清气写的是（　　）；

2. 香气是鼻子闻出来的，清气是（　　）品出来的；

3. 香气每个人都能闻到，清气只有（　　）的人才能品到。

生：（讨论，练习）

师：看到大家讨论得如此热烈，如此认真，老师很感动，也很欣慰。很显然，你们一定已经发现了香气和清气的不同。第一点，谁来说？

生46：我觉得在王冕看来，香气和清气不同的第一点，香气写的是花，清气写的是人。

师：没错，一个写花，一个写人。第二点——

生47：香气是鼻子闻出来的，清气是心品出来的。

师：是的，一个用鼻子，一个用心灵。第三点——

生48：香气每个人都能闻到，清气只有品质高尚、淡泊名利的人才能品到。

师：还有不一样的说法吗？

生49：我觉得香气每个人都能闻到，清气只有谦虚的人才能品到。

生50：香气每个人都能闻到，清气只有刻苦勤奋的人才能品到。

生51：香气每个人都能闻到，清气只有孤傲的人才能品到。

师：孩子们，孤傲、谦虚、勤奋、淡泊名利、精神高贵，这样的人，我们称他为高洁的人。

（课件呈现）

1. 香气写的是花，清气写的是（人）；
2. 香气是鼻子闻出来的，清气是（心灵）品出来的；
3. 香气每个人都能闻到，清气只有（高洁）的人才能品到。

师：现在我们终于明白，香气和清气的不同。香气写的是花——

生：（齐读）清气写的是人。

师：香气是鼻子闻出来的——

生：（齐读）清气是心灵品出来的。

师：香气每个人都能闻到——

生：（齐读）清气只有高洁的人才能品到。

师：孩子们，王冕就是这样的人！他一身清气，所以，当那些达官贵人拿着重金购买他的画作时，王冕用这样的诗回应他们——

（课件呈现）

疏花个个团冰雪，羌笛吹他不下来。

——［元］王冕《素梅四八》

我的素梅凌寒绽放，一个一个冰清玉洁；

不管羌笛如何吹奏，我的素梅永不凋谢。

生52：（朗读诗句）

师：王冕说，我的素梅凌寒绽放——

生52：（朗读）一个一个冰清玉洁。

师：王冕说，不管羌笛如何吹奏——

生52：（朗读）我的素梅永不凋谢。

师：我们知道，这里的素梅象征谁？

生：（齐答）王冕。

师：而这里的羌笛，指的就是那些达官贵人。他们想拿重金买画，但是王冕知道他们的钱不干净，所以，他拒绝！这叫清气。我们一起读——

生：（齐读）疏花个个团冰雪，羌笛吹他不下来。

师：王冕就是这样的人！他一身清气，所以，当他的老友、老师一再劝他出来做官，王冕用这样的诗回应他们——

（课件呈现）

平生固守冰霜操，不与繁花一样情。

——［元］王冕《素梅十九》

当百花凋零的时候，素梅不畏严寒独自绽放；

当百花盛开的时候，素梅零落成泥心如冰霜。

生53：（朗读诗句）

师：王冕说，当百花凋零的时候——

生53：（朗读）素梅不畏严寒独自绽放。

师：王冕说，当百花盛开的时候——

生53：（朗读）素梅零落成泥心如冰霜。

师：我们知道，这里的素梅象征谁？

生：（齐答）王冕。

师：而这里的繁花，就是世人眼中的荣华富贵。多少人，为荣华富贵争得你死我活。但是，王冕拒绝！这叫清气。我们一起读——

生：（齐读）平生固守冰霜操，不与繁花一样情。

师：王冕就是这样的人！他一身清气。其实，他一生穷困潦倒，过着非常清贫的日子，有人说他傻，有人说他怪，王冕用这样的诗回应他们——

（课件呈现）

忽然一夜清香发，散作乾坤万里春。

——［元］王冕《素梅五六》

千里冰封，素梅傲然独立多么高雅；
一夜花开，素梅清香四溢传遍天下。

生54：（朗读诗句）

师：王冕说，千里冰封——

生54：（朗读）素梅傲然独立多么高雅。

师：王冕说，一夜花开——

生54：（朗读）素梅清香四溢传遍天下。

师：我们知道，这里的素梅象征谁？

生：（齐答）王冕。

师：而这里的乾坤，就是天地；这里的天地，就是天下百姓。王冕要告诉天下百姓，如果，我们每个人都能够干干净净地做人，都能够活出一身清气，那么，这个世界就是温暖的春天，这个人间就是美好的春天。我们一起读——

生：（齐读）忽然一夜清香发，散作乾坤万里春。

师：这一切，其实都写在了王冕的这首《墨梅》中——

（课件呈现）

墨梅

［元］王冕

我家洗砚池头树，朵朵花开淡墨痕。

不要人夸好颜色，只留清气满乾坤。

师：墨梅，王冕，读——

生：(齐读《墨梅》)

五、托物言志，整体提升

师：读到现在，我们终于明白，原来，墨梅就是——

生：(齐答)王冕。

师：(板书：右向横箭头)王冕就是——

生：(齐答)墨梅。

师：(板书：左向横箭头)这样的写法，我们把它叫作——托物言志。(板书：托物言志)托的物，就是——

生：(齐答)墨梅。

师：(板书：双向直箭头)言的志，就是——

生：(齐答)王冕。

师：(板书：双向直箭头)托物，为了——

生：(齐答)言志。

师：(板书：右向横箭头)言志，借助——

生：(齐答)托物。

师：(板书：左向横箭头)墨梅，王冕，托物，言志，他们的核心只有一个，他们的灵魂只有一个，这个核心和灵魂就是——

生：(齐答)清气。

(最后形成如下板书)

```
         墨梅 ←——→ 王冕
            ↑ 清气 ↑
         托物 ←——→ 言志
```

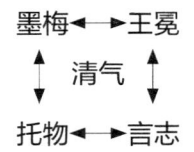

师：孩子们，从王冕开始，从墨梅开始，清气就这样在天地之间流转。你听：我家洗砚池头树——

生：（齐读）朵朵花开淡墨痕。

师：不要人夸好颜色——

生：（齐读）只留清气满乾坤。

师：随着墨梅的流传，随着王冕故事的流传，爱上梅花，爱上清气的人越来越多，你再听：我家洗砚——

生：（齐读）池头树。

师：朵朵花开——

生：（齐读）淡墨痕。

师：不要人夸——

生：（齐读）好颜色。

师：只留清气——

生：（齐读）满乾坤。

师：不要人夸——

生：（齐读）好颜色。

师：只留清气——

生：（齐读）满乾坤。

师：（课件播放音乐《经典咏流传·墨梅》）

生：（听歌）

师：下课。

《墨梅》文本 解读

人与梅花一样清

　　这是一首质朴晓畅的七言题画诗。大意是讲，生长在我家洗砚池头的梅花树，朵朵花儿仿佛浸染了清洗画笔时留下的淡淡墨痕。它不需要别人夸赞色彩的艳丽，只希望自己的清气流布在天地之间。

　　如果，从学语文就是学做人的角度切入，这首诗我们可以怎么读呢？

　　可能很少有人注意到，这首诗其实同时隐藏着三种不同的梅花。

　　第一种，就是"家中的梅花"。你看，"我家洗砚池头树"，王冕已经明白无误地告诉我们，这是我家的梅花。有意思的是，我家的梅花种在洗砚池头。

　　千万不要轻易放过"洗砚池"，王冕所讲的"洗砚池"可大有来头。原来，它出自"临池学书，池水尽黑"的典故。相传，晋代大书法家王羲之苦练书法，经常到自家旁边的一口池塘里涮笔洗砚，时间长了，池水尽黑。浙江绍兴、江西临川等地，都留有王羲之洗砚池的遗迹。梅花种在洗砚池头，是一种隐喻，王冕在隐喻什么呢？

　　我们知道，王冕是浙江诸暨人。小时候家境贫寒，父亲叫他给地主家放牛。乡里有一所学堂，王冕听到学堂里传出琅琅书声，很是羡慕。于是，他把牛拴在树上，去学堂听先生讲课，有时还向先生借书读。

　　有一回，他从学堂出来，发现牛不见了。父亲听说后，又急又怕，拿起门闩就要打他。吓得王冕逃出村子，躲进一所庙里过夜。晚上，王冕坐在佛像的膝盖上，借着长明灯的亮光，聚精会神地读起从学堂借来的书。

　　王冕不仅爱读书，更爱画画。一个初夏的傍晚，雨过天晴，王冕去湖边放牛。这时，阳光透过云层，照得满湖通亮。湖畔的山丘，郁郁葱葱，青翠欲滴。湖里的荷叶挨挨挤挤，荷花从这些大圆盘之间冒出来，格外娇艳。

　　王冕心想：要是能把眼前的美景画下来，该有多好！

　　于是，他向学堂借来纸墨笔砚，坐在湖边开始画画。起初，王冕画的荷花，都像长了翅膀要飞似的，一点也不像。可他不灰心、不气馁，一边画一边对着荷花细细琢磨。一张不行，再画一张。就这样画来画去，琢磨来琢磨去，他画的荷花简直跟湖里长的一样美丽。

　　后来，王冕成了大画家。他最擅长画墨梅，被誉为"画梅圣手"。

　　他的家里，也有一口洗砚池。王羲之是"临池学书，池水尽黑"，王冕呢，则是"临池学画，池水尽黑"。

　　这口洗砚池，是王冕立志向书圣王羲之学习的象征；这口洗砚池，是王冕立志学画、并最终成就"画梅圣手"的见证。

　　说完第一种"家中的梅花"，我们再来说说第二种梅花——"画中的梅花"。你看，"朵朵花开淡墨痕"。请问，有谁见过淡墨色的梅花？梅花有白色、有红色、有淡紫色，却独独没有淡墨色。其实，这里的"花开淡墨痕"，绝非实指王冕的家中之梅，而是王冕的画中之梅。

　　我们知道，王冕是"画梅圣手"，他首创了"密梅画法"。他画的梅花如铁线勾勒，虽不着色，却表现出千朵万朵竞相绽放的神韵。他画的梅枝，或疏朗，或繁密，或疏密停匀，这其中，尤以繁密见胜。画新枝时，一笔可以拉出几尺长，断而复连，停而不滞，梢头露出笔的尖锋，显得潇洒遒劲；画老干时，用顿挫的笔锋，画得浓黑苍劲，显得雄浑有力。

　　我们读他的"朵朵花开淡墨痕"，正是他"密梅画法"的生动写照。写"朵朵花开"而不是"一朵花开""几朵花开"，想想情形，是不是有一种千朵万朵竞相绽放的画面感，这正是王冕"密梅画法"的神韵所在。

而问题关键在于，他画的梅花，既非白色，也非红色，而是淡墨色。从画梅的技法上说，其实就是不着色。这是为什么？我们不妨想想有关"淡"的词语：淡泊明志、淡定自如、淡然如水、淡若清风；我们不妨再想想有关"痕"的词语：大雪无痕、花落无痕、不着痕迹、了无痕迹。很显然，"淡墨痕"不只是一种画梅的技法，技法的背后是一种品格的自觉彰显。

史书记载，朋友李孝光想推荐他去做府吏，被王冕拒绝了。

史书记载，老友泰不华多次举荐他为官，被王冕拒绝了。

史书记载，他的老师王艮劝他做官，被王冕拒绝了。

史书记载，元朝的达官贵人不惜重金向他求画，被王冕拒绝了。

史书记载，明朝开国皇帝朱元璋赏识其才华决定重用他，王冕以出家为由也拒绝了。

他曾经这样说道："我有田可耕，有书可读，奈何朝夕抱案立于庭下，以供奴役之使！"

知人论世，以意逆志，我们这才恍然大悟，原来，"淡墨痕"真正所画的不是梅花，而是王冕内心的志向和人格。梅花的质朴，乃是人格的质朴；梅花的淡然，乃是志向的淡然。

读懂了"家中的梅花"，读懂了"画中的梅花"，自然也就读懂了第三种——"心中的梅花"。你看，"不要人夸好颜色，只留清气满乾坤"。"不要……只要……"的关联句式，明摆着是一种选择。"不要"的斩钉截铁，"只要"的义无反顾，让我们不得不做出这样的思考：究竟是谁在选择？家中的梅花是自然之物，会有这样的动机吗？画中的梅花是人为之物，会有这样的志愿吗？想来只有一种可能，会作出"不要……只要……"选择的，只能是人。

王冕不要什么？"不要人夸好颜色。"在俗世之人看来，有权有势是好颜色，荣华富贵是好颜色，养尊处优是好颜色，作威作福是好颜色。而这些，王冕不要。

那么，王冕只要什么？"只留清气满乾坤。"

这才是王冕一生的崇高志向。

写梅花,通常会写它的香气。

王安石在他的《梅花》中这样写道——

遥知不是雪,为有暗香来。

林和靖在他的《山园小梅》中这样写道——

疏影横斜水清浅,暗香浮动月黄昏。

卢梅坡在他的《雪梅》中这样写道——

梅须逊雪三分白,雪却输梅一段香。

而在王冕的笔下,"香气"却成了"清气"。这又是为什么呢?

香气对应的自然是花,清气对应的不再是花,而是人;

香气是物质意义上的,清气则是精神意义上的;

香气是鼻子闻出来的,清气则是心灵品出来的;

香气人人得而闻之,清气则只有高洁之士方能品之;

香气留在表面上,清气流在骨子里。

我们不妨再想一想那些带"清"的成语:两袖清风、冰清玉洁、清平世界、清闲自在、清幽旷远、清净无为……

王冕一生,所立所求的就是"只留清气满乾坤"的人生境界。

秉持这样的境界,王冕不愿效劳达官贵人,曾画一幅墨梅挂于墙上,并题诗写道——

疏花个个团冰雪,羌笛吹他不下来。

你看我画的墨梅,色彩像冰一样洁白,形状像玉一样圆润。不管羌笛如何吹奏,我的墨梅都不会凋谢飘零。羌笛吹奏,隐射元朝统治;疏花不落,比喻民族气节。我要像梅花一样独善其身,绝不与统治阶级同流合污。

秉持这样的志向,王冕夸赞梅花是"翩翩浊世之高士""清标雅韵,有古君子之风"。他这样写道——

平生固守冰霜操,不与繁花一样情。

当百花凋零的时候,素梅不畏严寒独自绽放;当百花盛开的时候,素梅零落成泥心如冰霜。素梅的高洁寓意的正是人格的高洁。王冕笔下，梅就是人，人就是梅，人与梅融为一体。

秉持这样的志向，王冕不慕虚荣，不羡富贵，不与黑暗势力同流合污，以天下苍生为己任，像梅花一样传播春天的美好希望。他这样写道——

忽然一夜清香发，散作乾坤万里春。

这是一种多么辽阔的生命格局，多么高远的人生境界。这样的格局，对应的不是语文，而是人生；这样的境界，不是物质意义上的，而是精神意义上的。

这样的梅花，不只是用口说出来、用手写出来，更是用心灵品出来的；这样的追求不是人人得而有之，而是以天下为己任者方能有之。

名师点评

还原意象，破解咏物诗的密码

江苏镇江市丹徒区教师发展中心 孔令权

在中华文化灿烂辉煌的历史长河中，有许多像《墨梅》这样托物言志的古诗词。这些古诗词承载了诗人的人生态度、人生理想和人生格局，其中往往还蕴含着丰富的文化意象，这些意象是中华文明几千年传承下来的经典。让学生去阅读这些古诗词，理解这些古诗词，就是对中华文化的传承。

今年八月，杭州师范大学王崧舟教授做客央视《百家讲坛》，在"爱上语文"十二讲时说，读中国古典诗词，在言和意之间，有一个重要的"中介"，这就是意象。不管是读古诗词还是读现代文，都需要对意象做出很重要的还原。

那么，如何读懂意象，破解咏物诗的密码，传承和发扬中华优秀传统文化呢？今天，我就以王崧舟先生《墨梅》一课的教学为例，解读一下他在百家讲坛"爱上语文"节目中所说的还原意象的四种方法。

第一，赋形还原。

所谓"赋形"，就是把这个意象还原成画面，还原成场景，还原成看得见、摸得着、听得到的各种各样的细节。

王冕这首诗，写的是墨梅，但实际是借墨梅来表达自己高洁的品格、孤傲的胸襟。在言与意之间，王老师还原出三个意象，即三种梅花：家中梅、画中梅、心中梅。这与之前王老师执教《望月》时，把中华传统文化中"月"

的意象赋形为江中月、诗中月、心中月有异曲同工之妙。这样去读，意象的画面感就出来了，画面就变得非常细致、生动了。

第二，切己还原。

"切己"就是联系自己的生活体验，把自己的生活体验融入对这个意象的还原和表现当中。

我们来看第一句诗的教学片段。

师：请问，这是谁家的梅花？

生10：（朗读）我家洗砚池头树。

师："我家"读重音，读得很明确。谁再来试试？这是谁家的梅花？

生11：（朗读）我家洗砚池头树。

师：当你告诉所有人，这不是张家的梅花，不是李家的梅花，这是我王家的梅花，心里什么感受？

生11：很自豪。

师：你有过自豪的时候吗？

生11：有过。

师：什么时候？

生11：比如说，我考试考了第一名。

师：考第一名，当然自豪！把这种自豪感带进去，告诉大家，这是谁家的梅花。读——

生11：（朗读）我家洗砚池头树。

师：真好！该自豪时就自豪！我们一起读——

生：（齐读）我家洗砚池头树。

师：谁还想读？不过，我的问题不一样了。听好了，请问：我家的梅花在哪里？

生12：（朗读）我家洗砚池头树。

师：一听就明白，在洗砚池头！我们一起来，我家的梅花在哪里？

生：（齐读）我家洗砚池头树。

师：不对啊！哪有把梅花种在洗砚池头的？一般人种梅花，要么种在自家的花圃里，要么种在自家的庭院里。可是，王冕却把自己家的梅花种在洗砚池头，这是为什么？一起看，请大家默读一分钟。

在这一教学片段中，王老师巧妙地运用切己还原，让学生读懂了洗砚池的典故背后隐藏的奥秘，原来这个洗砚池是王冕向王羲之学习的象征，是王冕刻苦练画、勤奋练字的象征。

第三，类比还原。

类比还原就是从中国历代文学作品中搜寻出诗中同一意象的众多表述，进行比照，从而进一步读懂这一意象蕴含的中国文化。王老师在节目中将这种方法叫作"联想还原"，我觉得叫"类比还原"似乎更容易理解些。

我们来看下列教学片段。

师：据我所知，很多人写梅花，写的不是"清气"，而是"香气"。你们要不信，我找了一些证据让你们瞧瞧。谁来读？

（课件呈现）

数点梅花满院香

——［宋］钱时《睡起即事》

生41：（朗读诗句）

师：看，不过是几朵梅花，却引来了满院的香气，梅花香不香？

生：（齐答）香！

师：继续看——

（课件呈现）

梅花夜开香满溪

——［明］止庵《月夕看梅》

生42：（朗读诗句）

师：白天花开满院香，晚上花开香满溪，这叫全天候的香！继续看——

（课件呈现）

梅花至老香犹在

——［宋］胡仲弓《寄适安》

生43：（朗读诗句）

师：梅花都老了，但是香气依旧，你们说，梅花香不香？

生：（齐答）香！

师：再来看——

……

师：不瞒大家说，我查了100首写梅花的诗，惊讶地发现，其中有65首写到了梅花的香气。但是，请注意，王冕写的不是"香气"，而是——

生：（齐答）清气。

师：这就怪了！那么多人写的是香气，而独独王冕写的却是清气。难道香气和清气有什么不一样吗？（稍停）请打开作业纸，四人小组学习讨论，共同完成课堂作业第二大题。

这一片段中，最关键的就在一问："那么多人写的是香气，而独独王冕写的却是清气。难道香气和清气有什么不一样吗？"王老师罗列了历史文学作品中关于"梅"这一意象的不同诗句，这么一比照，文字背后的味道就出来了。

第四，象征还原。

真正的意象往往是诗人生命意志的表达，这个意象往往具有象征意义。象征什么呢？可能就象征着诗人的心灵境界，象征着诗人的生命追求。

片段一："淡墨痕"的象征

师：果然还有第五种看法。画成淡墨色，表现孤傲。五种看法，各有不同，但是，有一点是相同的，你们的这些看法都跟王冕这个人有关。是吧？那咱们来看看，王冕究竟是个怎样的人？

PPT出示王冕多次拒绝朋友和老师的推荐不肯为官、不向达官贵人卖画等信息，学生逐句朗读。

师：五句话，五件事，人物不同，情节不同，但是，有关王冕的一个词却完全相同，这个词是——

生：（齐答）拒绝。

师：大声地读——

生：（齐答）拒绝。

师：斩钉截铁地读——

生：（齐答）拒绝。

师：（稍停）我在想，王冕要是不拒绝，该有多好啊！你想，不拒绝，就可以做官了；做了官，就可以发财了；发了财，就可以过上好日子了！荣华富贵有了，锦衣玉食有了，光宗耀祖有了，多好啊！你说王冕傻不傻？我不知道你们怎么看——

生30：因为王冕去过很多地方，看到了老百姓的痛苦生活，就很鄙视官吏，所以他不想做官。

师：看来你懂点历史，看过一点背景资料。的确，元朝末年，朝廷黑暗，官场腐败，王冕会跟他们同流合污、狼狈为奸吗？当然不会！

生31：我觉得还有一个原因，王冕本来就性格孤傲，鄙视权贵，他的诗作很多都是同情老百姓的，鄙视官吏权贵，他不求索取，只希望在人间留下自己的崇高品质。

师：（对生31）你准备了发言稿？这个发言稿是你自己写的吗？

生31：不是，我从网上搜来的。

师：但是你做了整理，是不是？（生31点头）好习惯！非常好的习惯！网上有那么多资料，哪些有用、哪些没用、哪些是重要的、哪些是不重要的，这是要通过自己的思考加以整理的。生性孤傲，不求索取，只想做一个干干净净的人，真好！其实，孩子们，王冕这样的为人，这样的性格，早就画在他的墨梅中——

片段二："清气"的象征

师：孩子们，王冕就是这样的人！他一身清气，所以，当那些达官贵人拿着重金购买他的画作时，王冕用这样的诗回应他们——

（课件呈现）

疏花个个团冰雪，羌笛吹他不下来。

——［元］王冕《素梅四八》

我的素梅凌寒绽放，一个一个冰清玉洁；

不管羌笛如何吹奏，我的素梅永不凋谢。

生52：（朗读诗句）

师：王冕说，我的素梅凌寒绽放——

生52：（朗读）一个一个冰清玉洁。

师：王冕说，不管羌笛如何吹奏——

生52：（朗读）我的素梅永不凋谢。

师：我们知道，这里的素梅象征谁？

生：（齐答）王冕。

师：而这里的羌笛，指的就是那些达官贵人。他们想拿重金买画，但是王冕知道他们的钱不干净，所以，他拒绝！这叫清气。我们一起读——

生：（齐读）疏花个个团冰雪，羌笛吹他不下来。

王老师通过对"淡墨痕"和"清气"的象征意义进行还原，使学生进一步读懂了王冕不慕荣华富贵，不与黑暗的势力同流合污，而以天下苍生为己任。王冕画墨梅，画的是他的人格；王冕写墨梅，写的是他的心灵。

王崧舟教授《墨梅》的教学，巧妙还原意象，破解了咏物诗的密码，向我们展示了传统人文经典的语文表现与解读，处处充满着文化的气息，真正落实了学语文就是学文化，学语文就是学做人。

大师的语文课，"高山仰止，景行行止。虽不能至，然心向往之"！

名师点评

支架的建构与诗意的澄明

浙江杭州市胜利实验学校 吴冕

古诗词作为传统文化精华中最为夺目的一部分,其教学一直是语文课程改革的重中之重。如何在语文教学中突破时空界限、跨越文化迷障,实现当代学子与流传千百年的古代诗词之间的心灵联结,是一线语文教师必须直面、必须回答的问题。但是,在实际的课堂教学中,古诗词学习往往令孩子望而却步、叫苦不迭。他们既无法真正理解古诗文的含义,更遑论深入领会其中所蕴含的精神追求、生命境界。对此,有的教师虽有勇气探索,却终究难以走出这样的尴尬境地;有的教师则知难而退,随波逐流,甚至对这样的教学困境表现出麻木不仁的心态。

而支架式教学作为基于建构主义理论生成的教学模式,强调为学习者提供一种基于其认知的最近发展区的概念框架,帮助他们分解复杂的学习任务,进而促成其主动探究学习过程、构建知识意义。因此,依托支架教学模式、突破古诗教学困境,已经越来越受到一线语文教师的关注和探索。著名语文特级教师王崧舟在其执教的《墨梅》一课中,把握咏物诗的核心基调,艺术地、创造性地运用各种教学支架,不断在诗象(物)与诗蕴(志)之间进行多维度、多层次的转换,最终实现学生对《墨梅》诗意的澄明。

一、建构问题支架，促进诗意的深度理解

建构主义学习理论强调学生是知识意义的主动建构者而非被动接受者，教师是教学过程的组织者、帮助者、促进者而非知识的传授者、灌输者。许多一线教师在面对古诗文教学时，选择在整体感知阶段让学生逐字逐句地掌握文本的白话意思。而这样的过程实质上是一种被动的知识灌输过程，最多只能让学生掌握古诗的浅层白话意思，还破坏了古诗本身所蕴含的诗意。而问题支架在与古诗词教学融合后，强调教师围绕教学重难点，将学生难以理解的诗意提炼出来，通过提问的方式吸引学生注意力，引发学生对诗意主动体验、深入思考。

师：真好！"墨梅""墨梅"，顾名思义，当然写的就是"梅花"。有人说，这首短短的只有二十八个字的诗里，竟然藏着三种不同的梅花。

（课件呈现）

家中梅 画中梅 心中梅

师：那么，家中梅藏在哪里？画中梅藏在哪里？心中梅又藏在哪里呢？请大家默读诗歌，完成课堂练习的第一大题。

（课件呈现）

我家洗砚池头树	心中梅
朵朵花开淡墨痕	家中梅
不要人夸好颜色	画中梅
只留清气满乾坤	心中梅

生：（完成课堂练习第一题）

师：好，我请一位同学来分享自己的发现。"我家洗砚池头树"写的是——

师生围绕练习一展开交流。

师：说得清楚，因为想得清楚。继续看，"不要人夸好颜色"写的是——

生8：心中梅。

师：同意的请举手（生纷纷举手）。能说说你的理由吗？

生8：因为他说不要人夸颜色好，并没有说在家中长的，也没有说画出来的。他只是说，不用夸它的颜色好看，所以我觉得是心中梅。

师：有点绕。有同学想要补充吗？

生9：我觉得"不要人夸"是王冕心里的想法，所以，这是心中梅。

师：一语中的啊！是的，"不要人夸"是一种想法，是一种态度。家中梅、画中梅会有这样的想法吗？

生：（自由应答）不会。

师：会有这样的态度吗？

生：（自由应答）不会。

师：只有人，才会有这样的想法、这样的态度呀！所以，这一句的梅花已经不再是梅花了，梅花好像变成了谁？

生8：王冕。

师：所以，这一句不是写家中梅，因为家中梅不会有人一样的想法；这一句也不是写画中梅，因为画中梅也不会有人一样的态度。所以，这一句写的是——

生：（齐答）心中梅。

师：好，看最后一句，"只留清气满乾坤"写的是——

生8：心中梅。

师：懂得了第三句，也就懂得了第四句。因为，只有心中梅才会有"只要留下"的想法和态度。看来，王冕的《墨梅》的确藏着三种不同的梅花，已经被我们一一破解。好！我们再来读一读王冕的《墨梅》——

在对《墨梅》这首诗的整体感知阶段，王老师基于学情和王冕生平，采用家中梅、画中梅、心中梅这样一种独辟蹊径的解读思路。但是，在具体实施过程中，王老师并没有将三个层次对应的诗句直接告诉学生，而是通过随堂作业单这一问题支架，让孩子自己去主动探索三层结构和诗句之间的联系。在学生经过自主探索对全诗形成一种认识框架后，师生共同进行每个层次的深度交流，最终落脚于"心中梅"的诗意体悟。假如没有这样一个精心设计的问题支架，借助这一支架引发学生对三种梅花背后的诗意认知，学生是很难实现对整首诗从物象（家中梅）到表象（画中梅）再到意象（心中梅）的深度把握的。

二、建构拓展支架，启迪诗象的文化自觉

古诗词精致凝练、意蕴深远，往往承载着古人的人格品质、精神追求、心灵寄托。作为教学文本，对古诗词深邃意蕴的体悟往往会超出学生的最近发展区。即便学生查阅相关文献资料，甚至直接被告知诗人的创作背景和意图，他们仍然很难真正领会内含的精神取向和生命境界。《墨梅》一诗，即是中国传统文化中"诗言志"的典型体现，其所精心营构的墨梅意象，即为诗人洁身自好、高雅孤傲的生动象征。如何引导学生聚焦墨梅这一经典诗象，体悟其背后的文化意蕴、人格象征，既是对教师教学智慧的一种考量，更是对教师自觉担当文化使命的一种检验。

师：据我所知，很多人写梅花，写的不是"清气"，而是"香气"。你们要不信，我找了一些证据让你们瞧瞧。谁来读？

课件逐一呈现，师生品读"香气"。

师：不瞒大家说，我查了100首写梅花的诗，惊讶地发现，其中有65首写到了梅花的香气。但是，请注意，王冕写的不是"香气"，而是——

生：（齐答）清气。

师：这就怪了！那么多人写的是香气，而独独王冕写的却是清气。难道香气和清气有什么不一样吗？（稍停）请打开作业纸，四人小组学习讨论，共同完成课堂作业第二大题。

面对这样一首质朴率真却蕴含着人之品格、人生志向的古诗，王老师通过反复搭建拓展支架，一次次呈现和强化与墨梅"清气"相关联的互文

诗句，重构古诗的历史背景和文化底色，进而引发学生对"清气"这一诗歌意象的文化思考。

关于"清气"，学生查阅资料后往往只会得到"清淡的香气"这样一个解释。而这短短五个字根本无法表现出王冕倾注于墨梅这一意象的象征意义——他毕生追求和全力捍卫的品格尊严。因此，仅仅依托课文文本，粗暴地将解释暴露给学生是没有办法达成孩子与诗意的联结的。王老师将目光聚焦于"香气"与"清气"这一对矛盾，将写梅花"香气"的诗句作为拓展支架引入课堂。这些写"梅香"的诗句汇总在一起进行呈现，首先就达成了对于"梅"意象的初步感知和积累。在此基础上，王老师将问题抛出，引导学生关注"香气"与"清气"的区别。其实质，即是对"梅"意象的生命观照和文化反思。古诗学习，就这样通过拓展支架进行了重构，实现了与文化意蕴的联结。

三、建构情境支架，提升诗蕴的生命体认

读诗，就是读人，中国古典诗歌的阅读最终目的是实现读者与作者在精神层面上的对话和交融。而这样的对话和交融，只有跨越了作者和孩子之间生命阅历差异的巨大鸿沟才能实现。古诗教学的一个重要任务，就是在诗人与学子之间搭建支架，有效实现文化鸿沟的跨越。古诗往往将诗蕴（作者所传递的精神品质）隐含在一些可感可触的具体诗象（物）之中。学生单凭诗句，往往无法领会背后隐藏的诗蕴。这就需要教师基于古诗内容进行情境创设，帮助孩子沉浸在具体的语境和情节之中，将他们带入作者的环境、年代、经历，在课堂上实现与作者生命轨迹的重叠，从而把握潜藏其中的文化意蕴。

师：王冕就是这样的人！他一身清气，所以，当他的老友、老师一再劝他出来做官，王冕用这样的诗回应他们——

（课件呈现）

平生固守冰霜操，不与繁花一样情。

——［元］王冕《素梅十九》

当百花凋零的时候，素梅不畏严寒独自绽放；

当百花盛开的时候，素梅零落成泥心如冰霜。

生53：（朗读诗句）

师：王冕说，当百花凋零的时候——

生53：（朗读）素梅不畏严寒独自绽放。

师：王冕说，当百花盛开的时候——

生53：（朗读）素梅零落成泥心如冰霜。

师：我们知道，这里的素梅象征谁？

生：（齐答）王冕。

师：而这里的繁花，就是世人眼中的荣华富贵。多少人，为荣华富贵争得你死我活。但是，王冕拒绝！这叫清气。我们一起读——

生：（齐读）平生固守冰霜操，不与繁花一样情。

师：王冕就是这样的人！他一身清气。其实，他一生穷困潦倒，过着非常清贫的日子，有人说他傻，有人说他怪，王冕用这样的诗回应他们——

（课件呈现）

忽然一夜清香发，散作乾坤万里春。

——［元］王冕《素梅五六》

千里冰封，素梅傲然独立多么高雅；

一夜花开，素梅清香四溢传遍天下。

生54：（朗读诗句）

师：王冕说，千里冰封——

生54：（朗读）素梅傲然独立多么高雅。

师：王冕说，一夜花开——

生54：（朗读）素梅清香四溢传遍天下。

师：我们知道，这里的素梅象征谁？

生:（齐答）王冕。

师：而这里的乾坤，就是天地；这里的天地，就是天下百姓。王冕要告诉天下百姓，如果，我们每个人都能够干干净净地做人，都能够活出一身清气，那么，这个世界就是温暖的春天，这个人间就是美好的春天。我们一起读——

生:（齐读）忽然一夜清香发，散作乾坤万里春。

这一片段，充分地、且富有艺术性地展示了情境支架在古诗词教学中的运用。首先，王老师对古诗《墨梅》又一次进行了拓展，这一次不再是与他人作品的横向对比，而是通过呈现王冕所作的同系列诗句，对墨梅这一意象进行纵深挖掘。这一思路，充分体现了王老师对作者生命轨迹与其作品一致性的把握。其次，王老师并没有一次性地将诗作倾倒给学生，而是创设了三个具体的情境，将王冕的诗作带入到情境中，辅以经过艺术处理的诗句解释，通过教师引读、学生应读、师生齐读等方式，渲染出一种历史的纵深感、叙事的形象感和意蕴的层递感。

需要强调的是，通过上一片段，学生领会了"清气"不同于"香气"，但清气究竟是怎样一种精神品质，学生还是无法用具体语言去表述，没有形成一个完整的体认。而创设具体的情境，就将墨梅这一诗象所蕴含的人格追求具体化。三种情境随着王老师的三次氛围渲染，推动学生完成了对王冕生命轨迹的体认，从而在他们心目中饱满地构建起王冕的精神品质。

四、建构影像支架，实现诗脉的当代承续

文学作品的产生与时代背景密不可分，而古诗词教学不同于现代类体裁的文本教学，学生很难凭借自身现代生活的经历将古诗文本创设的古代情境重现于脑海。而影像式支架是指教师借助现代化手段，向学生展示相关的图片、视频、音乐等为学生提供一个直观的感知，从而帮助学生突破时空屏障，实现古诗文本情境的重现和诗意的体悟，将千古诗脉承续至当代。

师：随着墨梅的流传，随着王冕故事的流传，爱上梅花，爱上清气的人越来越多，你再听：我家洗砚——

生：（齐读）池头树。

师：朵朵花开——

生：（齐读）淡墨痕。

师：不要人夸——

生：（齐读）好颜色。

师：只留清气——

生：（齐读）满乾坤。

师：不要人夸——

生：（齐读）好颜色。

师：只留清气——

生：（齐读）满乾坤。

师：（播放音乐《经典咏流传·墨梅》）

生：（听歌）

师：下课。

现代科学技术的发展，大大拓宽了语文课堂感知的维度、广度和深度。尤其在古诗文教学上，一张图片、一段音乐、一个视频都可以大大减少时空隔阂。王老师在《墨梅》这一课的结尾，播放了《经典咏流传·墨梅》这样一首京歌。学生沉浸在音乐中，陶醉在旋律中，感悟在歌词中。这首歌曲本身，就是对《墨梅》一诗的创造性转化和创新性表达，是《墨梅》的精神追求在当代社会的一种回响与承续。学生爱听，听得亲切，听得陶醉。此时的倾听，胜过所有的讲述与讨论。在倾听中，学生之前对《墨梅》的所有体验、所有感悟、所有思考，都被深深卷入这样一个超强的审美课境之中，完成了诗意理解上的超拔、诗情体认上的共鸣与诗蕴领悟上的澄明。

纵观王崧舟老师执教的《墨梅》一课，诗意随着其不断构建的教学支架而在孩子心中逐渐澄明。因此，在注重传承中华文化的当下，众多一线教师需要意识到古诗词之所以精妙，在于诗象（物）与诗蕴（志）之间通过人的言语生命有了充满文化意味的联系。而这样的联系、这样的精神寄寓，不是老师在黑板上写下"托物言志"四个字就可以被学生们把握的。只有教师不断在诗意与孩子之间搭建各种教学支架，消除两者之间的种种阻隔，臻于诗人、教师与学生在文化视域上的融合，才是最终实现学生对诗意的澄明。

第四课

如何突破难文教学

——《好的故事》

教学简案

教学版本

统编小学语文教科书六年级上册第 26 课《好的故事》。

教学目标

1. **核心目标**：借助"阅读链接""鲁迅写作背景"等相关资料，体会梦境的美好，理解梦境所蕴含的在黑暗现实中追求美好的象征意义。

2. **条件目标**：会写"搁、综、澄"等 13 个生字，会写"预告、烟雾、昏沉"等 15 个新词；能联系上下文、借助相关资料理解难懂的词语；能抓住重点语段的关键词句、借助相关资料体会梦境的美丽、幽雅、有趣；能正确、流利、有感情地朗读课文，感受散文诗的语言风格，体会作者所表达的情感。

教学时间

2 课时。

教学过程

（一）梳理难词，整体感知

1. **新旧匹配，梳理有年代感的难词**

初读课文的时候，你跳过了哪些词语，每人汇报一个。

（课件呈现）

初创：石油、鞭爆、膝髁、蒙胧、伽蓝、皱蹙、虹霓生齐读。

（课件呈现）

现在：煤油、鞭炮、膝盖、蒙眬、寺庙、皱缩、彩虹

将上述词语一一对应，理解今义。

2. 联系语境，梳理相对陌生的难词

（课件呈现）

……都倒影在澄碧的小河中，随着每一打桨，各各夹带了闪烁的日光，并水里的萍藻游鱼，一同荡漾。

联系"倒影"跟"小河"，理解"澄碧"的意思。

联系"打桨"，理解"荡漾"这个词的意思。

（课件呈现）

许多美的人和美的事，错综起来像一天云锦，而且万颗奔星似的飞动着，同时又展开去，以至于无穷。

……

水中的青天的底子，一切事物统在上面交错，织成一篇，永是生动，永是展开，我看不见这一篇的结束。

联系下一段的内容理解"错综"的意思。

（二）聚焦梦境，感受美妙

1. 为梦境寻找依据

快速默读课文，找一找，画一画，课文的哪些地方让你认定"好的故事"其实是一个梦境。

生默读思考，画出相关词句。

老师组织学生交流。

2. 体会梦境的美丽、幽雅和有趣

（课件呈现）

我仿佛记得曾坐小船经过山阴道，两岸边的乌桕，新禾，野花，鸡，狗，丛树和枯树，茅屋，塔，伽蓝，农夫和村妇，村女，晒着的衣裳，和尚，蓑笠，

天，云，竹，……都倒影在澄碧的小河中，随着每一打桨，各各夹带了闪烁的日光，并水里的萍藻游鱼，一同荡漾。

诸影诸物，无不解散，而且摇动，扩大，互相融和；刚一融和，却又退缩，复近于原形。边缘都参差如夏云头，镶着日光，发出水银色焰。凡是我所经过的河，都是如此。

师生合作朗读，感受梦境的美好。

（课件呈现）

河边枯柳树下的几株瘦削的一丈红，该是村女种的罢。

大红花和斑红花，都在水里面浮动，忽而碎散，拉长了，如缕缕的胭脂水，然而没有晕。茅屋，狗，塔，村女，云，……也都浮动着。

大红花一朵朵全被拉长了，这时是泼剌奔迸的红锦带。带织入狗中，狗织入白云中，白云织入村女中……

在一瞬间，他们又将退缩了。但斑红花影也已碎散，伸长，就要织进塔，村女，狗，茅屋，云里去。

师引读生美读，进一步感受梦境的美好。

（三）借助资料，揭示象征

1. 借助资料，体会梦境的表达意图

（课件呈现）

借助资料，把握意图：

一个"昏沉的夜"里，作者于工作之余闭眼休息的刹那间，在蒙眬中看见一幅很美丽的生活的图画，其中"许多美的人和美的事，错综起来像一天云锦"。这一幅美丽的生活图画也绝不是模糊的，而是十分清楚和真实的，它像记忆中的江南农村的美丽景色那样实在，像河岸美景倒映在澄碧的河水中那样分明……作者希望着这样美丽的生活，是这篇作品的主要精神。

——选自冯雪峰的《论〈野草〉》

捕捉其中的关键信息，理解梦境象征着希望。

2. 借助资料，了解梦境的写作背景

（课件呈现）

借助资料，了解背景：

一九二五的中国，正处于半封建、半殖民地社会。帝国主义在上海租界公然屠杀、拘捕数百名手无寸铁的革命群众，制造了震惊中外的"五卅惨案"，血雨腥风笼罩着中国大地。

新文化战线被分化，一部分青年斗志冷却，有的退隐，有的高升，有的甚至公开背叛革命，这使鲁迅感到信念动摇的极度苦闷。

黑暗而残酷的现实，让鲁迅感到求索的怅惘、战斗的孤独。他说："我时时说起自己的事情，怎样地碰壁，怎样地在做蜗牛，好像全世界的苦恼，萃于一身，在替大众受罪似的。"

——选自王泽龙的《论鲁迅一九二五前后的创作》（有删改）

讨论：在如此黑暗的现实环境下，鲁迅为什么会写这样一个美好梦境？

3. 借助资料，验证自己对梦境的想法

（课件呈现）

借助资料，验证想法：

作者憧憬于"美的人和美的事"，但现实是"昏沉的夜"，没有"美的人和美的事"，所以只能在梦中看见；醒来却"只见昏暗的灯光"，"何尝有一丝碎影"。表现了作者的怅惘和失望，也表现了作者的理想和现实的矛盾。

但作者最后还是坚信他"见过这一篇好的故事"，虽然"在昏沉的夜"。在黑暗的现实中，他强烈地追求"无数美的人和美的事"，把美好的事物描绘得非常"美丽，幽雅，有趣，而且分明"。表面是在描写故乡的景物"错综起来像一天云锦"，实际是有所象征或寄托……

——选自李何林的《鲁迅〈野草〉注解》（有删改）

借助这段资料，你对梦境又有哪些新的想法、新的理解？

（四）融入梦境，升华主题

1. 融入梦境，抒写自己对梦境象征意义的体会

师：那么，这样一篇"好的故事"，这样一个"美丽，幽雅，有趣"的梦境，究竟象征着什么、寄托着什么呢？请你进入鲁迅先生的内心世界，写一写你的体会和理解。

（课件呈现）

鲁迅啊，既然现实如此黑暗，生活让你如此苦闷、如此怅惘、如此孤独，你为何还要苦苦寻觅美的梦境，为何总是记得这样一个好的故事呢？

_____

_____

_____

_____

组织学生交流。

2. 回读梦境，升华对梦境象征意义的理解

重新引读描写梦境的美好文字。

这一篇"好的故事"，是黑暗中的灯塔，是失望中的希望，是孤独中的信念和力量，它永是生动，永是展开，鼓舞着鲁迅先生战斗不止、革命到底。无论现实多么苦闷，无论生活多么怅惘，无论自己多么孤独。

板书 设计

好的故事

在水里　　　　　像云锦

美丽　幽雅　有趣

那是

希望

无论　苦闷

无论　怅惘

无论　孤独

课堂教学实录

一、梳理难词，整体感知

师：孩子们，今天我们一起学习鲁迅先生的散文诗，读——

生：（齐读）《好的故事》。

师：请看大屏幕！哪位孩子来读一读"课后思考与练习一"？

（课件呈现）

课后思考与练习一：

本文写于现代文学的初创时期，语言表达与现在不完全一样，有些词语比较难懂。初读课文时，遇到难懂的词语可以先跳过去。再读课文时，试着联系上下文理解它们的意思。

生：（朗读）

师：读得非常流利、非常清楚！孩子们，打开课本，在初读课文的时候，你跳过了哪些词语？每人汇报一个。

生1：我跳过了第五自然段的"伽蓝"这个词。

师：请再次朗读这个词。

生1：（朗读）伽蓝。

师：好，第一个！第二个，在哪里？

生2：乌桕。

师：乌桕。好，第三个，在哪里？

生3：膝髁。

师：膝髁。好，第四个，在哪里？

生4：泼剌奔迸。

师：泼剌奔迸。好，第五个，在哪里？

生5：陡然起立。

师：陡然起立。好，第六个，在哪里？

生6：皱蹙。

师：皱蹙。好，第七个，在哪里？

生7：虹霓色。

师：虹霓色。没有了，是吗？好的，孩子们，其实你们刚才跳过的这些词语，有相当一部分就属于现代文学初创时期的词语。那么，有没有同学知道现代文学初创时期在什么时候？

生：（静默）

师：其实，根本不需要查资料。细心的同学在课文当中就能找到答案。看，有人举手了——

生8：在一九二五年二月二十四日。

师：找到这个日期的请举手。

生：（纷纷举手）

师：这个孩子很敏感，也很细心。他发现了这篇课文有一种非常特殊的格式，原来，这篇课文保留了作者的写作时间，读——

（课件呈现）

一九二五年二月二十四日

生：（齐读）

师：这篇写于一九二五年二月二十四日的《好的故事》，距我们现在差不多有多少年了？是的，将近一百年。刚才我们说到现代文学的初创时期，就是这个时期，一九二五年的前后。好！我们一起来看看一百多年前的这些词语。

（课件呈现）

初创：石油、鞭爆、膝髁、蒙胧、伽蓝、皱蹙、虹霓师：会读吗？一起读！

生：（齐读上述词语）

师：真好！这些就是你们在初读的时候曾经跳过去的词语。而这些词语到了今天，到了现在，写法就不一样了。

（课件呈现）

现在：煤油、鞭炮、膝盖、蒙眬、寺庙、皱缩、彩虹

师：以前的"石油"就是现在的——

生：（齐读）煤油。

师：以前的"鞭爆"就是现在的——

生：（齐读）鞭炮。

师：以前的"膝髁"就是现在的——

生：（齐读）膝盖。

师：以前的"蒙胧"就是现在的——

生：（齐读）蒙眬。

师：虽然写法不一样，但是意思完全一样，所谓"蒙眬"，就是人快要睡觉的时候眼睛半睁半闭的样子。

师：以前的"伽蓝"就是现在的——

生：（齐读）寺庙。

师：以前的"皱蹙"就是现在的——

生：（齐读）皱缩。

师：以前的"虹霓"就是现在的——

生：（齐读）彩虹。

师：那么，既然一百年前的词语那样写，一百年以后的词语又这样写，我们可不可以换一换？把所有以前的老式的词语统统换成现在的词语。

生9：我觉得不可以。因为文章中保存的这个老式词语，可以写出当时的一些感情。有些句子中，如果换成现在的词语，虽然更容易懂，但是我就读不出那种感觉了。

师：说得好！是的，这些词语不能换。它们就像是一个个需要保护的文物，正是这些词语，提醒我们注意这篇文章是有年代感的。我想，你们一定不会忘记这篇文章写于——

生：（齐答）一九二五年二月二十四日。

师：当然，并不是所有跳过去的词语，都跟年代感有关。有些词语，主要还是因为含义比较难懂。对这些词语，"课后思考与练习一"告诉我们，可以通过联系上下文来帮助我们理解意思。比如——

（课件呈现）

……都倒影在澄碧的小河中，随着每一打桨，各各夹带了闪烁的日光，并水里的萍藻游鱼，一同荡漾。

师：一起读读带点的词语——

生：（齐读）澄碧。荡漾。

师："澄碧"是什么意思呢？假如你联系了"澄碧"前面的"倒影"，又联系了"澄碧"后面的"小河"，你大概能够猜出来，所谓"澄碧"，指的是河水——

生10：我觉得是河水清澈见底。

生11：我觉得是指河水澄澈碧绿。

生12：我觉得是指河水很干净。

师：假如河水不干净，那么河中的倒影还能看清楚吗？

生12：不能。

师：假如河水不澄澈，那么水中的萍藻呀游鱼呀还能看得见吗？

生12：不能。

师：好，通过联系上下文，我们大概猜出了"澄碧"的意思。我们再来看一看"荡漾"。你觉得要理解"荡漾"这个词，需要联系这一句话当中的哪些词语？看看谁对语言特别敏感，看看谁的眼力特别尖锐。

生13：我觉得是"打桨""闪烁"。

师：说说你的理解。

生13：因为打桨会导致水波，会有水纹。然后日光本来是照映在上面的，就会因为水纹，闪烁起来。

师：孩子们，知道吗？"打桨"就是划桨。当船在划桨的时候，水面就会一起一伏；当船在划桨的时候，水波就会一圈一圈地漾开去，这就是——

生：（齐读）荡漾。

师：明白了吗？正是通过联系上下文，我们读懂了"澄碧"，也读懂了"荡漾"。来，我们一起来读一读这句话——

生：（齐读此句）

师："澄碧"也好，"荡漾"也好，都跟河水有关。其实它在告诉我们，这个"好的故事"主要是在哪里看见的？

生14：在水里看见的。

师：是的，"好的故事"在水中。（板书：在水中）当然，联系上下文不一定局限在一句话里面。有的时候，可以跨越一句话，甚至可以跨越一段话。我们继续看——

（课件呈现）

许多美的人和美的事，错综起来像一天云锦，而且万颗奔星似的飞动着，同时又展开去，以至于无穷。

师：谁来读一读第一段文字？

生：（指名朗读第一段文字）

师：这里有一个比较难懂的词语，一起读——

生：（齐读）错综。

师：要理解这个词语，光联系第一段文字是不行的。大家需要打开视野，跨入下一段，甚至下下段。我们继续看——

（课件呈现）

……

水中的青天的底子，一切事物统在上面交错，织成一篇，永是生动，永是展开，我看不见这一篇的结束。

师：谁来读一读第二段文字？

生：（指名朗读第二段文字）

师：联系这一段文字，大概能够猜出"错综"的意思了，谁猜出来了？

生15：我觉得"错综"是融合的意思。

师：跟"融合"的意思有点接近，但不是"融合"的意思。注意！要联系第二段文字来理解，甚至可以找一找第二段文字中有没有"错综"的近义词。

生16：我认为是好几样东西交错在一起。

师：是的！第二段文字中，有一句话的意思跟她讲的意思几乎完全一样。哪一句？读出来！

生：（齐读）一切事物统在上面交错，织成一篇。

师：这就是——

生：（齐答）错综。

师："错综"就是织东西。横的织，竖的织，正的织，反的织，所有织的东西都交错在一起，这就叫——

生：（齐答）错综。

师：读懂了"错综"，也读懂了"交错"，这两段话的意思就容易理解了。我们一起读——

生：（齐读以上两段文字）

师：这两段话，这两个词，"错综"和"交错"，在告诉我们这一篇"好的故事"就像是一天——

生：（齐答）云锦。

师：有没有同学看到过云锦？

生：（极个别同学举手示意）

师：确实，云锦是很难看到的。看到过云锦的同学，那是非常幸运的。孩子们，想不想看一看云锦？

生：（齐答）想。

师：一起看——

（课件呈现：云锦图片）

借助资料，增长见识：

云锦是中国传统的丝织工艺品，云锦是世界非物质文化遗产，云锦已有一千六百多年历史。

云锦色泽绚丽，云锦光彩夺目，云锦如同天上的云霞。

云锦用料精良，云锦织造精细，云锦图案精美，云锦格调精致，云锦达到了丝织工艺的巅峰，云锦被誉为"锦中之冠"。

——选自孙晨的《美如云霞寸锦寸金》（有删改）

生：（看到云锦图片，发出惊叹）

师：来，我们一起来读一读介绍云锦的资料。云锦——

生：（接读）是中国传统的丝织工艺品。

师：云锦——

生：（接读）是世界非物质文化遗产。

师：云锦——

生：（接读）已有一千六百多年历史。

师：云锦——

生：（接读）色泽绚丽。

师：云锦——

生：（接读）光彩夺目。

师：云锦——

生：（接读）如同天上的云霞。

师：云锦——

生：（接读）用料精良。

师：云锦——

生：（接读）织造精细。

师：云锦——

生：（接读）图案精美。

师：云锦——

生：（接读）格调精致。

师：云锦——

生：（接读）达到了丝织工艺的巅峰。

师：云锦——

生：（接读）被誉为"锦中之冠"。

师：孩子们，借助这段资料，你对云锦有什么感受？

生：感觉云锦的历史有很多年，而且色彩明丽，感觉很精致。

生：感觉以前人的思想，还有手都很灵巧。

师：是啊，这是国宝啊！孩子们，在《好的故事》中，作者说他梦到的这一切，就像是一天——

生：（齐答）云锦。

二、聚焦梦境，感受美妙

师：（板书：像云锦）这就奇怪了，为什么"好的故事"会在水中？为什么"好的故事"像一天云锦？我们继续看大屏幕——

（课件呈现）

课后思考与练习二：

"好的故事"其实是一个梦境。这故事的美丽、幽雅、有趣体现在哪里？结合课文内容说一说。

师：谁来读一读"课后思考与练习二"？

生：（朗读"课后思考与练习二"）

师：我们先不忙说一说。凭什么认为"好的故事"就是个梦境呢？需要找依据啊！来，孩子们，快速默读课文，找一找，画一画，课文的哪些地方让你认定"好的故事"其实是一个梦境。

生：（默读课文并圈画，师巡视）

师：孩子们，当我们说"好的故事"其实是个梦境的时候，我们是需要寻找依据的。那么，依据一在哪里？

生：（朗读）我闭了眼睛，向后一仰，靠在椅背上。

师："闭了眼睛"，说明后面看到的这一切都是在闭了眼睛之后。闭了眼睛看到的，当然只能是——

生：（齐答）梦境。

师：这是依据一。好，依据二在哪里？

生：（朗读）我在蒙胧中，看见一个好的故事。

师："蒙胧"就是快要睡着的时候，快要睡着突然看到这样的画面，当然只能是——

生：（齐答）梦境。

师：这是依据二。依据三在哪里？

生：（朗读）我仿佛记得曾坐小船经过山阴道。

师：为什么说这也是依据？

生1：他这里说是"仿佛记得"，就有一种做梦的感觉。

师：好像记得，好像又不记得，这样的感觉只能在哪里产生？

生：（齐答）梦境。

师：这是依据三。那么，依据四在哪里？

生2：请大家看到第十自然段。（朗读）"我正要凝视他们时，骤然一惊，睁开眼。"

师：依据在？

生2：睁开眼。

师：睁开眼，说明前面一直是闭着眼，闭着眼看到的自然是——

生：（齐答）梦境。

师：这是依据四。依据五在哪里？

生3：请大家看第十自然段，最后一句话。（朗读）"我无意识地赶忙捏住几乎坠地的《初学记》,眼前还剩着几点虹霓色的碎影"。这里的"无意识"也写出了他刚睡醒。

师:没错,这是依据五。依据六在哪里?

生4:(朗读)何尝有一丝碎影,只见昏暗的灯光,我不在小船里了。

师:瞬间还在小船里,瞬间又不在小船里。变化如此神奇,这样的画面只能是——

生:(齐答)梦境。

师:这是依据六。你们真的很厉害了!越往后,依据越难找。有人找到依据七了吗?

生5:依据七在第十二自然段。(朗读)"在昏沉的夜……"

师:为什么?

生5:因为它说"在昏沉的夜",在晚上的话应该是睡着了,然后在梦境里面。

师:这个依据,可以算是间接依据。有没有更直接的依据?依据七,我在期待——

生6:大家看第十一自然段。(朗读)"我真爱这一篇好的故事,趁碎影还在,我要追回他,完成他,留下他。"

师:为什么?

生6:因为他说"趁碎影还在",说明梦还没有完全消失。

师:"碎影"在提醒我们,之前的"好的故事"就是梦的记忆。所以,这是依据七了。有没有依据八?挑战难度越来越大了!

生7:请大家看第八自然段。(朗读)"青天上面,有无数美的人和美的事,我一一看见,一一知道。"

师:请说说你的依据。

生7:青天上面,怎么会有无数美的人和美的事?而且作者说一一看见,这是不可能的事情。

师:现实生活中,这样的事儿绝对不可能。但是,梦境中,这样的事儿却是可能的。所以，这不可思议的事情，再一次说明这是——

生：（齐答）梦境。

师：孩子们，如果继续追问下去，我想，一定还会有依据九、依据十，一定还会有更多的依据。够了，你们发现的这些依据，足以证明，"好的故事"其实就是一个——

生：（齐答）梦境。

师：这个梦境，鲁迅先生用了三个词语来形容它，第一个——

生：（齐答）美丽。

师：第二个——

生：（齐答）幽雅。

师：第三个——

生：（齐答）有趣。

师：请把这三个词语画下来。（板书这三个词语）

生：（在书上画出这三个词语）

师：来，让我们一起走进这个美丽、幽雅、有趣的梦境——

（课件呈现，背景音乐响起）

我仿佛记得曾坐小船经过山阴道，两岸边的乌桕，新禾，野花，鸡，狗，丛树和枯树，茅屋，塔，伽蓝，农夫和村妇，村女，晒着的衣裳，和尚，蓑笠，天，云，竹，……都倒影在澄碧的小河中，随着每一打桨，各各夹带了闪烁的日光，并水里的萍藻游鱼，一同荡漾。

诸影诸物，无不解散，而且摇动，扩大，互相融和；刚一融和，却又退缩，复近于原形。边缘都参差如夏云头，镶着日光，发出水银色焰。凡是我所经过的河，都是如此。

师生：（轮读以上文字，师朗读红色部分，生齐读黑色部分）

师：岂止是这条河，不可思议的是，每一条河都是这样。两岸边的乌桕——

生：（接读）新禾。

师：野花——

生：（接读）鸡。

师：狗——

生：（接读）丛树和枯树。

师：茅屋——

生：（接读）塔。

师：伽蓝——

生：（接读）农夫和村妇。

师：村女——

生：（接读）晒着的衣裳。

师：和尚——

生：（接读）蓑笠。

师：天——

生：（接读）云。

师：竹，……都倒影在澄碧的小河中。（稍停）这么多的景物啊！明写的就有19种，如果算上省略号，那么，暗写的更是不计其数！你们不觉得有点乱吗？

生8：我不觉得乱。因为这是在梦中，梦里的景物就是这样子给人一种变幻的感觉的。

师：一种景物叠着一种景物，只有梦境才会显得如此神乎其神！

生9：我不觉得乱。这些景物其实还是有规律的，一类是植物，一类是动物，一类是人物。

师：好像是可以这么分类。那么，如果把所有的植物排在一起，比如：乌桕，新禾，野花，丛树和枯树，竹；把所有的动物排在一起，比如：鸡，狗；把所有的人物排在一起，比如：农夫和村妇，村女，和尚；把剩下的景物也排在一起。是不是会更好呢？

生10：我觉得这样反而不像梦境了，而且也显得不真实了。

师：说到真实，我想到古人说过的一句话：从山阴道上行，山川自相映发，使人应接不暇。什么意思？你在山阴道上行走，两边的美景相互映衬、数不胜数，让你都来不及看了。真实的山阴道尚且如此，何况是梦中的山阴道呢？看似纷乱的景物，既是真实的反映，更是梦境的特点啊！孩子们，读着这令人目不暇接的梦境，你的感觉是什么呢？

生11：非常美，美得令人向往。

生12：我有一种很舒服、很愉悦的感觉。

生13：我觉得很有诗意，就像一首诗。

生14：感觉梦里的一切都是美好的，世界很美好。

师：（结合板书）孩子们，正像鲁迅先生自己所写的这样，"好的故事"多么——

生：（齐答）美丽。

师："好的故事"多么——

生：（齐答）幽雅。

师："好的故事"多么——

生：（齐答）有趣。

师：继续看，梦境在变化——

（课件呈现，背景音乐响起）

河边枯柳树下的几株瘦削的一丈红，该是村女种的罢。

大红花和斑红花，都在水里面浮动，忽而碎散，拉长了，如缕缕的胭脂水，然而没有晕。茅屋，狗，塔，村女，云，……也都浮动着。

大红花一朵朵全被拉长了，这时是泼剌奔迸的红锦带。带织入狗中，狗织入白云中，白云织入村女中……。

在一瞬间，他们又将退缩了。但斑红花影也已碎散，伸长，就要织进塔，村女，狗，茅屋，云里去。

生：（齐读）河边枯柳树下的几株瘦削的一丈红，该是村女种的罢。

师：原来这个梦是有颜色的，这红色的梦境展开去，看——

生：（接读）大红花和斑红花，都在水里面浮动，忽而碎散，拉长了，如缕缕的胭脂水，然而没有晕。茅屋，狗，塔，村女，云，……也都浮动着。

师：梦境中的红色继续扩散着，一圈一圈荡漾着，于是——

生：（接读）大红花一朵朵全被拉长了，这时是泼刺奔进的红锦带。带织入狗中，狗织入白云中，白云织入村女中……。

师：光怪陆离，让人目不暇接。但是，梦境是说变就变的，只见——

生：（接读）在一瞬间，他们又将退缩了。但斑红花影也已碎散，伸长，就要织进塔，村女，狗，茅屋，云里去。

师：我们知道，一般的人做梦，只能做到黑白的梦，是没有颜色的。但是，这篇"好的故事"却是一个有颜色的梦。孩子们注意看，在这些文字当中，出现了那么多描写颜色的词语。我们一起来读一读，第一个——

生：（齐读）一丈红。

师：第二个——

生：（齐读）大红花。

师：第三个——

生：（齐读）斑红花。

师：第四个——

生：（齐读）胭脂水。

师：第五个——

生：（齐读）大红花。

师：第六个——

生：（齐读）红锦带。

师：第七个——

生：（齐读）斑红花影。

师：这么多的红啊！红艳艳，红彤彤，红灿灿。孩子们，这样的红带给你什么感觉？

生15：这样的红带给我的感觉是非常有生机，生气勃勃。

生16：感觉十分和谐，十分喜庆。

生17：我感觉是体现出了这个故事的美丽。

师：总之，在鲁迅先生的笔下，（结合板书）这个"好的故事"多么——

生：（齐答）美丽。

师：多么——

生：（齐答）幽雅。

师：多么——

生：（齐答）有趣。

三、借助资料，揭示象征

师：人们常说，日有所思，夜有所梦。梦，常常跟人们的愿望、盼望和希望连在一起。那么，这个"好的故事"对鲁迅先生又意味着什么呢？我们一起来看一段资料——

（课件呈现）

借助资料，把握意图：

一个"昏沉的夜"里，作者于工作之余闭眼休息的刹那间，在蒙眬中看见一幅很美丽的生活的图画，其中"许多美的人和美的事，错综起来像一天云锦"。这一幅美丽的生活图画也绝不是模糊的，而是十分清楚和真实的，它像记忆中的江南农村的美丽景色那样实在，像河岸美景倒映在澄碧的河水中那样分明……作者希望着这样美丽的生活，是这篇作品的主要精神。

——选自冯雪峰的《论〈野草〉》

师：谁来读一读这个"阅读链接"？

生：（指名朗读资料）

师：孩子们，读这份资料，我们需要学会抓关键信息。这么长的一段资料，你认为关键信息在哪句话？扫描，捕捉，锁定，最关键的一句话。

生1：我认为应该是最后一句话"作者希望着这样美丽的生活，是这篇作品的主要精神"。

师：同意这一句的请举手。

生：（纷纷举手）

师：借助资料，要学会捕捉关键信息。来，我们一起来读一读这最关键的一句话——

生：（齐读最后一句）

师：好！锁定这句话，我们继续捕捉关键信息。你觉得这句话中，最关键的信息是哪个词语？考你的眼力，也考你的敏感。

生2：我认为是"希望"这个词。

师：认为是"希望"的请举手。

生：（纷纷举手）

师：把"希望"这个词写到题目的边上。（板书：希望）

生：（在书中题目的边上抄写"希望"这个词）

师：（结合板书）原来，这个"好的故事"，要表达的是鲁迅先生的——

生：（齐答）希望。

师：原来，这个美丽、幽雅、有趣的梦境，要传递的是鲁迅先生的——

生：（齐答）希望。

师：孩子们一定还记得，这篇"好的故事"写于——

生：（齐答）一九二五年二月二十四日。

师：课前，我请你们的语文老师布置了一个预习作业，找一找"一九二五年前后的鲁迅先生"的资料。谁能简单地分享一下自己找到的资料？

生3：我知道鲁迅先生在一九零二年的时候是去日本学医的，后来想要改变中国人的思想，然后就弃医从文了。

师：没错，你说的信息没错，鲁迅先生的确是弃医从文了。但那不是在一九二五年，那是在一九零二年。对一九二五年前后的鲁迅，你查过资料，有什么印象？

生4：一九二五年，刚好是鲁迅先生从事新文化运动，有一些回落的时候，作者这时候有些苦闷，又有一些对旧中国的迷茫。

师：很好，这个信息很重要！有点苦闷，有点迷茫。继续分享——

生5：我记得鲁迅先生从一九二四年到一九二六年，写过一篇作品，好像叫《野草》。

师：没错，我们的《好的故事》就选自鲁迅先生的《野草》。孩子们，我也找了一份资料，静静地看，默默地读。

（课件呈现）

借助资料，了解背景：

一九二五的中国，正处于半封建、半殖民地社会。帝国主义在上海租界公然屠杀、拘捕数百名手无寸铁的革命群众，制造了震惊中外的"五卅惨案"，血雨腥风笼罩着中国大地。

新文化战线被分化，一部分青年斗志冷却，有的退隐，有的高升，有的甚至公开背叛革命，这使鲁迅感到信念动摇的极度苦闷。

黑暗而残酷的现实，让鲁迅感到求索的怅惘、战斗的孤独。他说："我时时说起自己的事情，怎样地碰壁，怎样地在做蜗牛，好像全世界的苦恼，萃于一身，在替大众受罪似的。"

——选自王泽龙的《论鲁迅一九二五前后的创作》（有删改）

生：（默读资料）

师：孩子们，假如要你从这一段资料当中，找一个词语来形容一九二五年的鲁迅的心情，你会找哪个词语？

生6：极度苦闷。

师：（板书：苦闷）苦闷。是的，血雨腥风笼罩着中国，白色恐怖威胁着鲁迅，他能不苦闷吗？

生7：怅惘。

师：（板书：怅惘）怅惘。是的，新文化战线被分化，一部分青年斗志冷却，有的退隐，有的高升，有的甚至公开背叛了革命。那么，是继续战斗，还是放弃战斗？那个时候的鲁迅是怅惘的。

生8：应该是孤独的。

师:（板书：孤独）孤独。没错，一方面，鲁迅先生在替大众受罪；但是，另一方面，大众却不理解他，这样的鲁迅怎能不孤独？孩子们，查找资料就要学会捕捉这样有价值的关键信息。那么问题来了，我们说日有所思，夜有所梦，既然一九二五年的鲁迅是苦闷的，那么，他应该梦到的是一个苦闷的梦啊！然而，他梦见的却是——

（课件呈现）

这故事很美丽，幽雅，有趣。许多美的人和美的事，错综起来像一天云锦，而且万颗奔星似的飞动着，同时又展开去，以至于无穷。

生:（齐读）

师：你不觉得奇怪吗？按理说，日有所思，夜有所梦，一九二五年的鲁迅是怅惘的，那么，他应该梦到的是一个怅惘的梦啊！但是，我们看——

（课件呈现）

我所见的故事也如此。水中的青天的底子，一切事物统在上面交错，织成一篇，永是生动，永是展开，我看不见这一篇的结束。

生:（齐读）

师：好像没有道理啊？要说日有所思、夜有所梦，一九二五年的鲁迅是孤独的，那么，他应该看见的是一个孤独的梦境啊！但是——

（课件呈现）

我所见的故事清楚起来了，美丽，幽雅，有趣，而且分明。青天上面，有无数美的人和美的事，我一一看见，一一知道。

生:（齐读）

师：为什么？为什么一个孤独的鲁迅，一个怅惘的鲁迅，一个苦闷的鲁迅，梦到的却是一个幽雅的梦，一个美丽的梦，一个有趣的梦？为什么呀？

生9：我觉得是因为他希望世界是这样的。

生10：我认为虽然当时那个世界让鲁迅十分的孤独，但是鲁迅内心向往的世界是这样的，他希望世界变成这样的美好。

生11：他有可能觉得以后的中国就是这样的。

生12：我认为是鲁迅先生想通过这篇文章寄托他的美好愿望。

师：你们的猜测有没有道理呢？我们再来看一段资料——

（课件呈现）

借助资料，验证想法：

作者憧憬于"美的人和美的事"，但现实是"昏沉的夜"，没有"美的人和美的事"，所以只能在梦中看见；醒来却"只见昏暗的灯光"，"何尝有一丝碎影"。表现了作者的怅惘和失望，也表现了作者理想和现实的矛盾。

但作者最后还是坚信他"见过这一篇好的故事"，虽然"在昏沉的夜"。在黑暗的现实中，他强烈地追求"无数美的人和美的事"，把美好的事物描绘得非常"美丽，幽雅，有趣，而且分明"。表面是在描写故乡的景物"错综起来像一天云锦"，实际是有所象征或寄托……

——选自李何林的《鲁迅〈野草〉注解》（有删改）

师生：（合作朗读资料，师朗读黑色部分，生齐读红色部分）

师：为什么梦境与现实完全相反、完全对立、完全矛盾，借助这段资料，你应该会有新的发现和理解吧？

生13：因为现实非常黑暗，所以鲁迅先生才要在梦境中追求"无数美的人和美的事"。

生14：我觉得这是一种对比。用梦境的美好来衬托现实的黑暗，反过来又用现实的黑暗来衬托梦境的美好，因为那是鲁迅先生的希望。

生15：我知道了，鲁迅先生把这个梦境写得非常美丽，幽雅，有趣，实际上是有他的象征和寄托的。

师：原来，梦境不仅是一种理想和现实的矛盾的折射，更是一种理想的寄托、希望的象征啊！

四、融入梦境，升华主题

师：孩子们，刚才我们已经了解了一九二五年的鲁迅，前面我们也已经美美地品读了这样一个美好的梦境。联系现实与梦境，你觉得这个"好的故事"，象征着什么？寄托着什么？请你以"在昏沉的夜，这一篇好的故事"开头，写一写你的体会和理解。

（课件呈现）

在昏沉的夜，这一篇好的故事：

_____

_____

_____

师生：（生独立完成小练笔，师随堂巡视，发现优秀的作业打星号）

师：孩子们，把笔放下。请所有打星号的同学起立！我们一起来听一听，这篇好的故事，象征着什么？又寄托着什么？

生1：（朗读）在昏沉的夜，这一篇好的故事寄托着我对新中国美丽，幽雅，有趣的心愿，更象征着以后新中国的繁荣昌盛。这一篇好的故事是我心目中的世界，世界不是永远充满着战火硝烟的，也可以是美好的，和平的。这样的世界，这样的中国，才是我想看到的，未来的中国应该是有趣的，幽雅的，美丽的。

师：是的，这一篇好的故事从此成了鲁迅先生在黑夜中前行的灯塔。

生2：在昏沉的夜，这一篇好的故事是有象征的。它象征着鲁迅先生的憧憬、理想。原来这个好的故事是有寄托的，它寄托着鲁迅先生对世界美丽，幽雅，有趣的向往和眷恋。

师：没错。这是在绝望当中看见的希望。

生3：在昏沉的夜，这一篇好的故事有小河潺潺地流着，发出好听的声音，像是在宣称世界美好，世界有趣。云朵、村女和茅屋都像是在显示着世界的和谐安静，还有生气勃勃，象征着许多美好事物在其中，是一个幽雅、美好、有趣的世界。

师：这么多美好的细节都已经镌刻在你的脑海中，虽然它们稍纵即逝，但是鲁迅先生还是要把它们追回来，记下来。因为，那是对希望的寄托。

生4：在昏沉的夜，这一篇好的故事其实象征着作者美好的期望。作者把自己对美好生活、世界和平的追求，寄托在了梦中，与"昏沉的夜"起到了对比作用。作者的结尾是他对中国的美好想法，而昏沉的夜正是指战乱中的中国，是指昏沉的中国，作者想让中国变得和自己的梦一样，美丽，幽雅，有趣。

师：说得真好。昏暗的夜，那是现实；美好的梦，那是希望。人怎么可以失去希望呢？

生5：在昏沉的夜，这一篇好的故事象征着鲁迅先生对中国总有一天会强大起来，总有一天会走出昏沉的夜的希望，寄托着鲁迅先生对未来的向往，对美的人和美的事的希望和憧憬。鲁迅先生认为中国总有一天会走向美好的明天，这样一个美丽，幽雅，有趣的故事，一定会在未来的某一天实现。

师：任何时候，都不能失去希望；任何时候，都不能放弃美好。

生6：在昏沉的夜，这一篇好的故事如同一只自由鸽，喜悦欢快地在高空中翱翔；也如同一片美丽的云霞，挂在天边，让世上爱国的人看见。他也寄托着和平的世界，明亮而又光彩夺目的世界，是让人们都爱，想要守护的世界。和平，没有战争，一个美丽，幽雅，有趣的世界。

师：你用鸽子，你用云霞，诗一般地表达了自己的想法，就像好的故事是一首散文诗一样。孩子们，你们借由这个故事，不仅读懂了鲁迅先生的这个梦境，也读懂了一九二五年的鲁迅先生。孤独中憧憬着美丽，绝望中守望着希望。

我们知道，一九二五年的鲁迅是苦闷的。血雨腥风笼罩中国大地，到处都是白色恐怖，但是，鲁迅先生总记得这一篇"好的故事"——

（课件呈现）

这故事很美丽，幽雅，有趣。许多美的人和美的事，错综起来像一天云锦，而且万颗奔星似的飞动着，同时又展开去，以至于无穷。

生：（齐读）

师：一九二五年的鲁迅是怅惘的。新文化战线被分化，一部分青年斗志冷却，有的退隐，有的高升，有的甚至公开背叛革命。但是，鲁迅先生总记得这一篇"好的故事"——

（课件呈现）

我所见的故事也如此。水中的青天的底子，一切事物统在上面交错，织成一篇，永是生动，永是展开，我看不见这一篇的结束。

生：（齐读）

师：一九二五年的鲁迅是孤独的。黑暗而残酷的现实，让鲁迅先生感到求索的怅惘、战斗的孤独。但是，鲁迅先生总记得这一篇"好的故事"——

（课件呈现）

我所见的故事清楚起来了，美丽，幽雅，有趣，而且分明。青天上面，有无数美的人和美的事，我一一看见，一一知道。

生：（齐读）

师：这一篇"好的故事"，是黑暗中的灯塔，是失望中的希望，是孤独中的信念和力量，它永是生动，永是展开，鼓舞着鲁迅先生战斗不止、革命到底。无论现实多么苦闷，无论生活多么怅惘，无论自己多么孤独。（板书：三个"无论"）

（最后形成如下板书）

<pre>
            好的故事
      在水里   像云锦
       美丽 幽雅 有趣
            那是
            希望
        无论 苦闷
        无论 怅惘
        无论 孤独
</pre>

师：孩子们，这就是我们今天学习的鲁迅先生的散文诗——

生：（齐读）《好的故事》。

师：（结合板书）这个好的故事——

生:(齐读)在水里。

师:这个好的故事——

生:(齐读)像云锦。

师:这个好的故事多么——

生:(齐读)美丽。

师:多么——

生:(齐读)幽雅。

师:多么——

生:(齐读)有趣。

师:我们终于知道,这个好的故事,写出了鲁迅先生的——

生:(齐答)希望。

师:这个好的故事,也写出了鲁迅先生对未来中国的——

生:(齐答)希望。

师:无论现实多么——

生:(齐答)苦闷。

师:无论现实多么——

生:(齐答)怅惘。

师:无论现实多么——

生:(齐答)孤独。

师:其实,好的故事不仅仅是鲁迅先生的。我们每个人都有属于自己的——

生:(齐答)好的故事。

师:那是因为,我们每个人都有属于自己的——

生:(齐答)希望。

师:无论苦闷,无论怅惘,无论孤独,孩子们,在未来的人生当中,让我们永远记住属于你自己的——

生:(齐答)好的故事。

名师 点评

那么远，那么近

浙江省金华市婺城区教育局教研室 陈蒸

鲁迅很远。

因为先生的作品很难读懂。从读者的角度来说，如果不借助任何背景材料，对鲁迅一无所知的情况下，去读《好的故事》，真的很难。更何况是六年级的孩子。

鲁迅又是那么伟大，是我们的"民族魂"。鲁迅到底有多伟大，他到底伟大在哪里？这个伟大的生命来自何方？又能带给我们怎样的温暖和启迪？这也是孩子们最好奇也最困惑的地方。

如何从孩子的接受实际出发，帮助孩子逐渐接近大师名家，这需要教学的智慧和艺术。感谢王老师，用最好的示范，告诉我们，如何慢慢地，将这个好的故事浸润到孩子心中，又如何让孩子的生命与一个伟大的生命结缘。

一、年代很远：巧解难词，走进语言的最近发展区

"一九二五年二月二十四日"这个时间节点，仿佛是打通孩子和文章之间的密码。经由它，那些饱含着年代感的词，难懂的词，变得亲切，自然，不再陌生。当然，这得归功于王老师的三级解锁。

一级解锁：放手。"在初读课文的时候你跳过了哪些词语？每人汇报一

个。"看似随性地聊，实则贴着学生的学情展开。

二级解锁：牵手。"将近一百年，刚才我们说到现代文学的初创时期，就是这个时期，一九二五年的前后。好！我们一起来看看一百多年前的这些词语。""这些就是你们在初读的时候曾经跳过去的词语。而这些词语到了今天，到了现在，写法就不一样了。"

陌生化的词语，要想解其意，其实不难。王老师将词语的"前世"和"今生"进行牵手，避免了词语逐个汇报的拖沓，一目了然，简单高效。

三级解锁：联手。"'澄碧'是什么意思呢？假如你联系了'澄碧'前面的'倒影'，又联系了'澄碧'后面的'小河'，你大概能够猜出来，所谓'澄碧'，指的是河水——""联系上下文不一定局限在一句话里面。有的时候，可以跨越一句话，甚至可以跨越一段话。"

联系上下文理解词语，作为六年级的孩子再熟悉不过，但，如何联系？联系什么？平心而论，孩子是雾里看花的。王老师清晰地给孩子指明了方向：可以联系词语的前面和后面，可以联系句子中的其他词语，还可以跨越句子联系理解……于是，"错综""交错"等词的理解就水到渠成了。

经这一放一牵一联手，等同于打通文章的任督二脉，学生与文章近 100 年的隔阂，被拉近了。

二、梦境很远：造境还原，走进认知的最近发展区

这好的故事，其实是一个美丽、幽雅、有趣的梦境。为了让孩子感受到这梦境的美好，王老师在课堂上，通过充满诗意的引读，给孩子们营造了一个如梦如幻的情境。

1. 紧扣"云锦"，召唤梦境

"这两段话，这两个词，'错综'和'交错'，在告诉我们这一篇'好的故事'就像是一天——云锦。""我们一起来读一读介绍云锦的资料。"

在作者眼里，这好的故事就像是一天云锦。王老师在补充云锦资料时，

一次一次不厌其烦地领读"云锦"，足足读了12次。为何要这么大张旗鼓地解读云锦呢？笔者以为，这不是机械重复，更不是故弄玄虚，而是在孩子心里激起万千波浪。云锦有多美，梦境就有多美。这是为进一步解读梦境，积蓄体验的能量、积淀认知的力量啊！

2. 探赜索隐，确证梦境

"孩子们，快速默读课文，找一找，画一画，课文的哪些地方让你认定'好的故事'其实是一个梦境。"

这是一个寻梦的环节，课文中没有一字一句把这个梦境说破，但字里行间又都是隐隐约约或明或暗的线索，让孩子们带着问题去寻找，你会发现这个环节很开放、很灵动。前前后后，零零总总，孩子们找到了不下10种有关梦境的依据。在寻找、思考、分享、聆听中，学生们与其说是在证梦，不如说是在更深入、更细腻地进入文本、进入梦境精深幽眇的内涵。

3. 还原品味，重现梦境

李何林在《鲁迅＜野草＞注解》中认为："《野草》有诗一样的语言，有鲜明的形象性和非常协和优美的音乐性；像绘画一样富于色彩，像音乐一样具有协和的声音；用这种有声有色的语言，表现他要表达的生活感受，他的思想感情，他的生活的诗。"

的确，作为散文诗，鲁迅先生用他丰富的语言，让这梦境鲜活、真实、如梦如幻。如何让学生真切地感受到这梦的美好？王老师用诗意的引读、精美的课件、恰到好处的音乐，在回环复沓的诵读中，让学生真切地感受到梦境的优雅、美好、有趣。

在具体操作中，王老师对待梦境的不同片段采用了不同的教学策略。如果说第5段"梦中回忆'曾经'看见的好的故事"，师生合作朗读，如歌的行板，又像每一处打桨，晃悠，自然，随性。那第7段"梦中的'现在'所见的好的故事"，则采用抓颜色词、品读颜色背后的情绪和意蕴，更像一首热烈奔放、节奏鲜明的圆舞曲。

三、象征很远：借助资料，走进思维的最近发展区

孟子主张："颂其诗，读其书，不知其人，可乎？是以论其世也。"王老师认为，了解作者的时代背景、生活环境、文化境遇，才能真正读懂那时候的作品，以及作品要表达的思想内涵。

课文的象征意向是难点，课文的表达主旨是难点。对于这个难点的突破，王老师反复提及"一九二五年二月二十四日"这个时间词，并借助资料，将课后题中的两段资料，以及同学寻找的关于1925年的鲁迅资料，再加上自己补充的1925年前后的资料，这些资料有机有序有策略地安排在不同的环节中，通过课堂理答，反复朗读，融合音乐、总结板书等方式，让孩子的情感与1925年的鲁迅的内心情感实现跨越时空的共鸣，水到渠成地让孩子走进那个黑暗的年代，走进鲁迅当时苦闷无助、彷徨孤独的内心。

这是理性思辨和情感体验的完美融合。从现场七位学生的感言中，我们深切地感受到：孩子们已在不知不觉中把自己的想法和理解融入《好的故事》当中，他们已经走进了鲁迅先生的精神世界，并与之共情共鸣。

四、理想很远：唤醒希望，走进人生的最近发展区

现实世界令人绝望，梦想世界则充满希望。明知是绝望，但仍然要和绝望抗争。这是鲁迅先生留给我们的力量。热爱故乡的人，才是有根的人，有魂的人。鲁迅的伟大，还因为他的目光，从来没有离开过故土上的这些人。鲁迅的伟大，在于他用手中的笔，跋涉在一条永无尽头的回乡路上。

"无论苦闷，无论怅惘，无论孤独，孩子们，在未来的人生当中，让我们永远记住属于你自己的——好的故事。"

至此，"好的故事"不再只属于鲁迅先生，不再只属于那个黑暗的年代。王老师在课堂理答、师生对话中，总是行云流水一般不断唤醒、不断点拨

"好的故事"的当代意义和现世价值。他试图借助课堂上饱满的场景、鲜活的语言，以及无处不在的诗意的浸润与流淌，让"好的故事"转化为学生精神的营养、希望的种子。

这是王老师的课留给我们的回味和力量。从某种意义上说，王老师和鲁迅，也是相通的，因为热爱，一直在路上，一直在跋涉，一直充满着希望。

如果把以往王老师的课，比作是高山流水的话，我们只能赏之，却很难仿之。但这堂课，王老师紧扣统编教材的特点，紧扣课后思考与练习，将语文要素和课堂实践紧密结合，既高瞻远瞩又很接地气，给我们一线老师带来了极大的触动。原来，这么难的文章也可以行云流水地教；原来，课后的阅读材料可以这样丰富有机地使用；原来，语文要素和情感迸发真的可以做到共生共长；原来，读懂鲁迅的文章，也没那么难……

感谢王老师，他的课让孩子与伟大的鲁迅结缘，让我们与伟大的鲁迅在一起。

名师点评

名师引领理念下的难课文教学策略探索

○王清臣

2019年9月始,全国统一使用统编小学语文教材。和以往的教材相比,特别是中高年级阶段,教材选文有一个较为明显的特征,那就是许多课文,或篇幅变长或难度增加了。难课文的增加,充分体现了教材编者重视阅读、重视提高学生自主阅读能力的理念,且难课文内部本身所蕴含的知识能够更好地营造学生的人文情感,对于培养学生的思考能力、阅读能力、创造力等大有裨益。然而,对于"难课文"如何教、如何学的研究和研讨,涉足者甚少,这将是摆在语文教师面前的一个新课题。

一、什么是"难课文"

胡思任在《谈难课文教学中的启发——以〈阿Q正传〉(节选)为例》一文,着重阐述了《阿Q正传》(节选)这篇难课文教学的具体做法。但对于什么是"难课文",他也没有明确指出,只是说"高中语文第三册选了《阿Q正传》一课,这篇课文选自全传的第七、八两章,虽有其独立性,又与前后文章有联系;对阿Q这样一个典型人物,应该如何理解,怎样认识,这对现今的学生难度不小"。鲁迅先生的作品,可以说是一本好教材,无论对学生的语文基础知识还是思想教育，都有很好的教育意义[①]。但是由于其作品写作时间久远，内容博大精深，对现代的青年学生来说，学习起来确实有不少困难。由此，笔者认为，所谓难课文，就是内容艰涩，从教材特点和班级实际出发，估计大多数学生不容易理解的课文。

二、教授"难课文"存在的问题

（一）教师教材解读欠缺

教材解读，或称文本解读，是语文老师的硬功夫，谁都逃不过。于漪老师说过，文本解读是语文教师的"坎"，要陪伴语文教师一辈子。语文教师要立得起来，就必须跨过这道坎，这非常不容易。教师教材解读的欠缺，具体体现在以下几个方面。

1. 单元导语解读。从三年级教科书开始，每个单元设有导语，在单元导语中会明确人文主题和语文要素，这是一个很好的"引子"，单元的课文会围绕人文主题落实语文要素，两条线使得"教什么"变得很清晰。如六年级上册第八单元语文要素正是关于鲁迅先生的阐述：有的人活着，他已经死了；有的人死了，他还活着。语文要素是"借助相关资料，理解课文主要内容"，那么在具体的课文学习中，就有了引领和灵魂。

2. 课文内容理解。由于作者和读者之间，有时间和空间的差距，我们今天要去读懂过去的人写的作品，必然会涉及许多因素。所以我们必须进行深刻的文本解读，教师做到心中有数，吃透文本，才可由此出发，教学如鱼得水，课堂行云流水。然而，目前语文教育的状况是，教师的文本解读能力受学历、环境、学情等各种因素影响，水平不高，要么墨守成规，要

[①] 胡思任.谈难课文教学中的启发——以《阿Q正传》(节选)为例[J].宁夏大学学报，1985（02）.

么人云亦云[1]。

3. 课文插图及其他的关注。在小学语文教材内部，很多难课文在进行排版和设计过程中都会拥有一定的插图，但是在日常授课过程中，往往会忽略插图的作用。如《好的故事》中在水里的船和水草荡漾，如果和文字有效结合，就可以帮助学生对作者描绘的画面或一些词语如"澄碧""皱蹙"等进行认知与理解，学生很多难以理解的地方可以结合插图进行分析。

（二）教学设计过于复杂

教材里的任何一篇难文章，都包含很多疑难词语和不熟悉的知识点，进而导致学生通读困难。日常授课过程当中，教师往往都会结合课文内部的理论知识，将自己懂得的或了解到的知识点全盘托出，致使教师个人的教学设计非常复杂。其实这是大忌，学生学得非常辛苦，教师教得也很费劲[2]。

（三）忽略学生语言能力培养

首先，教师没有考虑到学生已有的学习基础，即学情权衡。在难课文的讲解中，往往需要学生运用已有的阅读理解能力和文本分析能力，针对某一个词语或某一段话进行分析和感悟。但现实情况下，教师往往自我评估，猜测学生或都会或都不会，导致课堂疑难没有解决。其次，静态传输，未能活教活学。教师只是告知一些文字的意思，或传授经验，却未能将学生带入到具有感知空间的词句语境，如"鞭爆""伽蓝"，如若只告诉意思，未引入年代感受，学生的理解只会浮于表层。

（四）教学语境创设单一

不同的文体有不同的教学路径，有时需要唤起、补充学生的生活经验，有时需要组织学生交流和分享语文经验，有时需要指导学生学习新的读书方法。创设适当的教学语境，将有利于学生对课文的理解和对情感态度的把握。曾听过王崧舟老师的示范课，他对于不同的文体、不同的情绪，会

---

[1] 高修军，朱旭光. 统编小学语文教材"长课文"教学策略研究[J]. 教育研究与评论（小学教育 教学），2019（08）.

[2] 王荣生. 阅读教学教什么[M]. 上海：华东师范 大学出版社，2016.

有不同的处理，将学生带入到合适的教学"场"。如《爸爸的花儿落了》的低沉，《枫桥夜泊》的思辨，《好的故事》的哲思等。然而，我们的语文老师，大多数几乎都会忽略这一部分的营造。

三、"难课文"教学策略

现阶段对于"难课文"的教学策略探索还处于鸿蒙阶段，但一些名家已经开始了尝试性示范。如王崧舟老师于2020年9月25日进行的统编教科书六年级上册第八单元第二课《好的故事》的授课，我们从中可以提取一些具有引领作用的"难课文"实施策略，为我们的难课文阅读教学提供方向。

（一）词语通关打基础

从本质上讲，《野草》是一部用散文诗的躯壳包裹哲学之魂的著作。选自《野草》的《好的故事》，同样具备诗的气质与思的意蕴，是美与哲学的高度统一。由于其作品写作时间久远，内容博大精深，这对现代的青少年学生来说，学习起来有不少困难，特别是其中一些晦涩难懂的词语，这些词语就是学生阅读和理解课文的"拦路虎"。

教学伊始，王崧舟老师就在初读课文的时候，问孩子们跳过了哪些词语，每人汇报一个，然后采用新旧匹配，梳理有年代感的难词，如石油、鞭爆、膝髁、蒙胧、伽蓝、皱蹙、虹霓，对应煤油、鞭炮等。又联系语境，梳理相对陌生的难词，如在"……都倒影在澄碧的小河中，随着每一打桨，各各夹带了闪烁的日光，并水里的萍藻游鱼，一同荡漾"中，联系"倒影"跟"小河"，理解"澄碧"的意思；联系"打桨"，理解"荡漾"这个词的意思。由此，学生进行深入学习，就能灵活转化并拥有了年代感，从而以此为切口走近作品。

（二）课后引领明目标

在讲解之初，王老师就先引入课后第一题：本文写于现代文学的初创时期，语言表达与现在不完全一样……这就有利于减轻学生的压力，拉近其与课文的距离，且引导落款时间"一九二五年二月二十四日"，使得学生对学习目标明朗起来。在"融入梦境，升华主题"阶段，教师又引入课后第二题，这样一篇"好的故事"，这样一个"美丽，幽雅，有趣"的梦境，究竟象征着什么、寄托着什么呢？以此来升华文本主题，让学生和作者融为一体，加深理解。

（三）问题导向找依据

"快速默读课文，找一找，画一画，课文的哪些地方让你认定'好的故事'其实是一个梦境。"这是教师在引导学生聚焦梦境、感受美妙时提出的问题。学生默读思考，并画出相关词句。教师组织学生充分展示交流，如"蒙胧、睁开眼、无意识、碎影、仿佛、闭了眼睛"等词语，都证明了作者所写的是一席梦境。问题是教师提的，而成果是学生寻的，通过师生合作朗读，感受梦境的美好，体会梦境的美丽、幽雅和有趣。问题导向是一个很好的引领，它可以引导学生直捣黄龙，直入重点。

（四）阅读链接做后盾

课后阅读链接是冯雪峰《论〈野草〉》和李何林《鲁迅〈野草〉注释》，王崧舟老师的处理是不同的。第一个链接，教师通过引导学生捕捉其中的关键信息，来理解梦境象征着希望，从而体会梦境的表达意图。第二个链接，教师又从另一个角度，借助资料，让其成为一个把手，帮助学生对梦境产生新的想法、新的理解。可以说，"阅读链接"正是学生走出解读困境的指南针与脚手架。特定的时代背景，必须借助相关资料引领学生走出解读困境，这些正凸显了本单元"借助相关资料，理解课文主要内容"这一语文要素。

当然，难课文的核心内容的研究维度不只上述几个方面，"难课文"教学策略探索角度更不只这些。我们只要站在课程的高度，立足学生发展，从培养学科核心素养的角度出发，就一定能发掘出隐藏在课文中的可操作的核心教学内容，让"难课文"教学真正在课堂上落地生根。

第五课

如何在名篇教学中勾连名著导读

——《红楼春趣》

教学简案

教学 版本

统编小学语文教科书五年级下册第 8 课《红楼春趣》。

教学 目标

1. **核心目标**：在了解《红楼春趣》故事情节、感受《红楼春趣》主要人物形象的基础上，借助原著、影视等相关资料，加深对《红楼梦》的整体印象，引发学生进一步阅读《红楼梦》的兴趣和期待。

2. **条件目标**：认识"恰、屉"等 10 个生字，读准多音字"喇"；能联系上下文、借助相关资料，大致理解"忌讳、晦气"等词语的意思；能梳理"放风筝"的故事情节，感受"放风筝"的乐趣；能聚焦言语细节，通过联系语境和相关资料，初步认识宝玉、黛玉等人物形象。

教学 时间

2 课时。

教学 过程

（一）变序学习，了解读法

1. 聚焦注释，提取信息

对这篇课文，教材的编者加了这样一个注释——

（课件出示）

本文选自清代曹雪芹的《红楼梦》第七十回，题目为编者所加。

你读出了哪些关键信息？

2. 关注园地，了解读法

我们这个单元的"交流平台"上，向大家推荐了一些阅读方法——

（课件出示）

可以联系上下文猜测语句的意思。如《猴王出世》中的"每受天真地秀，日精月华，感之既久，遂有灵通之意"，联系上文的"仙石"，我大致猜到这句话在讲仙石很有灵性。

遇到一些较难理解的语句，不用反复琢磨，如《红楼春趣》中的"剪子股儿、籰子"等词语，只要知道是与风筝有关的物品就行了。

读《景阳冈》的时候，我借助资料对武松有了更多了解，也有了阅读古典名著的兴趣。

我结合看过的电影、电视剧，加深了对课文的理解，得到了更多阅读的乐趣。

请你梳理一下，介绍了哪些阅读方法。

（二）疏通文句，梳理情节

1. 读"掉风筝"，猜测词义

（课件出示）

探春笑道："紫鹃也太小器，你们一般有的，这会子拾人走了的，也不嫌个忌讳？"黛玉笑道："可是呢。把咱们的拿出来，咱们也放放晦气。"

其中的难词你是怎么理解的？

2. 读"拿风筝"，放过难词

（课件出示）

丫头们搬高墩，捆剪子股儿，一面拨起籰子来。宝钗等立在院门前，命丫头们在院外敞地下放去。

其中的难词你又是怎么处理的？

3.读"放风筝"，梳理情节

（课件出示）

黛玉见风力紧了，过去将籰子一松，只听"豁喇喇"一阵响，登时线尽，风筝随风去了。

这"豁喇喇"的声音好像在说些什么？

（三）聚焦人物，把握性格

1.通览全文，聚焦宝玉

《红楼春趣》中的宝玉给你留下了怎样的印象呢？

（课件出示）

（1）画一画：默读课文，画出文中所有写宝玉的语句；

（2）想一想：宝玉的这些表现给你留下了什么印象；

（3）写一写：在写宝玉的空白处写上自己的批注。

2.品读语言，感受性格

（课件出示）

宝玉笑道："我认得这风筝，这是大老爷那院里嫣红姑娘放的。拿下来给他送过去罢。"

这一处主要写的是宝玉的语言，你读懂了什么？

3.品读神情，体会性格

（课件出示）

宝玉细看了一回，只见这美人做的十分精致，心中欢喜，便叫："放起来！"

这一处主要写的是宝玉的神情，你读懂了什么？

4.品读动作，把握性格

（课件出示）

宝玉说丫头们不会放，自己放了半天，只起房高，就落下来，急的头上的汗都出来了。众人都笑他，他便恨的摔在地下，指着风筝说道："要不是个美人儿，我一顿脚跺个稀烂！"

这里写了宝玉的一连串动作,你读懂了什么?

(四)置换版本,初识知己

1. 借助资料,了解版本

(课件出示)

《红楼梦》的前八十回,是曹雪芹的原著,问世后以手抄本的形式流传;《红楼梦》的后半部分,由于某种原因已经失传。现在看到的《红楼梦》后四十回,是由无名氏续作,由程伟元、高鹗整理而成的。

因此,《红楼梦》就有两个版本系统。一个叫"脂本"系统,就是根据曹雪芹原著的前八十回,保留脂砚斋评语的各种《红楼梦》版本;一个叫"程本"系统,就是加上无名氏续作的后四十回,由程伟元、高鹗整理而成的各种《红楼梦》版本。

2. 聚焦黛玉,体会"不忍"

(课件出示)

黛玉听说,用手帕垫着手,顿了一顿,果然风紧力大,接过䎍子来,随着风筝的势将䎍子一松,只听一阵豁喇喇响,登时䎍子线尽。黛玉因让众人来放。众人都笑道:"各人都有,你先请罢。"黛玉笑道:"这一放虽有趣,只是不忍。"李纨道:"放风筝图的是这一乐,所以又说放晦气,你更该多放些,把你这病根儿都带了去就好了。"紫鹃笑道:"我们姑娘越发小气了。那一年不放几个子,今儿忽然又心疼了。姑娘不放,等我放。"说着便向雪雁手中接过一把西洋小银剪子来,齐䎍子根下寸丝不留,咯登一声铰断,笑道:"这一去把病根儿可都带了去了。"

——曹雪芹著无名氏续:《红楼梦》,人民文学出版社2008年第3版,第974-975页。

黛玉为什么不忍?她心里在想些什么呢?

3. 猜想宝玉,初识知己

(课件出示)

宝玉道:"可惜不知落在那里去了。若落在有人烟处,被小孩子得了还好;

若落在荒郊野外无人烟处，我替他寂寞。想起来把我这个放去，教他两个作伴儿罢。"于是也用剪子剪断，照先放去。

——曹雪芹著无名氏续：《红楼梦》，人民文学出版社2008年第3版，第975页。

宝玉说的跟谁想的几乎一模一样？为什么呢？

（五）纵览知己，走进红楼

1. 回读课文，再识知己

（课件出示）

黛玉笑道："那是顶线不好。拿去叫人换好了，就好放了。再取一个来放罢。"

黛玉这样说，你体会到了什么？

2. 拓展原著，纵览知己

黛玉是宝玉的知己，宝玉是黛玉的知己。在《红楼梦》中，这是一条贯穿始终的故事主线。

3. 借助影视，走进红楼

（课件播放：枉凝眉）

你有什么感受和体会？

板书设计

红楼春趣
（曹雪芹《红楼梦》）

掉风筝——拿风筝——放风筝

为"女儿"立传

叹"知己"无缘

课堂教学实录

一、变序学习，梳理读法

1. 聚焦注释，提取信息

师：（课前板书课题：红楼春趣）这节课，我们一起学习——

生：（齐读）红楼春趣

师：打开课文，找到底下的注释。（稍顿）看清楚第一行注释的请举手！

生：（举手示意）

师：对这篇课文，教材的编者专门加了这样一个注释——

（课件出示）

本文选自清代曹雪芹的《红楼梦》第七十回，题目为编者所加。

师：谁来读一读——

生：（指名朗读注释）

师：读得很清楚。孩子们，这个注释很简单，但是很重要。它告诉我们，第一，这篇课文的作者是谁——

生：（指名回答）曹雪芹

师：第二，这篇课文选自哪部中国古典名著——

生：（指名回答）《红楼梦》

师：第三，这篇课文选自《红楼梦》第几回？

生：（指名回答）第七十回

师：第四，这篇课文原来的题目叫不叫"红楼春趣"？

生：（指名回答）不是。它说题目为编者所加。

师：看得真仔细。这个题目确实是编者加上去的。好！现在，请拿起笔来，像王老师一样，将"曹雪芹""《红楼梦》"端端正正地写在课文题目的下方。（板书：曹雪芹《红楼梦》）

生：（书写上述信息）

2. 关注园地，梳理读法

师：好！既然《红楼春趣》选自《红楼梦》，而《红楼梦》属于中国古典名著。那么，中国古典名著该怎么读呢？我们这个单元的"交流平台"上，就有四位小伙伴向大家分享了一些很好的建议——

（课件出示）

可以联系上下文猜测语句的意思。如《猴王出世》中的"每受天真地秀，日精月华，感之既久，遂有灵通之意"，联系上文的"仙石"，我大致猜到这句话在讲仙石很有灵性。

遇到一些较难理解的语句，不用反复琢磨，如《红楼春趣》中的"剪子股儿、䉤子"等词语，只要知道是与风筝有关的物品就行了。

读《景阳冈》的时候，我借助资料对武松有了更多了解，也有了阅读古典名著的兴趣。

我结合看过的电影、电视剧，加深了对课文的理解，得到了更多阅读的乐趣。

师：谁来读一读第一位小伙伴的建议——

生：（指名朗读第一条阅读建议）

师：我们把这种读法叫作——

（课件出示）

联系课文，猜测意思。

生：（齐读）

师：第二位小伙伴的建议，谁来读一读——

生：（指名朗读第二条建议）

师：读得真好！这种方法我们也把它概括成八个字——

（课件出示）

难解语句，暂且放过。

生：（齐读）

师：在阅读中国古典名著的时候，这样的难词新词陌生词会经常遇到，你千万不要死抠。越死抠，读书就越没有味道。但是，你又不能完全不管，要大概知道它跟什么有关。这样的方法，就叫"难解语句"——

生：（齐读）暂且放过。

师：好，谁来读读第三位小伙伴的建议——

生：（指名朗读第三条建议）

师：是的，我想这种方法你们平时应该也在使用，是吧？我们把这种方法叫作——

（课件出示）

借助资料，扩大了解。

生：（齐读）

师：好，最后一位小伙伴的建议谁来读——

生：（指名朗读第四条建议）

师：读得非常清晰！我们把这种读法叫作——

（课件出示）

结合影视，加深理解。

生：（齐读）

师：这就是语文园地"交流平台"中跟你们一样的四位小伙伴给大家提供的建议——怎么读中国古典名著。那么，既然《红楼春趣》属于中国古典名著《红楼梦》的选文，所以，我们也可以用这些方法来阅读，是吧？

二、疏通文句，梳理情节

1. 读"掉风筝"，猜测词义

师：课前，大家已经预习了《红楼春趣》，是吧？（生应答）我想大家在预习《红楼春趣》的时候一定会有一种感觉，这篇选自中国古典名著《红楼梦》的选文，里面确实有不少难词新词陌生词。是不是？（生应答）好的，我们一起来捋一捋。故事一开头，讲一个不知道从哪儿飞过来的大蝴蝶风筝突然掉在潇湘馆外的竹梢上。（板书：掉风筝）当这个风筝掉下来之后，黛玉的丫头紫鹃想要拿来自己玩，结果，有两个人说话表示反对。是哪两个人呢？我们一起看——

（课件出示）

探春笑道："紫鹃也太小器，你们一般有的，这会子拾人走了的，也不嫌个忌讳？"黛玉笑道："可是呢。把咱们的拿出来，咱们也放放晦气。"

师：表示反对的，第一个是——

生：（齐答）探春。

师：第二个是——

生：（齐答）黛玉。

师：而这两位说的话中，就有难词新词陌生词。谁敢接受挑战读一读？

生：（指名朗读此句）

师：特别好！读得字正腔圆！你先别坐，还有更光荣的任务等着你呢。大家看，这里就集中了两个难词新词陌生词，你带着大家一起读——

生：（领读）忌讳

生：（齐读）忌讳。

生：（领读）晦气。

生：（齐读）晦气。

师：一遍不够，再来一遍。

生：（又一次领读、齐读新词）

师：事不过三，最后一遍。

生：（第三次领读、齐读新词）

师：猜一猜，探春口中的"忌讳"大概是什么意思？

生：就是探春觉得紫鹃把人家的风筝捡回来非常不合适。

师：用了一个明白如话的词，就是——

生：不合适。

师：还有不一样的理解吗？还有需要补充的吗？

生：我可以把它拆开来理解。"忌"就是不好的，"讳"就是不能做的，合起来就是某件事情是不好的，就一定不能去做。

师：解释得非常清楚。你说"忌"就是不好的，那么，联系黛玉说的话，这个"忌讳"指的就是——

生：晦气。

师：没错，就是晦气。如果继续联系接下去的内容，那么，这个晦气就是指黛玉身上的什么？

生：黛玉自己身上的病根儿。

师：是的，病根儿。孩子们，忌讳——晦气——病根儿，当我们把它们联系起来的时候，理解起来是不是容易多了？（生应答）现在我们知道了，放风筝就是放晦气，这是当时的一种习俗。既然放风筝就是放晦气，那拾了人家的风筝，不就等于拾了人家的——

生：（齐答）晦气。

师：所以，人家放过的风筝，能不能拿来自己再放？

生：（齐答）不能。

师：这就是探春口中的——

生：（齐答）忌讳。

师：读懂了这两个难词新词陌生词，我们也就读懂了探春和黛玉这两位反对紫鹃的理由。一起再来读一读——

生：（齐读）

2. 读"取风筝"，放过难词

师：既然人家放过的风筝不能再放，那就只能放谁的风筝？

生：（齐答）自己的。

师：自己的风筝又不在身边，于是，丫头们只能各自回去干什么？

生：（齐答）取风筝。

师：（板书：取风筝）。来看看丫头们取来风筝都做了些什么——

（课件出示）

丫头们搬高墩，捆剪子股儿，一面拨起籰子来。宝钗等立在院门前，命丫头们在院外敞地下放去。

师：看仔细了，这密密麻麻的都是难词新词陌生词。孩子们，来，自由、大声地读三遍，读得越快越好，争取把它读顺口。

生：（自由练读）

师：这里有四个新词，谁来读？

（课件出示）

丫头们搬**高墩**，捆**剪子股儿**，一面拨起**籰子**来。**宝钗**等立在院门前，命丫头们在院外**敞地**下放去。

生：（指名朗读新词）

师：很好！字正腔圆！完全有能力做老师，请你带着大家一起读——

生：（领读、齐读新词）

师：真好！但是呢，要读准这些新词还不算太难，借助拼音总是能读准的。更难的是这些陌生的词语——

（课件出示）

丫头们搬**高墩**，捆**剪子股儿**，一面拨起**籰子**来。宝钗等立在院门前，命丫头们在院外敞地下放去。

师：第一个，读——

生：（齐读）高墩。

师：第二个，读——

生：（齐读）剪子股儿

师：第三个，读——

生：（齐读）籰子。

师：这三个词儿，我估计各位平生是第一次见到。啥意思呢？要命的是，课文中居然没有任何注释；而且，也没有配上任何跟这些词儿有关的插图；更要命的是，联系上下文也根本没有办法猜出它们的具体意思。孩子们，碰到这样的难词新词陌生词，怎么办？

生：先暂且放下。

师：聪明！你说的，就是刚才小伙伴提出的一条建议，难解语句——

生：暂且放过。

师：是的，不要死抠，千万不要死抠，因为死抠没有用。但是，孩子，暂且放过又不是放任不管，我们应该大致知道这些词儿跟什么有关？

生：跟放风筝有关。

师：这就可以啦！明白吗？

生：（齐答）明白。

师：明白了，读好这句话就不难了。我们一起读——

生：（齐读）

3. 读"放风筝"，梳理情节

师：既然各家的风筝都拿来了，放风筝的物品也都准备齐全了，自然就要把它们放上去。（板书：放风筝）于是，这些小姐丫头们先把风筝放起来，放到半空中。最后，铰断风筝线，放走风筝。我们一起看——

（课件出示）

黛玉见风力紧了，过去将籰子一松，只听"豁喇喇"一阵响，登时线尽，风筝随风去了。

师：谁来读一读？

生：（指名朗读）

师：这句话中出现了一个拟声词，请你读——

生：（朗读）豁喇喇。

师：我们一起读——

生：（齐读）豁喇喇。

师：快点读——

生：（齐读）豁喇喇。

师：再快点——

生：（齐读）豁喇喇。

师：更快点——

生：（齐读）豁喇喇。

师：谁发出的声音？

生：应该是风筝。

师：错！

生：应该是风。

师：错！

师：看仔细啊！

生：籰子发出的声音。

师：对啊！你看，"将籰子一松，只听'豁喇喇'一阵响，登时线尽"。这是籰子转动的声音啊！当籰子发出豁喇喇一阵响的时候，风筝就已经——

生：随风去了。

师：是的！我们一起来读一读放风筝的这一句——

生：（齐读）

师：刚才，我们用"猜测""放过"等方法，基本理解了这些难词新词陌生词。（指着板书）其实，在理解过程中，我们也大致理清了这篇文章的什么？

生：线索。

生：主要内容。

生：故事情节。

生：顺序。

师：没错！《红楼春趣》一开始写的是——

生：（齐读）掉风筝。

师：这是故事的——

生：（齐答）起因。

师：接着写的是——

生：（齐读）取风筝。

师：这是故事的——

生：（齐答）经过。

师：最后写的是——

生：（齐读）放风筝。

师：这是故事的——

生：（齐答）结果。

师：也是高潮，故事就是在高潮中戛然而止。

三、聚焦人物，把握性格

1. 通览全文，聚焦宝玉

师：当然，咱们读中国古典名著的选文，光梳理这些难词新词陌生词是不够的，光梳理它的故事情节、写作顺序也是不够的。根据你以前的阅读经验，更应该关注的是什么？

生：是感悟。

师：感悟？感悟什么呢？除了难词新词陌生词，除了故事情节、写作顺序，更应该感悟的、更应该关注的是什么呢？

生：人物形象。

师：再说一遍——

生：人物形象。

师：他有经验。是的，读中国古典名著的选文，最应该关注、最应该感悟的就是——

生：（齐答）人物形象。

师：《红楼春趣》就写了各色各样的人物，有名有姓的就有一大串，来！

不看书，凭记忆，说一个——

生：林黛玉。

师：第二个——

生：贾宝玉。

师：第三个——

生：薛宝钗。

师：第四个——

生：紫鹃。

师：紫鹃，谁的丫头？

生：黛玉的丫头。

师：第五个——

生：贾探春。

师：第六个——

生：翠墨。

师：谁的丫头？

生：贾宝玉的丫头。

师：不对，探春的丫头。好，不说了，我知道还有很多。短短的一篇《红楼春趣》，出现了这么多的人物。但是，孩子们，你们有没有注意到，在这么多的人物中，曹雪芹用的笔墨最多、写得最详细的是哪位人物？（生纷纷举手）一起说——

生：（齐答）贾宝玉。

师：是的，贾宝玉。一起看学习任务——

（课件出示）

（1）画一画：默读课文，画出文中所有写宝玉的语句；

（2）想一想：宝玉的这些表现给你留下了什么印象；

（3）写一写：在写宝玉的空白处写上自己的批注。

师：我请一位同学来读一读"学习任务"——

生：（指名朗读）

师：好！听明白的举手——（生纷纷举手）现在开始！

生：（默读思考，师巡视学情）

师：（边巡视边先后插话：已经有人开始写批注了；有人的批注是一个词语，想得很清楚；有人写了一句话，想得比较多；有人在同一个地方写的是两个词语，说明他从不同的角度作了思考；有人居然已经在课文的后面写下了批注，又快又好……）

2. 品读语言，感受性格

师：好！把笔都放下！立刻！马上！赶紧！迅速！我们知道，文中写宝玉的主要集中在三个地方。我们先来看看第一处文字，当一个不知从哪儿掉下来的大蝴蝶风筝挂在潇湘馆外的竹梢上时，宝玉的第一反应是——

（课件出示）

宝玉笑道："我认得这风筝，这是大老爷那院里嫣红姑娘放的。拿下来给他送过去罢。"

师：谁来读一读？

生：（指名朗读）

师：这一处主要写的是宝玉的语言。谁在这里写了批注？

生：从这里可以看出，宝玉是一个善良、平和的人。

师：第一是"善良"，第二是"平和"，请说理由——

生：贾宝玉是一个贵公子，却说要把丫头的风筝送回去。所以，我觉得他是一个善良的人。

师：好，这是他的批注。那么，除了善良，除了平和，还有没有不一样的批注？

生：我在这里的批注是宝玉非常单纯。

师：一个词，单纯。为什么这么说？

生：因为宝玉说这是嫣红姑娘的，拿下来给她送过去，他并没有想到送过去就是送晦气，所以我觉得宝玉非常单纯。

师：真好！说得有理有据。咱们不妨顺着她的思路继续想开去，大家想一想，一个偌大的荣国府，里里外外得有多少个丫头呀！多的不说，少说也有上百个吧。一个丫头如果只玩一个风筝，少说也有上百个风筝吧。上百个丫头玩上百个风筝，能一一对上号吗？

生：（齐答）不能。

师：当然不可能啊！可是你看咱们的宝玉，想都没想，就笑道——

生：（指名朗读宝玉的话）

师：问题还有，正如紫鹃说的那样，难道天下就没有长得一模一样的风筝？凭什么就说这一定是嫣红姑娘的风筝？风筝上写了嫣红的名字吗？

生：（齐答）没有。

师：当然不会有啊！可是你看咱们的宝玉，想都没想，就笑道——

生：（指名朗读宝玉的话）

师：你说，这是一个怎样的宝玉？

生：我觉得他有一点点任性。

生：我觉得宝玉非常直率。

师：是的，没过脑子就脱口而出，非常直率。其实，还有比直率更准确的一个词儿——率真。直率，天真，合起来就是——

生：（齐答）率真。

师：也只有率真的人、单纯的人、善良的人，才会说出这样的话来。我们一起读——

生：（齐读）

3. 品读神情，体会性格

师：这是第一处，我们再来看第二处。宝玉几次三番打发丫头回怡红院拿风筝，结果呢，第一次想要的大鱼风筝被谁放走了？

生：被晴雯放走了。

师：第二次想要的大螃蟹风筝被谁送给了三爷？

生：袭人。

师：是的，最后拿来的是林大娘送来的风筝，来看看宝玉的反应——

（课件出示）

宝玉细看了一回，只见这美人做的十分精致，心中欢喜，便叫："放起来！"

师：谁来读一读？

生：（指名朗读）

师：真好！"放起来"三个字读得特别棒！这一处主要写的是宝玉的神情。谁在这里写了批注？

生：我写的批注是"稚嫩"。因为，这样的语气只有小孩子才说得出来。

生：我写的是"怜香惜玉"，因为宝玉一看到美人风筝就非常欢喜。

师：你特别强调这风筝的模样是个——

生：美人。

师：所以，你想说宝玉真正喜欢的就是这个——

生：美人。

师：所以，你才会写下这个批注——

生：怜香惜玉。

师：怜香的"香"，惜玉的"玉"，指的就是——

生：美人。

师：真好！我们就顺着他的"怜香惜玉"继续想开去。大家想一想，自己要放的风筝，不是被这个丫头给放了，就是被那个丫头送人了，而且事先都没有跟他打声招呼，征得他的同意。如果换了别的公子哥，会是什么反应？

生：肯定会非常生气。

师：用一个成语来形容非常生气——

生：破口大骂。

生：火冒三丈。

生：大发雷霆。

师：够了，够了。这是一般的公子哥最最常见的脾气，《红楼梦》里有的是这样的公子哥。但是，宝玉呢，破口大骂了吗？（生应答：没有）火冒三丈了吗？（生应答：没有）大发雷霆了吗？（生应答：没有）宝玉的表现居然是——

生：（齐读此句）

师：这才叫怜香惜玉，对晴雯，对袭人，对那些丫头们，宝玉就是这样。除了怜香惜玉，你还想到了哪些词语？

生：尊重他人。

生：宽容大度。

生：对人平等，没有公子哥的架子。

师：当然，你们讲的这些意思其实都已经包含在"怜香惜玉"这个词中了。那么，宝玉为什么会如此这般的怜香惜玉呢？这是有原因的，《红楼梦》第二回就写了其中的原因。宝玉曾经这样说过——

（课件出示）

女儿是水作的骨肉，男人是泥作的骨肉。我见了女儿，我便清爽；见了男子，便觉浊臭逼人。

——出自《红楼梦》第二回

师：谁来读一读？

生：（指名朗读）

师：这就是宝玉说的话，他打小就是这么说的。有孩子在偷偷地笑，笑得有点猥琐哟。（众笑）

师：其实，你一旦知道宝玉说这番话的背景，你就不会笑了。你不但不会笑，你还可能会肃然起敬。孩子们，宝玉口中的"女儿"，可不是你现在理解的"女儿"。（板书"女儿"）孩子们，这里的"女儿"，指的是那些"青春少女"。宝玉生活的那个时代，这些青春少女是被人瞧不起的，社会地位是很低很低的。但是，宝玉却不管不顾，离经叛道，他说，"女儿是水作的骨肉"——

生:(接读)男人是泥作的骨肉。

师:我见了女儿——

生:(接读)我便清爽。

师:见了男子——

生:(接读)便觉浊臭逼人。

师:宝玉不仅是这样说的,更是这样做的。你们看,别说是对真正的女儿,对嫣红、晴雯、袭人,他都那么体贴、那么宽容、那么怜惜,即便是一个做成女儿模样的风筝,他的表现也是——

(课件出示)

宝玉细看了一回,只见这美人做的十分精致,心中欢喜,便叫:"放起来!"

生:(齐读此句)

4. 品读动作,把握性格

师:可惜,这个美人风筝并没有放起来。我们来看看这个时候宝玉的反应——

(课件出示)

宝玉说丫头们不会放,自己放了半天,只起房高,就落下来,急的头上的汗都出来了。众人都笑他,他便恨的摔在地下,指着风筝说道:"要不是个美人儿,我一顿脚跺个稀烂!"

师:谁来读一读?

生:(指名朗读)

师:这里写了宝玉的一连串动作,我们来看看——

(课件出示)

宝玉说丫头们不会放,自己放了半天,只起房高,就落下来,急的头上的汗都出来了。众人都笑他,他便恨的摔在地下,指着风筝说道:"要不是个美人儿,我一顿脚跺个稀烂!"

师:见丫头们放不起来,宝玉先是——

生：（齐答）说。

师：是"说"，不是"骂"。接着是——

生：（齐答）放。

师：但是，放了半天，也没有放起来，明摆着自己打脸了。于是他就——

生：（齐答）摔。

师：还——

生：（齐答）指。

师：最后又是——

生：（齐答）说。

师：不是"骂"，是"说"。这是宝玉。大家想一想，如果这个时候放不起来的是大鱼风筝，你猜宝玉极有可能怎么做？

生：会把那个大鱼风筝跺个稀烂。

师：是的，让我脸面扫地，不拿你出气还能拿谁出气？大家再猜想一下，如果放不起来的是大螃蟹风筝，宝玉极有可能怎么做？

生：也是一顿脚跺个稀烂。

师：但是现在，放不起来的是美人风筝，宝玉顿脚了吗？

生：（齐答）没有。

师：宝玉把它跺烂了吗？

生：（齐答）没有。

师：为什么？

生：因为他是一个怜香惜玉的人。

师：怜的香、惜的玉，就是谁？

生：美人风筝。

师：在宝玉心中，这只是一个风筝吗？

生：不是的，是美人。

师：美人这个词有点俗了。现在你知道有一个清爽、高贵的词，孩子们，这个词就是——

生：（齐答）女儿。

师：这就是宝玉。宁可让自己恼，宁可让自己羞，也不愿把所有的怒气都发泄到美人风筝上，准确地说，发泄到"女儿"身上。事实上，在《红楼春趣》中，除了宝玉，写的都是这样的"女儿"，比如——

生：紫鹃。

师：比如——

生：探春。

师：比如——

生：林黛玉。

师：比如——

生：薛宝钗。

师：比如——

生：宝琴。

师：比如——

生：翠墨。

师：当然，还有更多无名无姓的小姐们、丫头们。孩子们，曹雪芹写《红楼梦》，就是要为这些"女儿"立传啊！（板书：为"女儿"立传）

四、置换版本，初识知己

1. 借助资料，了解版本

师：在预习的时候，有很多同学发现，自己读到的《红楼梦》第七十回，跟课文中的《红楼春趣》有很大不同。是吧？

生：（自由应答）

师：那么，到底是什么原因呢？老师给大家找来了一段资料，这段资料是我千挑万选才找出来的，这段资料对大家阅读《红楼梦》非常重要，这段资料一般的语文老师一般是不会想到的。想不想看这段资料？

生：（齐答）想。

师：一起看！仔细看！——

（课件出示）

《红楼梦》的前八十回，是曹雪芹的原著，问世后以手抄本的形式流传；《红楼梦》的后半部分，由于某种原因已经失传。现在看到的《红楼梦》后四十回，是由无名氏续作，由程伟元、高鹗整理而成的。

因此，《红楼梦》就有两个版本系统。一个叫"脂本"系统，就是根据曹雪芹原著的前八十回，保留脂砚斋评语的各种《红楼梦》版本；一个叫"程本"系统，就是加上无名氏续作的后四十回，由程伟元、高鹗整理而成的各种《红楼梦》版本。

生：（默读资料）

师：能大致读懂这段资料的请举手——

生：（纷纷举手）

师：太好了！读过资料，我们知道，其实《红楼梦》有两个不同的版本系统，一个叫——

生：（齐答）脂本。

师：一个叫——

生：（齐答）程本。

师：根据资料，更接近曹雪芹原著的是——

生：（齐答）脂本。

师：根据红学家的研究，思想性和艺术性更高的也是——

生：（齐答）脂本。

师：很多同学反映，自己读的《红楼梦》跟课文有很大不同。恭喜你们，你们读的就是脂本。很遗憾，课文《红楼春趣》却选自程本。

2. 聚焦黛玉，体会"不忍"

师：那么，同样是写放风筝，脂本跟程本有哪些不一样呢？大家还记得吗，在《红楼春趣》中，第一个提议放风筝的人是谁？

生：林黛玉。

师：第一个把风筝放走的人是谁？

生：也是林黛玉。

师：但这是程本写的，脂本不是这样写的。我们边看边听——

（课件出示并播放音频）

黛玉听说，用手帕垫着手，顿了一顿，果然风紧力大，接过籰子来，随着风筝的势将籰子一松，只听一阵豁喇喇响，登时籰子线尽。黛玉因让众人来放。众人都笑道："各人都有，你先请罢。"黛玉笑道："这一放虽有趣，只是不忍。"李纨道："放风筝图的是这一乐，所以又说放晦气，你更该多放些，把你这病根儿都带了去就好了。"紫鹃笑道："我们姑娘越发小气了。那一年不放几个子，今儿忽然又心疼了。姑娘不放，等我放。"说着便向雪雁手中接过一把西洋小银剪子来，齐籰子根下寸丝不留，咯登一声铰断，笑道："这一去把病根儿可都带了去了。"

——曹雪芹著无名氏续：《红楼梦》，人民文学出版社2008年第3版，第974—975页。

师：听到没，第一个把风筝放走的人是谁？

生：（齐答）紫鹃。

师：这就怪了！放风筝不就是放晦气吗？放风筝不就是图这一乐吗？黛玉为什么不放？我们一起来读一读黛玉说的话——

（课件凸显黛玉的话）

生：（齐读）这一放虽有趣，只是不忍。

师：黛玉为什么会这样说呢？孩子们，对黛玉你们应该有所了解吧，你们知道的黛玉是怎样的？

生：她从小就体弱多病。

生：黛玉容易伤感，比如葬花什么的。

生：她总是哭哭啼啼的，还自叹命薄。

生：我对黛玉的了解有两点，第一点就是她很小就失去了母亲，后来又失去了父亲。

师：对，父母双亡，孤苦伶仃。第二点呢？

生：第二点就是她非常敏感，老是爱东想西想的。

师：你说得没错。孩子们，黛玉孤苦伶仃，黛玉体弱多病，黛玉多愁善感，黛玉心思细腻。正是这样的黛玉，才会说出这样的话来——

生：（齐读）这一放虽有趣，只是不忍。

师：当黛玉这样说的时候，她的心里究竟是怎么想的呢？

（课件出示并播放背景音乐）

看着在空中飘飘飖飖的美人风筝，黛玉心想：_____

_____

师：孩子们，走进黛玉的内心，用心倾听黛玉的心声。想到风筝一旦被放走，它可能会——？它可能会——？它还可能会——？把你听到的心声写下来。

生：（想象写话，师巡视中给优秀作业打五角星）

师：好，孩子们把笔放下，立刻！马上！赶紧！迅速！不管你写没写完，不管你写多写少，这些都不重要；重要的是，在你提笔写话的时候，你不再是你，你是谁？

生：（齐答）林黛玉。

师：来！请五位打了星号的"林黛玉"起立。（五位学生起立）咱们一起来听一听，看着在空中飘飘飖飖的美人风筝，黛玉心想——

生1：哎！多可惜啊！好好的一个风筝，如今却要被放走了。像我一样，孤苦伶仃，漂泊天涯，无依无靠，不知去向，什么时候这样迷茫的日子才能结束啊？

师：好一个敏感的黛玉。她由这个风筝看见的是她自己，无依无靠，漂泊天涯。于是，她才心有不忍。

生2：这风筝一旦放上天去，又孤单，又无趣，拖一段残尾，忍着痛，在风雨，在赤日，只身远去。也许落入他人之家，被烧了去；也许寄人篱下，被捡了去；也许落在荒郊野外，破烂不堪。这一去，就再也回不来了，和我一样无依无靠啊。

师：好一个多愁善感的黛玉。三个"也许"的想象，没有一个是好的结局。于是，她才心有不忍。

生3：多美的风筝，飘飘然似仙人。只是这一去，恐怕难以再回了。仙人已乘黄鹤去，此地空余黄鹤楼。这一去，连个黄鹤楼都不曾留下。教我如何不想它呢？

师：好一个重情重义的黛玉。风筝是仙人，仙人一去，徒留寂寞和孤独。于是，她才心有不忍。

生4：哎，好端端的一个美人风筝，就这样被放走了，可惜呀，这也许就是我们这些女儿的命运吧？这些可怜又可爱的女儿们，想被放走就放走，一点自由都没有，太可怜了，太无奈了。

师：好一个悲天悯人的黛玉。原来，在她眼里，这些风筝的命运就是这些女儿的命运啊。于是，她才心有不忍。

生5：风筝如果被放走了，不知会飘到哪里去？这也许就是我，一个孤苦伶仃的女儿，被这人世的命运放走，在那遥远的空中，只有女儿一人，孤单和寂寞从四周袭来，还有谁能理解我这般孤独的心境呢？

师：好一个孤独无助的黛玉。不知不觉中，她成了这个风筝，风筝成了她。她们同病相怜，惺惺相惜。于是，她才心有不忍。孩子们，想到这些，黛玉才会这样说——

（课件出示）

这一放虽有趣，只是不忍。

生：（齐读此句）

3. 猜想宝玉，初识知己

师：那么，听到黛玉这样说，在她身边的宝玉可能会有什么反应、什么表现呢？我们的课文《红楼春趣》，也就是程本《红楼梦》，并没有写宝玉如何反应。但是，脂本《红楼梦》却有写到。我们边看边听——

（课件出示并播放音频）

宝玉道："可惜不知落在那里去了。若落在有人烟处，被小孩子得了还好；若落在荒郊野外无人烟处，我替他寂寞。想起来把我这个放去，教他两个作伴儿罢。"于是也用剪子剪断，照先放去。

——曹雪芹著无名氏续：《红楼梦》，人民文学出版社2008年第3版，第975页。

师：宝玉说的跟谁想的几乎一模一样？

生：（齐答）黛玉。

师：宝玉说"我替他寂寞"，其实，宝玉是在替谁寂寞？

生：（齐答）黛玉。

师：宝玉放走自己的风筝去作伴，其实，宝玉是在替谁作伴？

生：（齐答）黛玉。

师：由此可见，宝玉懂谁？

生：林黛玉。

师：宝玉懂林黛玉的什么？

生：林黛玉的心。

师：一个人懂另一个人的心，那么，这个人就是另一个人的——

生：知音。

生：红颜知己。（众笑）

师：去掉"红颜"，留下——

生：（齐答）知己。

师：没错，知己。（板书：知己）

五、纵览知己，初识红楼

1. 回读课文，再识知己

师：马上就有同学问了，宝玉是黛玉的知己，那么黛玉是不是宝玉的知己呢？请大家快速浏览课文，看看文中有没有什么地方也可以看出这一点。

生：（浏览课文）

师：真快！马上有同学找到证据了——

生：（朗读）黛玉笑道："那是顶线不好。拿去叫人换好了，就好放了。再取一个来放罢。"

师：还有谁也找到了这一处？

生：（纷纷举手）

师：我们一起来读一读，当宝玉的风筝放不上去，所有人都在嘲笑宝玉的时候，你听，黛玉笑道——

（课件出示）

黛玉笑道："那是顶线不好。拿去叫人换好了，就好放了。再取一个来放罢。"

生：（齐读）

师：当所有人都在嘲笑宝玉的时候，黛玉却说，"那是顶线不好"，这是在——

生：替宝玉解围。

师：没错。当所有人都在嘲笑宝玉的时候，黛玉却说，"拿去叫人换好了"，这是在——

生：安慰宝玉。

师：是的，宝玉太需要安慰了。当所有人都在嘲笑宝玉的时候，黛玉却说，"再取一个来放罢"，这是在——

生：替宝玉想办法。

师：孩子们，旁边还有宝钗呢，宝钗会这样说吗？

生：（齐答）不会。

师：旁边还有探春呢，探春会这样说吗？

生：（齐答）不会。

师：旁边还有宝琴呢，宝琴会这样说吗？

生：（齐答）不会。

师：只有黛玉才会这样说，因为，黛玉懂谁？

生：黛玉懂宝玉。

师：黛玉懂宝玉的什么？

生：黛玉懂宝玉的心。

师：一句话，黛玉同样是宝玉的——

生：（齐答）知己。

2. 拓展原著，纵览知己

师：孩子们，黛玉是宝玉的知己，宝玉是黛玉的知己。在《红楼梦》中，这是一条线，长长的线，贯穿始终。比如，《红楼梦》第三回，写黛玉辞父进京、投靠贾府。黛玉在贾府第一眼见到宝玉，我们来看看她的反应——

（课件出示）

黛玉一见，便吃一大惊，心下想到："好生奇怪，倒像在那里见过一般，何等眼熟到此！"

——曹雪芹著无名氏续：《红楼梦》，人民文学出版社2008年第3版，第48页。

生：（指名朗读此句）

师：听听，听听，黛玉见过宝玉吗？没有啊，是第一次啊！但是，她的感觉竟然是：好生——

生：（接读）奇怪。

师：倒像在哪里——

生：（接读）见过一般。

师：何等——

生：（接读）眼熟到此。

师：这是一种多么奇妙的体验啊！那么，宝玉见到黛玉第一眼的反应又是如何呢——

（课件出示）

宝玉看罢，因笑道："这个妹妹我曾见过的。"

——曹雪芹著无名氏续:《红楼梦》,人民文学出版社2008年第3版,第49页。

生:(指名朗读此句)

师:他何曾见过?但是,宝玉的感觉几乎跟谁一模一样?

生:(齐答)林黛玉。

师:原来,知己从知面开始;原来,知面就在第一印象;原来,第一印象不是陌生,而是熟悉。原来,宝玉和黛玉就是天生的一对——

生:(齐读)知己。

师:当然,知己不仅仅是知面,我们来看看《红楼梦》第三十二回。这一回写史湘云劝宝玉做两件事,第一件,多去会会那些当官的;第二件,多去读读那些考科举的书。结果,宝玉当场翻脸,转身就走。这时,袭人出来打圆场,说上回宝钗也这样劝过宝玉,结果宝玉也是扭头就走。这要是碰上林黛玉这样说,还不知闹到什么地步呢?你听,宝玉怎么回——

(课件出示)

宝玉道:"林姑娘从来说过这些混账话不曾?若他也说过这些混账话,我早和他生分了。"

——曹雪芹著无名氏续:《红楼梦》,人民文学出版社2008年第3版,第432页。

生:(指名朗读)

师:孩子们,从宝玉的回答中我们得知,多去会会那些当官的,黛玉说过吗?

生:(齐答)没有。

师:多去读读那些考科举的书,黛玉说过吗?

生:(齐答)没有。

师:为什么?黛玉为什么不说这些混账话?

生:因为黛玉是宝玉的知己。

生:因为黛玉知道宝玉不喜欢当官,不喜欢考科举。

师：这才是真正的知己。因为黛玉知道，宝玉的人生志向不在这里；就像宝玉知道，黛玉的人生志向也不在这里。原来，知己就是知志啊！宝玉和黛玉，就是这样一对知志的——

生：（齐答）知己。

师：我们再来看，就在《红楼梦》的第七十回，也就是我们的课文《红楼春趣》所在的这一回，写了这样一个情节：春风送暖，桃花盛开，而花瓣却在风中飘零。黛玉触景伤情，写了一首长诗——《桃花行》。诗很长，我选了最后的八句——

（课件出示）

若将人泪比桃花，泪自长流花自媚。

泪眼观花泪易干，泪干春尽花憔悴。

憔悴花遮憔悴人，花飞人倦易黄昏。

一声杜宇春归尽，寂寞帘栊空月痕！

——曹雪芹著无名氏续：《红楼梦》，人民文学出版社2008年第3版，第967页。

师：咱们一起来读一读。若将人泪比桃花——

生：（齐读）泪自长流花自媚。

师：泪眼观花泪易干——

生：（齐读）泪干春尽花憔悴。

师：憔悴花遮憔悴人——

生：（齐读）花飞人倦易黄昏。

师：一声杜宇春归尽——

生：（齐读）寂寞帘栊空月痕！

师：诗写得非常凄楚、非常哀伤。但是，没有人告诉宝玉，这首诗是黛玉写的。我们来看看宝玉读到这首诗的反应——

（课件出示）

宝玉看了并不称赞，却滚下泪来。便知出自黛玉，因此落下泪来，又怕众人看见，又忙自己擦了。

——曹雪芹著无名氏续：《红楼梦》，人民文学出版社2008年第3版，第967页。

生：（指名朗读此句）

师：宝玉哭了。孩子们，宝玉为什么哭？

生：因为宝玉知道，桃花就是黛玉，所以他哭了。

师：一语中的啊！宝玉知道，桃花的憔悴就是谁的憔悴？

生：就是黛玉的憔悴。

师：桃花的飘零就是谁的飘零？

生：就是黛玉的飘零。

师：桃花的凋谢就是谁的凋谢？

生：黛玉的凋谢。

师：想到这些，宝玉能不哭吗？黛玉的寂寞，宝玉——

生：（齐答）知道。

师：黛玉的伤感，宝玉——

生：（齐答）知道。

师：黛玉的忧愁和哀怨，宝玉——

生：（齐答）知道。

师：原来，知己就是知心啊！宝玉和黛玉，就是这样一对知心的——

生：（齐答）知己。

3. 借助影视，走进红楼

师：可惜，黛玉死了！

（课件播放：枉凝眉）

生：（观看视频）

师：（板书：叹"知己"无缘）

（最后形成如下板书）

红楼春趣

（曹雪芹《红楼梦》）

掉风筝——拿风筝——放风筝

为"女儿"立传

叹"知己"无缘

师：好，孩子们，《红楼春趣》读到这里，你们有什么问题？我想，你们一定会有问题。

生：为什么贾宝玉和林黛玉最后会分开？

生：就像刚才歌里面唱的，他们俩不能说有奇缘，也不能说没奇缘，那么，到底是有奇缘还是没奇缘呢？

师：问得真好！问得真好！

生：为什么贾宝玉和林黛玉会成为知己呢？

师：我们还可以追问，为什么贾宝玉和薛宝钗不是知己？为什么贾宝玉和史湘云不是知己？

生：他们俩明明是知己，为什么最后却不能在一起？刚才读到中间，以为他们会在一起。但是到了结尾，他们却没有在一起。感到很失望。

师：我也很失望啊！但是，这就是《红楼梦》。孩子们，你们的问题，也是很多人读《红楼梦》时产生的问题。如果，你真想解决自己提出的问题。那么，方法只有一个，道路只有一条。那就是——

（课件呈现：《红楼梦》著作图片）

师：拜托！恳请！一定！读一读原著——

生：（齐答）《红楼梦》。

师：最好！恳请！一定！读一读脂本——

生：（齐答）《红楼梦》。

名师点评

课即斯人王崧舟

原集美大学、现厦门市东海职业技术学院 施茂枝

2021年6月在洛阳举办的"支玉恒语文教育思想研讨会暨名家名师课例展示活动"中,全国著名特级教师、杭州师范大学教授王崧舟执教《红楼春趣》,一如既往地赢得如潮好评。本人有幸在现场先睹为快,现再次品读课堂实录,又有新体会和新领悟,以下三句话大致可以概括所感。

王崧舟就是王崧舟

说王崧舟就是王崧舟,是指王老师具有超凡的专业素养、强大的专业自信和过硬的课程领导力,不愧为中国语文教师登上央视品牌栏目《百家讲坛》的第一人,不愧为中国当代小语界呼风唤雨的领军人物。

整堂课精彩纷呈,让人惊艳,出人意料,耐人寻味。现举其三。

第一,导入新课后,王老师让学生看注释第一行,从中提取出四条信息:一是作者曹雪芹,二是课文选自《红楼梦》,三是选自《红楼梦》第七十回,四是课文的题目为编者所加。然后让学生将"曹雪芹"和"《红楼梦》"端端正正地写在课文题目下方。看似寻常,实则用心,其意分明在告诉学生今天要学的不仅是《红楼春趣》,更是曹雪芹的《红楼梦》。

第二,在"聚焦人物,把握性格"环节中,王老师引导学生分别从语言、神情、动作三个方面感悟贾宝玉的人物形象，并就其"怜香惜玉"追问：宝玉为什么会如此这般地怜香惜玉呢？随即补充原著第二回的句子："女儿是水作的骨肉，男人是泥作的骨肉。我见了女儿，我便清爽；见了男子，便觉浊臭逼人。"引导品读，让学生悟出曹雪芹写《红楼梦》的意图之一：为"女儿"立传。

第三，在"置换版本，初识知己"环节中，王老师补充资料简介《红楼梦》的版本知识后，以"脂本"代"程本"，通过"聚焦黛玉，体会'不忍'""猜想宝玉，初识知己"两个步骤引导学生细致品读，让学生悟出《红楼梦》另一重要写作意图：叹"知己"无缘。

《红楼春趣》题目为编者所加，习惯于严格按照编者意图教学的一众教师，不约而同地被"趣"所吸引，有意无意地把目光投射于"趣"，教学时或以"趣"入手，或以"趣"为主线，引导学生寻幽探微，沙里淘金，硬是从字里行间生拉硬拽出种种"趣味"和"乐子"来，如"拿风筝之乐、捡风筝之乐、摔风筝之乐、放风筝之乐"之类。而王老师的教学全然不同于此，他的教学设计题为《"红楼"不只是"春趣"——＜红楼春趣＞教学设计》，对此，读者不免心生好奇："春趣"之外是什么？王老师教学实录以《为女儿立传叹知己无缘——＜红楼春趣＞课堂实录与品读》为题，揭晓了答案。两个标题一呼一应，清楚显示其对课文高屋建瓴地把握和定位。王老师的设计理念和意图是：其一，"立足课程，超越课程。""作为古典名著《红楼梦》进入小学语文课程的第一课，《红楼春趣》同时还承载着开启'红楼'之窗、亲近'红楼'之书的重要使命。故此，教学既要立足课程，扎实践履语文要素；又要超越课程，积极启动名著阅读之旅。"其二，"初识红楼，期待红楼"。"以此为导读契机，可以让学生对人物的命运产生期待、对诗意的人生产生向往、对名著的价值产生思考。"基于这样的理念和意图，王老师制定的核心目标是：在了解《红楼春趣》故事情节、感受《红楼春趣》主要人物形象的基础上，借助原著、影视等相关资料，加深对《红楼梦》的整体印象，引发进一步阅读《红楼梦》的兴趣和期待。可见，王老师既是教学生读从《红楼梦》中节选的《红楼春趣》，更是指导学生阅读整部《红楼梦》。

王老师站位如此之高，实非常人所能企及和望其项背。这是因为——

王老师具有超群的语文素养，或曰具有作为我国小语界领军人物的深厚底蕴。王老师认为，底蕴是靠书堆起来的！他读书有为己读书、天天读书与随性读书的"三观"，因而手不释卷，博览群书。书垫起他脚下的高度，为他源源不断地赋能。具体到本课，整部《红楼梦》王老师成竹在胸，纷繁的情节、各色大小人物可信手拈来。不同版本的差异、优劣烂熟于心。"满纸荒唐言，一把辛酸泪！都云作者痴，谁解其中味？"对深不可测、众说纷纭的"其中味"王老师有着独到而深刻的解读："为女儿立传、叹知己无缘。"无此深厚学养托底，就不会有呈现于前的独到教学设计和课堂上令人惊叹的精彩。

王老师具有课程建设者的自我定位。他自觉地把自己定位于课程建设者而不仅是执行者，以自己对语文课程的理解为前瞻，对语文教育意义的认识为信念，以自己的学养为根基，以教材编者对话者的姿态解读和处理教材，于是才有这样整体的教学思路：以《红楼春趣》为《红楼梦》的窗口，以《红楼春趣》的教学为阅读整部《红楼梦》的指导课，即着手于《红楼春趣》，着眼于《红楼梦》。他积极开发课程资源，尊重教材而不囿于教材，大胆地将"脂本"的文字替换选自"程本"的课文关键部分。如此等等，无不显示王老师作为课程建设者的自主性和创造性，具有强大的课程领导力。

正是超越众人的底蕴和课程建设者的自我定位，成就了在小语优秀课例长廊里专属于王崧舟并值得我们久久品味的"这一课"。

王崧舟不是王崧舟

说王崧舟不是王崧舟，是指王老师的《红楼春趣》课堂，弱化了人们熟悉的王氏诗意语文"招牌式"的实招和技巧，在师生交往过程中，保有常态教学的诸多特点。那么，王氏诗意语文"招牌式"的外显的实招和技巧为何呢？请看：

师：谁再来读读《长相思》？在这里，没有鸟语花香，没有亲人的絮絮关切，这里只有——

生1：（朗读）山一程，水一程，身向榆关那畔行，夜深千帐灯。风一更，雪一更，聒碎乡心梦不成，故园无此声。

师：在这里，没有皎洁的月光，没有在皎洁月光下和妻子相偎在一起的那一份温暖，那一份的幸福，这里只有——

生2：（朗读）……

师：你是在用自己的心读啊！在这里，没有郊外的踏青，没有牧童的短笛，没有跟孩子们在一起的天伦之乐。这里只有——我们一起读。

生：（齐读）……

教学语言高度雅化。多用诸如"鸟语花香、絮絮关切、皎洁、依偎"等书面词语。相同语段里反复使用"在这里，没有……，没有……，这里只有……"等相同、相近的句型、句式，以营造和谐节奏和韵律，更营造回环反复之美，收一唱三叹之效。这些都是诗意语文看得见的"实招"和"技巧"，让课堂弥漫着诗性和情味，充满感染力量，一时风光无限，风靡大江南北。在年轻教师的公开课和比赛课上，常见这些手段被大量运用，足见其不可抗拒的魅力。

这些艺术化的语言，其价值追求是审美。而在《红楼春趣》教学中，教学语言已经淡化了审美性而突出实用性：或下达任务，如："打开课文，找到底下的注释。（稍顿）看清楚第一行注释的请举手！"或引发思考，如："而且事先都没有跟他打声招呼，征得他的同意。如果换了别的公子哥，会是什么反应？"或点拨方法，如："根据你以前的阅读经验，更应该关注的是什么？"或做出评价，如："看得真仔细！""读得真好！"词汇口语化，多为规范而平实的日常语言，显著地减少充满感染力的诗性语言，这让王老师的课堂样态呈现出更多烟火气，从而也更为"亲民"。

此外，王老师的《红楼春趣》教学内容的确定不仅基于其教学价值，也基于学情。在教学设计理念中，他写道："一则，放风筝这一情节本身是儿童喜闻乐见、亲身经历的生活趣事；二则，红楼故事借助绘本图书、影视传媒等，早已沁入国人生活，儿童对此也多有耳闻熏染……教学不能就此徘徊","在儿童阅读心理的最近发展区，提供适宜的支架，促成儿童对红楼人物、红楼情节的深入感悟，当是教师义不容辞的责任与担当。"同时还注重学习方法的点拨，如"疏通文句，梳理情节"中指导学生理解或意会"新词难词"的方法。

上述种种，让王老师的课洗尽铅华，返璞归真。关注学情，授之以渔，将学生推向课堂前台，更贴近了教学本质。

王崧舟还是王崧舟

说王崧舟不是王崧舟，非言王老师放弃了他的诗意语文，相反，透过此课，我们分明感受到诗意语文的坚守与升华。《红楼春趣》的教学，改变的只是"术"，而不变的则是"道"；改变的只是诗意语文外在的"形"，不变的是诗意语文内在的"神"。王老师指出："诗意语文不是一个名词，不是说有一个静态的、现成的诗意语文可以供我们去模仿甚至膜拜"，"诗意语文只能成为一个动词，一个过程"。他认为，教师一进入语文课堂，放下一切杂念，心无旁骛地走进文本，走进学生的心灵，这本身就是极富诗意的。王崧舟还是王崧舟，诗意语文还是诗意语文。他在《红楼春趣》中所展示的是动态的"升级版"的诗意语文。

在王老师看来，"抵达心灵"，"滋养学生的诗意生命"是"诗意语文的归宿和落脚点"。笔者解读，这"抵达心灵"应有相互关联的双重意涵，通过教学，一方面让文本抵达学生的心灵，另一方面让学生抵达文本（作者或文中人物）的心灵。那么，王老师《红楼春趣》的教学"抵达心灵"了吗？我们不妨从一个片段窥探一番。在"聚焦黛玉，体会'不忍'"环节中，王老师让学生借助"看着在空中飘飘飖飖的美人风筝，黛玉心想：＿＿＿"的句式表达黛玉的心理活动，站起来展示的学生分别写道:1）哎！多可惜啊！好好的一个风筝，如今却要被放走了。像我一样，孤苦伶仃，漂泊天涯，无依无靠，不知去向，什么时候这样迷茫的日子才能结束啊？ 2）这风筝一旦放上天去，又孤单，又无趣，拖一段残尾，忍着痛，在风雨，在赤日，只身远去。也许落入他人之家，被烧了去；也许寄人篱下，被捡了去；也许落在荒郊野外，破烂不堪。这一去，就再也回不来了，和我一样无依无靠啊。3）多美的风筝，飘飘然似仙人。只是这一去，恐怕难以再回了。仙人已乘黄鹤去，此地空余黄鹤楼。这一去，连个黄鹤楼都不曾留下。教我如何不想它呢？4）哎，好端端的一个美人风筝，就这样被放走了，可惜呀，这也许就是我们这些女儿的命运吧？这些可怜又可爱的女儿们，想被放走就放走，一点自由都没有，太可怜了，太无奈了。5）风筝如果被放走了，不知会飘到哪里去？这也许就是我，一个孤苦伶仃的女儿，被这人世的命运放走，在那遥远的空中，只有女儿一人，孤单和寂寞从四周袭来，还有谁能理解我这般孤独的心境呢？

学生对黛玉内心活动的把握之准确和深刻，语言表达之有灵性，让现场数百观课教师无不惊叹和动容，显而易见，学生和文本都抵达对方的心灵！如果理解没错，这应是最浓最美最动人的"诗意"！

为了实现诗意，王老师通常采用以下举措：1）举象入境，即将语言还原为形象促使学生进入意境或情境。2）移情体验，将自己置身文本或代入角色，与文本人物共情、共鸣。3）独特感悟，让学生畅所欲言，各抒己见。4）传承文化，"让自己通过学习从一个自然的人，变成文化的人"。此外，就是激活想象、启迪智慧。这些才是诗意语文实现的路径。表面看，《红楼春趣》的教学不同于王老师众多经典课例，但细心的读者会发现，这些实现诗意的路径都能从实录中一一找到。

王老师心中，语文好课有三佳境：其一曰人在课中、课在人中，其二曰人如其课、课如其人，其三曰人即是课、课即是人。《红楼春趣》不仅诠释了王崧舟老师诗意语文的教育思想，从深层次看，也"嵌入了"他的"生命和灵魂"，实现"一境""二境"直达"第三境"，所以，前述三句话又可凝结为一句——

课即斯人王崧舟！

名师点评

为古典名著阅读打开一扇窗

河南省漯河市郾城区实验小学 潘淑亚

统编教材在五年级下册安排了古典名著单元，意在引领学生走近中国古典名著，初步学习阅读古典名著的方法，产生阅读古典名著的兴趣。围绕单元语文要素，教材精心编排了单元导读、选文、注释、课后练习、自读提示、"交流平台""快乐读书吧"等内容。

这一单元的课文怎么教？一线老师普遍感到困惑，拿它们当普通课文来教，似乎有违编排意图；想进一步拓展，引向整本书阅读，自身又缺乏相关的文学底蕴。（试问小学语文教师当中，有几个通读了四大古典名著原著的？）于是乎，老师们大多是先像教学普通课文一样带领学生疏通词句，了解文章大意，初步把握人物形象，然后放相关古典名著的影视片段让孩子们欣赏，希冀以此引导孩子们走向整本书阅读。效果如何呢？可想而知。

如何通过一篇课文引发孩子们阅读古典名著的兴趣？成了我悬而未决的问题。

上周五晚，工作室例行名师课例研修，我聆听了张学伟老师的《红楼春趣》，张老师的课一向简约，这节课依然秉承这样的设计理念，课堂分为四个部分：出示三组难读难理解的词语（对应"捡风筝""拿风筝""放风筝"）在猜读中理解词语意思，梳理文章内容；抓住"笑"字紧扣语言品读宝玉等人物形象，感受大观园里日常的生活境况；了解"断""散"等隐喻手法，拓展红楼片段；推荐阅读《黛玉葬花》《香菱学诗》等红楼故事。张老师诙谐幽默，课上得轻松。

我却未能尽兴，这个课有没有别的上法呢？忽然就想起了前几天为找习作教学案例翻阅教学杂志，偶然看到了《小学教学》上一篇《红楼春趣》的教学设计，只看题目就吸引了我——"红楼"不只是"春趣"，再看作者，是王崧舟老师。只是当时任务紧迫，只把杂志这一页码做了标记，并未细看。

我又突发奇想，网上是否能找到王老师的课堂视频？一搜，果然有《红楼春趣》！我如获至宝，当晚十点，开始看，看完课堂实录及说课视频，将近十二点。

好课是会让人上瘾的。那晚，我兴奋得几乎夜不能寐。

差不多二十年前，我就开始听王崧舟老师的课。《一夜的工作》《万里长城》《圆明园的毁灭》《只有一个地球》《慈母情深》《两小儿辩日》《二泉映月》《威尼斯的小艇》《枫桥夜泊》《长相思》《墨梅》……王老师的课出手便是经典，便是高峰，他一直在用他的课堂说话。他的课精致、大气、和谐、开放，每一节课，都是课堂艺术珍品，值得反复揣摩，再三回味。课堂之外，王老师是艺术家，精通书法，通晓音律。他入世又出世，这一点，从他的名、字、号中即可见一斑。

记不得哪一年，听王老师的《长相思》，课毕即爱上了纳兰容若，爱上了《琵琶语》。好多年，我的手机铃声就是《琵琶语》。好多年，我写字时循环播放的音乐便是《琵琶语》。

有一年初春到杭州听课，经过拱宸桥，莫名亲切。因为，在这座桥边，有王老师。其时，他是拱宸桥小学的校长。

诗意的王老师和王老师的诗意课堂给了我语文的滋养，艺术的浸润和对美的自觉追求。但王老师和他的课，在小语界是高山仰止般的存在，只合欣赏，不可复制。

不知从什么时候起，对王老师的课欣赏得少了。后来，得知他到杭州师范大学当了教授，2019年，王崧舟老师做客央视《百家讲坛》，开讲《爱上语文》。

恍惚过了许多年，我又回到了王老师的课堂，听到了《红楼春趣》。以我对王老师有限的了解，若在小语界名师中找出一位最合适讲《红楼春趣》的人选，非王老师莫属。因为，人和课，是要讲究缘分的。他太爱《红楼梦》了，用他自己的话说，"近乎到了痴迷的程度"，于是，他开发了这一课，并且一上就是两课时。

一篇略读课文讲两课时，这是一个立足课程又超越课程的典型课例。

这节课定位精准。《红楼春趣》作为略读课，承担落实语文要素的任务；作为古典名著《红楼梦》进入小学语文课程的第一课，承载着开启"红楼"之窗、亲近"红楼"之书的重要使命。

这节课目标清晰。前半课时保底，完成基础目标，即疏通词句，了解故事情节，感受主要人物形象，教给学生初步学习阅读古典名著的方法；后半课时拓展，提供适宜的支架，促成学生对红楼人物、红楼情节的深入感悟，激发学生阅读整本书的兴趣。

这节课设计巧妙。首先，王老师用好了教材这个"一"，他勾连教材，变序学习，引导学生从"交流平台"中提炼出阅读古典名著的方法，即联系课文，猜测意思；难解语句，暂且放过；借助资料，扩大了解；结合影视，加深理解。

学了方法，即用这种方法学习。我们会发现，这四句学习古典名著的"八字箴言"贯穿课堂始终，真真做到了知行合一。"掉风筝"中的"忌讳""晦气"不理解怎么办？联系课文，猜测意思；"拿风筝"中的"高墩""剪子股儿""籰子"学生第一次接触，既没有注释，又没有插图，上下文又无从联系，面对这种难词新词陌生词怎么办？难解语句，暂且放过。捋清楚了难词新词陌生词，同时也捋清楚了事情的发展过程，一石二鸟，省时高效。

聚焦主要人物宝玉，把握其性格特点，用的又是什么方法呢？学习任务单。通过自读、批注、交流，学生从人物语言、神情、动作等细节感受到宝玉的心地善良、心思细腻、率真、随和、没有公子哥的架子、怜香惜玉。

而对于黛玉性情的理解，王老师巧妙地进行了版本置换，引入了"脂本"《红楼梦》中的相关情节，仅仅扣住黛玉的一句话"这一放虽有趣，只是不忍"补白人物心理活动，就让学生了解了黛玉的善良、细腻、孤苦伶仃、自怨自艾、顾影自怜，可谓四两拨千斤。

至此，学生已经开始关注人物的命运。王老师适时补充原著中宝玉的反应，学生初步感受到宝玉是黛玉的知己。紧接着又回扣文本，让学生看看从文中哪里可以看出黛玉也是宝玉的知己，继而引出"宝玉和黛玉是知己"这一贯穿《红楼梦》始终的主线。

草蛇灰线，伏脉千里。若没有对《红楼梦》长期的浸淫和深入的研究，是断然想不出这样的设计的。这是教师与文本、与学生共生的课堂，学生在王老师的引领下走进了宝玉，走进了黛玉，走进了这如花美眷，似水流年，走进了这对知志而又知心的知己，走进了二人惺惺相惜、心心相印的精神世界。

然而，黛玉死了。

学生的问题来了：

黛玉是怎么死的？

为什么说叹知己无缘？

为什么作者把林黛玉写死？

是不是作者也像黛玉和宝玉一样？

作者为什么要这样安排林黛玉的一生？

黛玉死了以后，宝玉到底跟谁在一起？

当孩子们提出了一个个这样的真问题，我们有理由相信，他们离《红楼梦》又近了一步。

这节课极富美感。两节课连上，学生却丝毫不感疲惫，反而越学越有兴致。这一方面得益于老师对课堂节奏的把控，"行于所当行，止于所不可不止"；另一方面，得益于课堂上老师对学生的关注。他像呵护花朵上的露珠一样呵护每一个孩子，让每一个孩子的努力被看见。他用心倾听每一个孩子的回答，理答则因人而异，或幽默风趣指出不妥，给孩子台阶；或大加褒奖，不吝赞美；或将心比心，真诚鼓励；或延迟评价，静待花开……他真懂孩子。

孩子们写批注，写片段，他流连其间，一来迅速取样，二来轻抚学生的头或臂膀示意其注意书写姿势，看到这里，我眼前一热，鼻子一酸，他真爱孩子。

王老师对课件的要求近乎严苛，什么样的文字配什么样的字体字号，配什么样的背景，什么时候出示都极其讲究。他的课件配乐堪称一绝，必定与教学内容高度契合，水乳交融。不信，只需看看王老师的微信公众号即可知晓。他真爱语文。

坦白讲，我从来没有完整地看过《红楼梦》原著，尤其是"脂本"《红楼梦》，因了王老师这节《红楼春趣》，我也爱上了《红楼梦》，准备重新读《红楼梦》。因了王老师这节课，我也会更爱孩子，更爱语文。

机缘巧合，今天写罢这篇课评，也迎来了我四十五岁的生日。近年来怕过生日，徒增一岁而已。人生过半，且行且珍惜。

第六课

如何以语文的方式传承革命文化

——《十六年前的回忆》

教学简案

教学 版本

统编小学语文教科书六年级下册第 11 课《十六年前的回忆》。

教学 目标

1. **核心目标**：紧扣回忆录文体的基本特征，关注人物言行、神态和外貌描写，感受李大钊同志坚定信念、勇于牺牲的革命精神。

2. **条件目标**：会写"稚、避"等 15 个生字，会写"埋头、幼稚"等 20 个词语；有感情地朗读课文，说出自己印象最深的事情；了解课文首尾呼应的表达方法，体会表达效果；查找资料，了解更多先烈的革命事迹，受到一定感染。

教学 时间

2 课时。

教学 过程

（一）审读课题，铺垫背景

1. 结合回忆，初识人物

（1）围绕题目讨论：课文写的是谁的回忆？回忆了谁？什么时候写的回忆？回忆了什么时候的事情？

（2）结合资料说说自己对李大钊的了解。

（3）补充党的几代领导人对李大钊的评价。

2. 结合时间，了解背景

结合资料，说说1927年中国发生过哪些重大的历史事件。

（二）紧扣回忆，梳理结构

1. 切入回忆，梳理节点

（1）默读课文，完成表格填写。

节 点	时 间
1	
2	
3	
4	

（2）借助表格，引导学生梳理时间节点：那年春天、4月6日、十几天过去了、28日。

2. 扫描回忆，梳理事件

（1）默读课文，完成表格填写。

节 点	时 间	事 件
1	那年春天	李大钊（ ）
2	4月6日	李大钊（ ）
3	十几天过去了	李大钊（ ）
4	28日	李大钊（ ）

（2）借助表格，引导学生梳理关键事件：坚守、被捕、被审、被害。

（三）聚焦人物，体会品格

1. 扫描细节，形成印象

默读课文，找一找，对李大钊外貌、神态和言行的回忆是不是非常清晰，就像在昨天。

2. 锁定反常，阅读思考

找一找：在李星华的清晰回忆中，李大钊身上有哪些反常表现。

想一想：联系上下文分析一下，为什么李大钊有这些反常表现。

写一写：从这些反常表现中，你体会到李大钊有着怎样的品格。

3. 反常神态，体会品格

（1）找到第一个时间节点中李大钊的反常神态。

（2）引导学生在"慈祥"与"含糊"的对比中体会李大钊的品格。

4. 反常言行，体会品格

（1）找到第二个时间节点中李大钊的反常言行。

（2）引导学生在"危险"与"镇定"的对比中体会李大钊的品格。

5. 反常外貌，体会品格

（1）找到第三个时间节点中李大钊的反常外貌。

（2）引导学生在"凌乱"与"平静"的对比中体会李大钊的品格。

（四）透视反常，抵达精神

（1）讨论：这些反常表现究竟来自一种怎样的力量？

（2）引导学生品读以下句子：

他的心被一种伟大的力量占据着。这个力量就是他平日对我们讲的——他对于革命事业的信心。

（3）引导学生进入李大钊或者李星华的角色，想象写话并组织交流。

星儿：_____

爹：_____

（4）感受首尾呼应的表达效果。

（五）拓展资料，传承文脉

（1）拓展资料。通过提供师生课前收集到的一些先烈的革命事迹，进一步感受革命精神的传承与发扬。

①1935年5月29日，红四团的22位勇士，冒着敌人的枪林弹雨，攀着只剩下铁链的泸定桥，奋不顾身，冲向敌阵，夺取了红军长征又一次关键胜利。

②1947年1月12日，为了保守党的机密，保护党的组织，共产党员刘胡兰毫无惧色地走向敌人的铡刀，壮烈牺牲，年仅15岁。

③1948年5月25日，在解放隆化的战斗中，共产党员董存瑞挺身而出，

毅然用自己的血肉之躯托起炸药包，炸毁敌人暗堡，使胜利的红旗高高飘扬。

④1964年，我国成功爆炸原子弹。以邓稼先为代表的"两弹一星"科研工作者，无私奉献，艰苦奋斗，甚至为此献出了宝贵生命。

⑤1998年，举世罕见的洪灾肆虐全国。人民子弟兵在最危险的时刻，挺身而出，众志成城，创造了抗洪救灾、保卫家园的伟大奇迹。

⑥2020年，以钟南山院士为代表的医护工作者，为了人民的生命安全，舍生忘死，逆行而上，奋斗在抗疫的最前线。

（2）结课：这样的革命精神，一定还会继续传承、继续发扬、继续光大！这样的革命精神，永垂不朽！

板书设计

十六年前的回忆

李大钊　神态　李星华

1927年　言行　1934年

不朽的精神　外貌　清晰的回忆

课堂教学实录

一、审读课题，铺垫背景

1. 结合回忆，初识人物

师：（课前板书课题）今天，我们一起学习——

生：（齐读）十六年前的回忆

师：（在"回忆"下面画上三角符号）注意看！你们知道该怎么读。今天，我们一起学习——

生：（齐读课题，"回忆"读成重音）

师：回忆谁？

生1：回忆李大钊。

师：打开语文书，请把李大钊的名字端端正正地写在课文题目的下方。（板书：李大钊）

生：（书写"李大钊"）

师：谁回忆？

生2：李星华回忆。

师：请把李星华的名字也端端正正地写在题目的下方。（板书：李星华）

生：（书写"李星华"）

师：一起看黑板。李大钊和李星华是什么关系？

生：（齐答）父女关系。

师：李大钊是李星华的——

生：（齐答）父亲。

师：李星华是李大钊的——

生：（齐答）女儿。

师：课前，我请你们查过资料，对李大钊你有哪些了解？来，简单地汇报一下。

生3：李大钊是伟大的马克思主义者。

师：非常好！继续交流。

生4：他是杰出的无产阶级革命家。

师：是的。继续。

生5：他是共产党的创建者之一。

师：没错。孩子们，老师也给你们带来了一段资料，一起看。中国共产党的几代领导人是怎么评价李大钊的——

（课件出示）

李大钊同志是我真正的老师。

——毛泽东

李大钊同志把自己的一切毫无保留地献给了祖国，献给了人民，献给了党的事业。

——江泽民

李大钊同志开创的伟大事业和留下的思想遗产永远不可磨灭，他播撒的革命种子已经在中国大地上生根、开花、结果。

——习近平

师：毛泽东主席这样说——

生：（齐读相关评论）

师：江泽民总书记这样说——

生：（齐读相关评论）

师：习近平总书记这样说——

生：（齐读相关评论）

师：孩子们，这是中国共产党的几代领导人对李大钊同志的评价。那么，你们想过这个问题吗？为什么党的几代领导人都会这样评价李大钊同志呢？

2. 结合时间，了解背景

师：让我们回到课题（在"十六年前"下面画上双横线），你们应该知道该怎么读。请再读一遍——

生：（齐读课题，"十六年前"读成重音）

师："十六年前"是哪一年。

生：1927年。

师：（板书：1927年）回忆十六年前的又是哪一年？

生：1943年。

师：（板书：1943年）从1927年到1943年，过去了多少年？

生：16年。

师：课前，我也请你们查过资料，对1927年的中国发生过哪些重大事件，你们应该也有所了解。来，我们继续交流，每人只说一件。

生6：1927年发生过秋收起义。

师：谁领导的？

生6：毛泽东。

师：对，最后创建了什么根据地？

生6：最后创建了……

师：没事，忘记了。井冈山革命根据地。好，继续交流。

生7：1927年蒋介石发动了"四一二"反革命政变。

师：是的，蒋介石在上海发动了"四一二"反革命政变，大肆屠杀中国共产党人。第三件谁来说？

生8：1927年还发生了南昌起义。

师：南昌起义，中国共产党独立领导武装斗争，打响了武装反对国民党反动派的第一枪。好，继续。

生9：马日事变。

师：马日事变。那个叫许克祥的干了什么坏事，还记得吗？袭击当地的革命组织，大肆屠杀工会成员。还有吗？

生10：1927年汪精卫在武汉发动反革命政变。

师：汪精卫发动反共政变，也是屠杀共产党人，导致国民革命失败。孩子们，这就是1927年的中国。1927年，是中国革命史上最血腥的一年，也是中国共产党武装反抗国民党反动派的第一年。《十六年前的回忆》所写的事情，就发生在这样一个血雨腥风的历史背景之下。

二、紧扣回忆，梳理结构

1. 切入回忆，梳理节点

师：孩子们，让我们一起随着李星华的回忆走近1927年的李大钊。我们都知道，从1927年到1943年，过去了整整十六年。十六年啊，192个月，5840个日子。这要是换了一般人，别说十六年前的回忆，就是六年前的回忆，都可能会怎么样？

生1：都可能会遗忘。

生2：可能会淡忘。

生3：会记不清楚。

师：但是，孩子们，你们已经预习过课文，对李星华来说，十六年前的回忆，是记不清吗？是模糊吗？是混乱吗？是全忘了吗？她的回忆是——

生4：对于十六年前的回忆她记忆深刻。

师：记忆犹新，太好了，就像在昨天。

生5：永远铭记在心里，无法磨灭。

师：无法磨灭，就像在昨天。

生6：历历在目。

师：历历在目，清清楚楚，就像在昨天。没错，这是我们共同的感受。李星华对十六年前的回忆是非常清晰的。（板书：清晰的回忆）

师：我们先来看看她对时间节点的回忆。快速默读课文，看看李星华的回忆中清晰地记住了哪些重要的时间节点。用双横线画下这些时间节点，然后把这些时间节点填到表格上。请开始——

（课件出示）

节 点	时 间
1	
2	
3	
4	

生：（默读，画出表示时间节点的词语，填表）

师：好！我请一位孩子来交流他找到的时间节点。

生7：我找到的第一个时间节点是"那年春天"。

师："那年春天"。我们知道"那年春天"是哪一年？

生7：是1927年。

师：1927年的春天，李星华记得清清楚楚。那么，这个时间节点在哪一段？

生7：第2自然段。

师：好，继续。第二个时间节点是——

生8：4月6日。

师："4月6日"。我们当然知道是哪一年的4月6日？

生8：1927年。

师：1927年4月6日，李星华的记忆非常清晰。这个时间节点从哪一段开始？

生8：第8自然段。

师：从第8自然段开始。好，请继续。第三个时间节点是——

生9：十几天过去了。

师："十几天过去了"。从哪一天算起，十几天过去了？

生9：4月6日。

师：从4月6日算起，十几天过去了，记得清清楚楚。那么这个时间节点在哪个自然段？

生9：在第19自然段。

师：第19自然段。最后一个时间节点，请继续说。

生10：28日黄昏。

师："28日"。是哪个月的28日？

生10：是4月的28日。

师：是哪一年的4月28日？

生10：是1927年。

师：记得非常清晰。1927年4月28日，那么这个时间节点又出现在哪一段？

生10：出现在第30段。

师：第30自然段。孩子们，我们一起来看。事情已经过去了整整十六年，但是，所有重要的时间节点，李星华都记得非常清晰。大家看，第一个时间节点是——

生：（齐读）那年春天。

师：第二个时间节点是——

生：（齐读）4月6日。

师：第三个时间节点是——

生：（齐读）十几天过去了。

师：第四个时间节点是——

生：（齐读）28日。

师：我们可以根据这四个时间节点，把回忆的部分分成几大段？

生：四大段。

师：四大段。（指着课题）我们知道，这四大段的回忆，都是——

生：（齐读）十六年前的回忆。

师：过去了整整十六年，李星华的回忆依然是——

生：（齐读）清晰的。

2. 扫描回忆，梳理事件

师：是的，整整十六年。十六年，会经历多少人、多少事，又会忘记多少人、多少事。但是，对于1927年，对于李大钊，李星华的回忆是多么清晰啊！我们知道，事情总是在时间中发生，尤其是在时间的节点上发生。请大家默读课文，找一找，画一画，在李星华回忆的这些时间节点中，都发生了哪些事情。请你从"李大钊"的角度，试着用最简练的文字来概括这些事情。请开始——

（课件出示）

节 点	时 间	事 件
1	那年春天	李大钊（ ）
2	4月6日	李大钊（ ）
3	十几天过去了	李大钊（ ）
4	28日	李大钊（ ）

生：（默读，概括与时间节点相对应的事件，填表）

师：咱们一起来交流一下。第一个时间节点，那年春天，李大钊怎么样？

生11：李大钊烧掉文件和书籍。

师：有没有不一样的概括？

生12：李大钊早出晚归。

生13：李大钊大招拒绝离开北京。

生14：李大钊跟李星华对话。

师：孩子们，你们都抓了一些很关键的信息。但是你们想过吗？所有的这些信息都在告诉我们，那年春天的形势已经非常——

生：（齐答）严峻。

师：李大钊之所以要烧掉文件、烧掉书籍，就是因为那年春天的形势非常——

生：严峻。

师：李大钊之所以含糊地回答李星华的问题，就是因为那年春天的形势非常——

生：严峻。

师：李星华的母亲几次劝李大钊离开北京，就是因为那年春天的形势非常——

生：严峻。

师：但是，面对严峻的形势，李大钊选择离开还是坚守？

生15：李大钊选择的是坚守。

师：李大钊坚守。我们继续看，第二个时间节点，4月6日，李大钊——

生16：被捕。

师：李大钊被捕。非常准确，非常简练。我们再来看，第三个时间节点，十几天过去了，李大钊——

生17：李大钊被审。

师：李大钊被审。我们来看最后一个时间节点，28日，李大钊——

生18：李大钊被害。

师：李大钊被害。虽然李星华知道是在29日，但是通过报纸，她知道父亲被害是在28日。我们一起看大屏。已经过去整整十六年了，但是李星华清晰地记得，那年春天——

生：（齐读）李大钊坚守。

师：4月6日——

生：（齐读）李大钊被捕。

师：十几天过去了——

生：（齐读）李大钊被审。

师：28日——

生：（齐读）李大钊被害。

师：（指着课题）而我们知道，所有的这些关键事件都是——

生：十六年前的回忆。

三、聚焦人物，体会品格

1. 扫描细节，形成印象

师：其实，清晰地留在李星华记忆中的不仅有时间节点，不仅有关键事件，还有李大钊的言行、李大钊的外貌、李大钊的神态。来，再一次扫描课文，找一找，对李大钊外貌、神态和言行的回忆是不是同样非常清晰，就像在昨天。

生：（默读课文，寻找李大钊的外貌、神态和言行）

师：我们一起来交流。已经过去了整整十六年，然而李大钊的外貌、神态和言行，李星华却清晰地记得，就像在昨天。比如——

生1：（朗读）父亲坚决地对母亲说："不是常对你说吗？我是不能轻易离开北京的。你要知道现在是什么时候，这里的工作多么重要。我哪能离开呢？"

师：是的，李大钊说过的这番话，李星华清晰地记得，尽管已经过去了十六年。那声音，就像在昨天。又比如——

生2：（朗读）父亲一向是慈祥的，从没有骂过我们，更没有打过我们。我总爱向父亲问许多幼稚可笑的问题。他不论多忙，对我的问题总是很感兴趣，总是耐心地讲给我听。这一次不知道为什么，父亲竟这样含糊地回答我。

师：一向慈祥的父亲，这一次的回答竟然是含糊的，李星华记得清清楚楚。那神态，就像在昨天。又比如——

生3：（朗读）父亲仍旧穿着他那件灰布旧棉袍，可是没戴眼镜。我看到了他那乱蓬蓬的长头发下面的平静而慈祥的脸。

师：父亲的神态是平静而慈祥的，父亲戴没戴眼镜，父亲的头发怎么样，李星华都清晰地记得。那外貌，就像在昨天。又比如——

生4：（朗读）父亲瞅了瞅我们，没有说一句话。他的神情非常安定，非常沉着。他的心被一种伟大的力量占据着。这个力量就是他平日对我们讲的——他对于革命事业的信心。

师：父亲瞅了瞅我们，父亲的神情非常安定，非常沉着。都已经过去整整十六年了，李清华却依然记得清清楚楚。那神态，那言行，那外貌，就像——

生：（齐答）在昨天。

师：孩子们，其实还有很多，你们找到的所有这些关于李大钊的神态、言行、外貌，（指着课题）都是——

生：（齐读）十六年前的回忆。

2. 锁定反常，阅读思考

师：为什么十六年前经历的外貌、神态、言行，李星华的回忆竟然如此清晰呢？有人说，这跟李大钊在当年的反常表现密切相关。什么是"反常表现"？比如，按照常态，李大钊的外貌应该是这样的，但是，实际上他的外貌却不是这样的，这就叫——

生：（齐答：反常表现）

师：再比如，按照常理，李大钊的神态应该是这样的，但是，实际上他的神态却不是这样的，这就叫——

生：（齐答：反常表现）

师：又比如，按照常情，李大钊的言行应该是这样的，但是，实际上他的言行却不是这样的，这就叫——

生：（齐答：反常表现）

师：现在，请你默读课文，完成这项学习任务——

（课件出示）

1. 找一找：在李星华的清晰回忆中，李大钊身上有哪些反常表现。
2. 想一想：联系上下文分析一下，为什么李大钊有这些反常表现。
3. 写一写：从这些反常表现中，你体会到李大钊有着怎样的品格。

师：谁来读一读这项学习任务？

生：（指名朗读）

师：明白了吗？（生应答）请开始——

生：（默读课文，完成学习任务）

3. 反常神态，体会品格

师：孩子们，把笔都放下，抬头挺胸，立刻马上。刚才在静静的默读过程当中，我们发现了李大钊身上很多的反常表现，是吗？是的。来，哪位孩子在第一个时间节点上发现了李大钊的反常表现？

生5：（朗读）父亲每天夜里回来得很晚。每天早晨，不知道什么时候他又出去了。有时候他留在家里，埋头整理书籍和文件。我蹲在旁边，看他把书和有字的纸片投到火炉里去。

师：这是他找到的反常表现。其实，你们应该有补充，就在他找到的这一处，谁还有补充？

生6：（朗读）父亲一向是慈祥的，从没有骂过我们，更没有打过我们。我总爱向我父亲问许多幼稚可笑的问题。他不论多忙，对我的问题总是很感兴趣，总是耐心地讲给我听。这一次不知道为什么，父亲竟这样含糊地回答我。

师：你的补充非常重要。你是从哪儿发现李大钊的反常表现的？

生6：因为前面说父亲一向是慈祥的，但是这一次不知道为什么，父亲却是含糊地回答我。

师：非常敏锐，她在"慈祥"与"含糊"之间发现了李大钊的反常表现。孩子们，我们一起来看大屏幕——

（**课件出示**）

父亲一向是慈祥的，从没有骂过我们，更没有打过我们。我总爱向父亲问许多幼稚可笑的问题。他不论多忙，对我的问题总是很感兴趣，总是耐心地讲给我听。这一次不知道为什么，父亲竟这样含糊地回答我。

师：这是李星华的回忆中，李大钊的一次明显的反常神态。（板书：神态）全体男生读前面三句话，全体女生读最后一句话。1927年的春天，李星华清晰地记得，自己的父亲有过这样的反常表现——

生：（男生齐读前三句，女生齐读最后一句）

师：孩子们，你是从哪些地方看出父亲一向是慈祥的？

生7：我总爱向父亲问许多幼稚可笑的问题，他无论多忙，对我的问题总是很感兴趣，总是耐心地讲给我听。

师：谁还有补充？

生8：父亲一向是慈祥的，从没有骂过我们，更没有打过我们。

师：是的，孩子们，父亲从没有骂过我们，因为，父亲一向是——

生：（齐答）慈祥的。

师：父亲更没有打过我们，因为，父亲一向是——

生：（齐答）慈祥的。

师：当我向父亲问许多幼稚可笑的问题时，父亲不论多忙，对我的问题总是很感兴趣，因为，父亲一向是——

生：（齐答）慈祥的。

师：对我的问题总是耐心地讲给我听，因为，父亲一向是——

生：（齐答）慈祥的。

师：然而，这一次父亲的神态竟然是——

生：父亲很含糊地回答我。

师：一向的慈祥和突然的含糊，这是多么反常的表现。由这一处反常的表现，你体会到了作为父亲的李大钊身上有着怎样的品质？

生9：不希望孩子受到牵连。

师：心里装着孩子。继续——

生10：他对自己的孩子不会那么严厉。

师：即便当时的形势已经非常严峻，李大钊的身上承受着巨大的压力，他对孩子的反应也只是含糊地回答，而不是怒气冲天、破口大骂。足见他对孩子多么——

生11：慈祥。

生12：疼爱。

生13：关心。

师：是的。这就是作为父亲的李大钊身上所体现出来的品质。那么，这一次反常表现，我们体会到作为革命者的李大钊又有着怎样的品质呢？

生14：大无畏的英雄气概。

生15：高度负责。

生16：李大钊看重革命事业。

生17：李大钊无私无畏的革命精神。

师：孩子们，就是这一副反常的神态，让我们感受到了作为父亲的李大钊对自己孩子是多么关爱、多么体贴、多么慈祥，又让我们感受到了作为革命者的李大钊，对党的事业的无限忠诚。当我们体会到这一点的时候，我们再来读一读李大钊的反常神态，你们一定会有不一样的感受。

生：（齐读该段文字）

4. 反常言行，体会品格

师：这样的反常表现，给十六岁的李星华留下了清晰的记忆。好，这是你们在第一个时间节点找到的。有没有孩子在第二个时间节点，也找到了李大钊的反常表现？

生18：（朗读）"没有什么，不要怕。星儿，跟我到外面看看去。"父亲不慌不忙地向外走去。我紧跟在他身后，走出院子，暂时躲在一间僻静的小屋里。

师：孩子，你得把前面的那部分内容也读出来，这样才能让我们真正体会到李大钊的反常表现。读吧——

生18：（朗读）可怕的一天果然来了。4月6日的早晨，妹妹换上了新夹衣，母亲带她到儿童娱乐场去散步了。父亲在里间屋里写字，我坐在外间的长木椅上看报。短短的一段新闻还没看完，就听见啪，啪……几声尖锐的枪声，接着是一阵纷乱的喊叫。

师：这样读就完整了。那么，李大钊的反常表现究竟体现在哪里呢？

（课件出示）

短短的一段新闻还没看完，就听见啪，啪……几声尖锐的枪声，接着是一阵纷乱的喊叫。

"什么？爹！"我瞪着眼睛问父亲。

"没有什么，不要怕。星儿，跟我到外面看看去。"

父亲不慌不忙地向外走去。我紧跟在他身后，走出院子，暂时躲在一间僻静的小屋里。

师：来！所有男生读李大钊的话，所有女生读李星华的话，其他的文字都有老师读。边读边用心体会李大钊身上的反常言行。（板书：言行）

师生：（合作朗读该语段）

师：其实，当时的形势已经非常危险。你从哪儿看出？

生19："短短的一段新闻还没看完，就听见啪，啪……几声尖锐的枪声，接着是一阵纷乱的喊叫。"外面有很多枪声，说明当时的形势非常严峻。

生20："父亲不慌不忙向外走去。我紧跟在他身后，走出院子，暂时躲在一间僻静的小屋里。""僻静"这个词就是说外面很危险了。

师：孩子们，我们一起来看看当时的形势。"啪，啪"几声尖锐的枪声，谁发出的枪声？

生21：敌人发出的枪声。

师：我们一起来模拟一下。短短的一段新闻还没看完，就听见——

生：（齐读）啪，啪……

师：不行，这顶多只能算鞭炮的声音。那是枪声，那是要命的枪声。再来！短短的一段新闻还没看完，就听见——

生：（齐读）啪，啪……

师：不行，得用气声来读。（范读）啪，啪……非常尖锐，非常清晰，非常恐惧。我们再来！短短的一段新闻还没看完，就听见——

生：（齐读）啪，啪……

师：这就找到感觉了。几声尖锐的枪声，接着是一阵纷乱的喊叫。这纷乱的喊叫是从哪里传来的？

生22：普通老百姓。

师：还是从哪里来的？

生23：敌人。

师：敌人。你仿佛听到敌人在喊什么？

生24：（大声地）李大钊在哪里？赶紧让他出来。

师：又有敌人在大声喊叫——

生25：（大声地）所有人，快去找李大钊。

师：还有敌人在大声喊叫——

生26：（大声地）不要放走一个，都给我抓起来。

师：看来，突然闯进来的敌人不是一两个，而是一大群啊！联系下文，我们知道，突然闯进来的有穿灰制服和长筒皮靴的——

生：（齐答：）宪兵。

师：有穿便衣的——

生：（齐答：）侦探。

师：有穿黑制服的——

生：（齐答：）警察。

师：面对这突如其来的尖锐的枪声，面对这突如其来的纷乱的喊叫，包括紧随其后、突如其来的一大群宪兵、侦探、警察，李星华的反应是什么？

生27：紧张。

生28：害怕。

生29：恐惧。

师：一个十六岁的女孩，面对突如其来的枪声，面对突如其来的纷乱的喊叫声，当然紧张，当然害怕，当然恐惧。其实，这是一般人、普通人都会有的反应。然而，我们看看李大钊，谁来读一读李大钊说的话。

生30：（朗读）没有什么，不要怕。星儿，跟我到外面看看去。

师：有一点点紧张吗？

生：（齐答）没有。

师：谁再来？

生31：（朗读）没有什么，不要怕。星儿，跟我到外面看看去。

师：有一点点害怕吗？

生：（齐答）没有。

师：谁再来读？

生32：（朗读）没有什么，不要怕。星儿，跟我到外面看看去。

师：有一点点恐惧吗？

生：（齐答）没有。

师：语言上看不出来，那么，行动上能看出来吗？谁来读一读李大钊怎么做？

生33：（朗读）父亲不慌不忙地向外走去。

师：有一点点紧张吗？

生：（齐答）没有。

师：谁再来？

生34：（朗读）父亲不慌不忙地向外走去。

师：有一点点害怕吗？

生：（齐答）没有。

师：谁再来读？

生35：（齐读）父亲不慌不忙地向外走去。

师：有一点点恐惧吗？

生：（齐答）没有。

师：孩子们，普通人，包括他自己的女儿，面对突如其来的危险，紧张，害怕，恐惧。但是，李大钊呢，没有一点紧张，没有一点害怕，没有一点恐惧。这绝对是一次反常的表现。作为父亲，李大钊的不慌不忙意味着什么？

生36：是对自己女儿的安慰。

生37：叫女儿不要害怕。

师：是的，即使已经非常非常危险，李大钊也不忍自己的女儿处于极度恐惧中。这就是父爱，像大山一样的父爱。那么，作为革命者，李大钊的不慌不忙又意味着什么呢？

生38：沉着冷静。

生39：处变不惊。

生40：临危不惧。

生41：从容镇定。

师：孩子们，你们体会得真好。为了革命事业，李大钊沉着冷静，处变不惊，临危不惧，从容镇定，表现出一种大无畏的革命精神。

5. 反常外貌，体会品格

师：这样的反常表现，给十六岁的李星华留下了清晰的记忆。好，这是你们在第二个时间节点找到的。有没有孩子在第三个时间节点，也找到了李大钊的反常表现？

生42：（朗读）父亲仍旧穿着他那件灰布旧棉袍，可是没戴眼镜。我看到了他那乱蓬蓬的长头发下面的平静而慈祥的脸。

师：你从哪儿感受到了李大钊的反常表现呢？

生42：她说"乱蓬蓬的长头发"，我会感到一种慌乱。但是长头发下面却是"平静而慈祥的脸"，说明李大钊一点儿都没有慌乱。

师：体会得真好。我们一起看——

（课件出示）

在法庭上，我们跟父亲见了面。父亲仍旧穿着他那件灰布旧棉袍，可是没戴眼镜。我看到了他那乱蓬蓬的长头发下面的平静而慈祥的脸。

师：这是李星华的回忆中，李大钊的一次明显的反常外貌。（板书：外貌）我们一起来读一读这段文字——

生：（齐读）

师：4月6日被捕，已经过去十几天了。十几天没有见到自己的父亲，今天是第一次见到。如果，你是李大钊的女儿，你在法庭上一眼看到父亲这样的穿着、这样的外貌，你难道就没有什么疑问吗？

生43：父亲到底经历了什么？头上乱蓬蓬的，为什么没戴眼镜？

生44：父亲被捕后，被带去了哪里？

师：看着李大钊的外貌，谁还有疑问？

生45：那些可恨的敌人究竟对父亲做了什么？

生46：父亲经历了什么？为什么他的脸还是平静而慈祥的？

生47：父亲过了这么多天，为什么仍旧穿着那件灰布旧棉袍？

师：孩子们，这些问题都是真实的问题，都是当时李星华心里会冒出的疑问。在这里，老师必须给大家提供一段真实的历史资料——

（课件出示）

李大钊从被捕到被害，在狱中度过了22天非人的生活。敌人对他进行了多次审讯，施用了各种酷刑，电椅、老虎凳、用竹签插手指……最后，竟然残忍地拔去了他双手的全部指甲。李大钊坚贞不屈，没有向敌人泄露党的任何机密。为了保护同时被捕的其他同志，李大钊甚至用血迹斑斑的双手写下了《狱中自述》。

师：请大家静静地、郑重地默读一分钟。

生：（默读）

师：孩子们，现在你知道，为什么过去了十几天，父亲仍然穿着那件灰布旧棉袍了吧？现在你知道，为什么一向戴着眼镜的父亲这次却没戴眼镜了吧？现在你知道，为什么父亲的头发是乱蓬蓬的吧？

师：按照常态，这个时候父亲的脸最有可能是怎样的？

生48：是无精打采的。

生49：看上去很累的样子。

生50：非常憔悴。

生51：是很痛苦的神态。

师：因为，李大钊遭受了非人的折磨。但是，孩子们一起看，十六年以后的李星华清晰地记得，那天在法庭上，父亲仍旧穿着他那件——

生：（齐读）灰布旧棉袍。

师：可是，一向戴眼镜的父亲这次却——

生：（齐读）没戴眼镜。

师：我看到了他那乱蓬蓬的长头发下面那张——

生：（齐读）平静而慈祥的脸。

师：孩子们，这又是一次反常的表现。李大钊的肉体遭受了非人的折磨，痛苦和煎熬我们根本无法想象。但是，出现在法庭上的父亲，却是一张平静而慈祥的脸。他希望自己的亲人——

生52：不要担心他。

生53：不要害怕。

生54：不要难过。

生55：不要悲伤。

师：这就是爱，无私的爱！而这样一张平静而慈祥的脸，这样一种极其反常的外貌，又让我们看到了作为革命者的李大钊身上闪耀着什么呢？

生56：坚贞不屈，大无畏的英雄气概。

生57：意志坚定。

生58：忠于党。

生59：忠于革命。

生60：无私无畏。

师：孩子们，这些反常的言行，反常的神态，反常的外貌，让我们一次又一次地感受到了作为父亲的李大钊，对家人的无私的爱；更让我们感受到了作为革命者的李大钊，对党的无限忠诚，对革命事业的坚定信心。

四、透视反常，抵达精神

师：事实上，李大钊身上的反常表现又何止这几处。我们不禁要问，这样的反常神态，这样的反常外貌，这样的反常言行，背后究竟是一种怎样的力量在支撑着他？

生：这种伟大的力量是他对于革命事业的信心。

师：在法庭上，李星华清晰地记得——

（**课件出示**）

他的心被一种伟大的力量占据着。这个力量就是他平日对我们讲的——他对于革命事业的信心。

师：一次又一次的反常表现，让李星华终于明白，他的心——

生：（齐读）被一种伟大的力量占据着。

师：李星华知道，这个力量就是他平日对我们讲的——

生：（齐读）他对于革命事业的信心。

师：毫无疑问，这样的信心是坚定的，这样的信心是强大的。来！用你们的声音，读出坚定与强大。李星华终于明白，他的心——

生：（大声齐读）被一种伟大的力量占据着。

师：李星华知道，这个力量就是他平日对我们讲的——

生：（大声齐读）他对于革命事业的信心。

师：孩子们，注意到"平日"这个词语吗？什么是平日？

生：就是他平常每天都在跟我们讲他对革命事业的信心。

师：平常不一定是每天，但一定是经常。平日，平时的日子。从这个平日，我们有理由相信，那年春天，当形势非常严峻的时候，他的心——

生：（齐读）被一种伟大的力量占据着。

师：这个力量就是他平日对我们讲的——

生：（齐读）他对于革命事业的信心。

师：从这个平日，我们有理由相信，4月6日那天，他的心——

生：（齐读）被一种伟大的力量占据着。

师：这个力量就是他平日对我们讲的——

生：（齐读）他对于革命事业的信心。

师：此刻，就在法庭上，李星华终于明白，他的心——

生：（齐读）被一种伟大的力量占据着。

师：这个力量就是他平日对我们讲的——

生：（齐读）他对于革命事业的信心。

师：孩子们，庭审就要结束了。李星华清晰地记得，父亲说完了最后一段话，又望了望我们。那一刻，李大钊有多少心里话想对女儿说啊！而李星华呢，又有多少心里话想对父亲说啊。孩子们，请一二两组同学进入父亲李大钊的角色，三四两组同学进入女儿李星华的角色，把各自最想说的心里话写下来。

生：（背景音乐大提琴曲《悲伤》缓缓响起，学生想象写话）

师：（巡视，发现优秀的写话作业并打上星号）好，把笔都放下！不管你有没有写完，不管你写多写少，这些都不重要。重要的是在你提笔的那一瞬间，你就成了那个人。打了星号的"李大钊"请起立，三位；打了星号的"李星华"请起立，也是三位。好，孩子们，把你的目光都专注地送给这对父女。让我们一起来听一听，诀别的那一刻，李大钊和李星华的心里话。

生1：星儿，你可曾知道，这是我看你的最后一眼，也是最后一面了。可这最后一面，却是在法庭上见的。星儿，以后你要记住，一定要照顾好你母亲和自己呀。父亲不能陪伴你们了。

生2：爹，你这一生都献给了革命事业。爹，你面对敌人的严刑拷打，沉着冷静，处变不惊。你为了保护家人，保护国家，守口如瓶。爹，你这一生真的是太伟大了！

师：是的，我们在这对父女身上，看到了他们的心都被一种神圣的力量占据着。

生3：星儿，你一定要好好地生活下去。要坚强，不要哭泣，带着我对革命事业的信心。永远不要忘了那些可恨的敌人的所作所为。

生4：爹，我知道你现在的心情。你在监狱中一定要照顾好你自己，我们这边你不用担心。我一定会好好学习，长大以后，我一定会加入革命，为革命闯出一片天地。我相信，我们的革命一定会胜利的。

师：砍头不要紧，只要主义真，这是李大钊身上的革命精神。杀了李大钊，还有后来人，这是李星华的革命觉悟。

生5：星儿，爹可能不会在以后的日子里陪着你了。星儿，我希望在我生命结束之后，还会有人像爹一样耐心地解答你的问题。星儿，你一定要带着爹对革命事业的信心，幸福地活下去。爹会永远爱着你！再见了，星儿。再见了，同志们。我相信，咱们的革命事业一定会胜利的！

生6：爹，平日您总会跟我们提到对革命事业的信心，我现在理解您了。您对我们很疼爱，很慈祥，对党和革命也很认真。我一定要把您这种对革命的斗志进行到底。

师：其实，诀别的那一刻，李大钊和李星华什么话都没有说，也不能说。但是，不说又如何呢？他们的心是紧密相连的，他们怎能不明白对方的心声与愿望呢？就这样，李大钊走了，永远走了。实际上，李大钊走的那个日子，在文章的一开头就清清楚楚地告诉了我们，那是在——

生：（齐答）1927年4月28日。

师：但是，我们第一次读到这个日子的时候，我们真的不清楚李星华为什么会记得如此清晰。现在，所有的问题都迎刃而解了。再看文章的结尾，当李星华悲愤地告诉母亲，李大钊被害的日子是——

生：（齐答）4月28日。

师：我想，不仅是李星华，我们这些刚刚学过《十六年前的回忆》的同学们，也一定会记得清清楚楚。伟大的革命先驱李大钊的被难日是——

生：（齐答）1927年4月28日。

师：但是孩子们，作为李大钊，作为李星华，他们希望你们记住的只是一个日子吗？不是的，他们更希望你们记住的是——

生7：更希望我们记住要将革命的事业完成。

生8：他平日里对于革命事业的信心。

生9：是李大钊无私无畏的革命精神。

五、拓展资料，传承文脉

师：(背景音乐《红旗颂》响起)孩子们，这样的革命精神，不仅在李大钊一个人的身上体现着，看——

(课件出示)

1935年5月29日，红四团的22位勇士，冒着敌人的枪林弹雨，攀着只剩下铁链的泸定桥，奋不顾身，冲向敌阵，夺取了红军长征又一次关键胜利。

他们的心被一种伟大的力量占据着，这力量就是对革命事业的坚定信心。

师：(朗读第1自然段)那是因为——

生：(齐读第2自然段)

师：是的，这样的革命精神，不仅在李大钊、红四团身上体现着，看——

(课件出示)

1947年1月12日，为了保守党的机密，保护党的组织，共产党员刘胡兰毫无惧色地走向敌人的铡刀，壮烈牺牲，年仅15岁。

她的心被一种伟大的力量占据着，这力量就是对革命事业的坚定信心。

师：(朗读第1自然段)那是因为——

生：(齐读第2自然段)

师：是的，这样的革命精神，不仅在李大钊、红四团、刘胡兰身上体现着，看——

(课件出示)

1948年5月25日，在解放隆化的战斗中，共产党员董存瑞挺身而出，毅然用自己的血肉之躯托起炸药包，炸毁敌人暗堡，使胜利的红旗高高飘扬。

他的心被一种伟大的力量占据着，这力量就是对革命事业的坚定信心。

师：(朗读第1自然段）那是因为——

生：(齐读第2自然段)

师：是的，这样的革命精神，不仅在李大钊、红四团、刘胡兰、董存瑞身上体现着，看——

（课件出示）

1964年，我国成功爆炸原子弹。以邓稼先为代表的"两弹一星"科研工作者，无私奉献，艰苦奋斗，甚至为此献出了宝贵生命。

1998年，举世罕见的洪灾肆虐全国。人民子弟兵在最危险的时刻，挺身而出，众志成城，创造了抗洪救灾、保卫家园的伟大奇迹。

2020年，以钟南山院士为代表的医护工作者，为了人民的生命安全，舍生忘死，逆行而上，奋斗在抗疫的最前线。

所有这些人的心都被一种伟大的力量占据着，这力量就是对革命事业的坚定信心。

师：(朗读第1-3自然段）那是因为——

生：(齐读第4自然段)

师：这样的革命精神，一定还会继续传承、继续发扬、继续光大！这样的革命精神，永垂不朽！（板书：不朽的精神）

（最终形成如下板书）

十六年前的回忆

李大钊　　神态　　李星华
1927年　　言行　　1943年
不朽的精神　外貌　清晰的回忆

师：孩子们，这样的回忆不会随着时间的流逝而模糊，这样的精神不会随着岁月的更迭而消失。因为，中华民族自古以来就有这样的信念——

（课件出示）

人生自古谁无死，留取丹心照汗青。

师：（朗读）人生自古谁无死——

生：（齐读）留取丹心照汗青。

名师点评

入境·入文·入心

内蒙古包头市青山区一机三小 杨美云

《十六年前的回忆》是一篇传统课文，在语文的"核心素养"教育背景下，这篇被编入统编教材六年级下册第四单元的老课文就被赋予了新的使命，对教师而言也生成了新的挑战。

首先，从单元的角度看，《十六年前的回忆》与其他几篇课文同在一个单元，主题是：志向与心愿。六年级正是学生价值观、世界观、人生观形成的时期，教材将几篇文章安排于此契合学生的成长需求，但是最害怕教师处理成隔靴搔痒式的教学，学生无病呻吟，说一些套话空话，只有深入孩子内心的力量，才能与孩子产生共鸣，使他们有感而发。可是文章内容、历史背景与孩子有时空距离，怎么才能使孩子感同身受呢？这是一个难点。

其次，单元的语文要素是"关注人物神态、言行、外貌的描写，体会人物品质。查阅相关资料，加深对课文的理解"。两条要素都涉及阅读方法，但是用在哪里，怎么用，又不好决断。

再次，这是一篇回忆录，这个独特的文体该怎么教才得当呢？

几个难点放在一起，使这篇文章本来有足够的味道让人想"拿起来"教，但是想要教好却又是狐狸吃刺猬——不知从何下手。

面对《十六年前的回忆》一课的诸多难点，王崧舟老师却如庖丁解牛，教得游刃有余。细细品读王老师的教学实施过程，以及诸多令人拍案叫绝的教学实施细节，我们不难发现其"解牛"的智慧与策略。

一、入境：从文本语境还原历史情境

（一）查阅资料，进入历史之境

通过查阅资料，学生了解李大钊，了解时代背景。

师：课前，我也请你们查过资料，对1927年的中国发生过哪些重大事件，你们应该也有所了解。来，我们继续交流，每人只说一件。

生6：1927年发生过秋收起义。

师：谁领导的？

生6：毛泽东。

师：对，最后创建了什么根据地？

生6：最后创建了……

师：没事，忘记了。井冈山革命根据地。好，继续交流。

生7：1927年蒋介石发动了"四一二"反革命政变。

师：是的，蒋介石在上海发动了"四一二"反革命政变，大肆屠杀中国共产党人。第三件谁来说？

生8：1927年还发生了南昌起义。

师：南昌起义，中国共产党独立领导武装斗争，打响了武装反对国民党反动派的第一枪。好，继续。

生9：马日事变。

师：马日事变。那个叫许克祥的干了什么坏事，还记得吗？袭击当地的革命组织，大肆屠杀工会成员。还有吗？

生10：1927年汪精卫在武汉发动反革命政变。

师：汪精卫发动反共政变，也是屠杀共产党人，导致国民革命失败。孩子们，这就是1927年的中国。1927年，是中国革命史上最血腥的一年，也是中国共产党武装反抗国民党反动派的第一年。《十六年前的回忆》所写的事情，就发生在这样一个血雨腥风的历史背景之下。

时代背景在教学时之所以难把握，问题在于如何控制讲的深浅，讲深了容易滑向历史课，浅了呢？学生云里雾里不知道是怎么回事，无法深入理解文本。王崧舟老师的设计是基于学情的，他用学生查资料的方式处理时代背景，在掌握学情的基础上再做指点，怪不得王崧舟老师在《美其所美：王崧舟讲语文课怎么上》中提到"真实的语文课堂上，没有抽象的学情，所有的学情都与教学内容密切相关"。

（二）朗读感受，创造课堂情境

把文字转化为声音的过程，有助于学生对课文的理解，又能形成一个场域，历史的场，文本的场，课堂的场，而学生的"在"场，是通过朗读完成的。

师：孩子们，我们一起来看看当时的形势。"啪，啪"几声尖锐的枪声，谁发出的枪声？

生21：敌人发出的枪声。

师：我们一起来模拟一下。短短的一段新闻还没看完，就听见——

生：（齐读）啪，啪……

师：不行，这顶多只能算鞭炮的声音。那是枪声，那是要命的枪声。再来！短短的一段新闻还没看完，就听见——

生：（齐读）啪，啪……

师：不行，得用气声来读。（范读）啪，啪……非常尖锐，非常清晰，非常恐惧。我们再来！短短的一段新闻还没看完，就听见——

生：（齐读）啪，啪……

此时的朗读不只是声音，声音的气息如同经过阿拉丁神灯的召唤，被转化成直观的画面和动人心魄的情境。王老师曾经指出："想象出来的画面、场景、情境和细节才是文本真正要抒发的情感所在。"孩子们在老师的指引下，听着自己的声音，不再是之前直白的吐露，而是调理、控制气息之后带来的新的声音体验和传递出的生命气息。

（三）想象还原，进入文本语境

通过想象还原当时的画面，进入作者的创作语境、文本语境。

师：这就找到感觉了。几声尖锐的枪声，接着是一阵纷乱的喊叫。这纷乱的喊叫是从哪里传来的？

生22：普通老百姓。

师：还是从哪里来的？

生23：敌人。

师：敌人。你仿佛听到敌人在喊什么？

生24：（大声地）李大钊在哪里？赶紧让他出来。

师：又有敌人在大声喊叫——

生25：（大声地）所有人，快去找李大钊。

师：还有敌人在大声喊叫——

生26：（大声地）不要放走一个，都给我抓起来。

……

师：面对这突如其来的尖锐的枪声，面对这突如其来的纷乱的喊叫，包括紧随其后、突如其来的一大群宪兵、侦探、警察，李星华的反应是什么？

生27：紧张。

生28：害怕。

生29：恐惧。

师：一个十六岁的女孩，面对突如其来的枪声，面对突如其来的纷乱的喊叫声，当然紧张，当然害怕，当然恐惧。其实，这是一般人、普通人都会有的反应。然而，我们看看李大钊，谁来读一读李大钊说的话。

想象将学生带入当时的情境，体会李大钊作为父亲的深沉，作为革命者的高尚。一个又一个象打开、呈现、叠加、交织、融会，形成一种立体的、流动的、丰富的境。王老师一再强调："对文字，你必须去还原它、想象它、复活它。通过还原、想象、复活，让文字在你的心中含情脉脉、情意绵绵、热情洋溢、激情四射。"在这样的境界中，学生才能真看见、真听见，才能真感受、真体会，才能真咀嚼、真回味。

二、入文：由文章结构把握文体特征

王荣生教授指出："阅读，就是对某种特定体式文章的阅读，对具体作品的阅读活动。"对回忆性的叙事文章，王崧舟老师不是停留在对事实性知识的传授上，而是带着学生在一遍遍的学习体验中感受，在对文本价值的感受中透彻体悟文体结构的意义。

（一）核准时间节点，入文体，梳脉络

师：我们先来看看她对时间节点的回忆。快速默读课文，看看李星华的回忆中清晰地记住了哪些重要的时间节点。用双横线画下这些时间节点，然后把这些时间节点填到表格上。请开始——

教师帮学生梳理：这个时间节点是哪一年？从哪一段开始？

师：对于1927年，对于李大钊，李星华的回忆是多么清晰啊！我们知道，事情总是在时间中发生，尤其是在时间的节点上发生。请大家默读课文，找一找，画一画，在李星华回忆的这些时间节点中，都发生了哪些事情。

（二）提炼概括事件，入文体，明结构

师：李大钊被害。虽然李星华知道是在29日，但是通过报纸，她知道父亲被害是在28日。我们一起看大屏。已经过去整整十六年了，但是李星华清晰地记得，那年春天——

生：（齐读）李大钊坚守。

师：4月6日——

生：（齐读）李大钊被捕。

师：十几天过去了——

生：（齐读）李大钊被审。

师：28日——

生：（齐读）李大钊被害。

师:（指着课题）而我们知道，所有的这些关键事件都是——

生：十六年前的回忆。

（三）体会反常举止，入文体，会文意

找一找：在李星华的清晰回忆中，李大钊身上有哪些反常表现。

想一想：联系上下文分析一下，为什么李大钊有这些反常表现。

写一写：从这些反常表现中，你体会到李大钊有着怎样的品格。

王荣生教授强调指出：阅读教学"是指导学生形成'所需要的阅读能力'，这实际上是要教师做两件事：第一件事，培养学生用合适的方式看待特定的文本；第二件事，指导学生在这种文本中去看什么地方，从什么地方看出什么东西来"。王老师可谓深谙此段，他从时间、地点、反常表现三个方面入手，庖丁解牛一样顺着文体的缝隙，引导学生将文本一步一步打开，正所谓提领而顿、百毛皆顺。

三、入心：让学生心灵融入先烈心灵

好的教育是有温度的，学校里有，课堂上也有。教师要能带着学生触摸到文本的温度，感受到作者的内心。

（一）借助狱中资料，理解背景，感受父亲遭遇

师：4月6日被捕，已经过去十几天了。十几天没有见到自己的父亲，今天是第一次见到。如果，你是李大钊的女儿，你在法庭上一眼看到父亲这样的穿着、这样的外貌，你难道就没有什么疑问吗？

生43：父亲到底经历了什么？头上乱蓬蓬的，为什么没戴眼镜？

生44：父亲被捕后，被带去了哪里？

师：看着李大钊的外貌，谁还有疑问？

生45：那些可恨的敌人究竟对父亲做了什么？

生46：父亲经历了什么？为什么他的脸还是平静而慈祥的？

生47：父亲过了这么多天，为什么仍旧穿着那件灰布旧棉袍？

师：孩子们，这些问题都是真实的问题，都是当时李星华心里会冒出的疑问。在这里，老师必须给大家提供一段真实的历史资料——

（课件出示）

李大钊从被捕到被害，在狱中度过了22天非人的生活。敌人对他进行了多次审讯，施用了各种酷刑，电椅、老虎凳、用竹签插手指……最后，竟然残忍地拔去了他双手的全部指甲。李大钊坚贞不屈，没有向敌人泄露党的任何机密。为了保护同时被捕的其他同志，李大钊甚至用血迹斑斑的双手写下了《狱中自述》。

师：请大家静静地、郑重地默读一分钟。

生：（默读）

师：孩子们，现在你知道，为什么过去了十几天，父亲仍然穿着那件灰布旧棉袍了吧？现在你知道，为什么一向戴着眼镜的父亲这次却没戴眼镜了吧？现在你知道，为什么父亲的头发是乱蓬蓬的吧？

师：按照常态，这个时候父亲的脸最有可能是怎样的？

生48：是无精打采的。

生49：看上去很累的样子。

生50：非常憔悴。

生51：是很痛苦的神态。

师：因为，李大钊遭受了非人的折磨。但是，孩子们一起看，十六年以后的李星华清晰地记得，那天在法庭上，父亲仍旧穿着他那件——

生：（齐读）灰布旧棉袍。

师：可是，一向戴眼镜的父亲这次却——

生：（齐读）没戴眼镜。

师：我看到了他那乱蓬蓬的长头发下面那张——

生：（齐读）平静而慈祥的脸。

师：孩子们，这又是一次反常的表现。李大钊的肉体遭受了非人的折磨，痛苦和煎熬我们根本无法想象。但是，出现在法庭上的父亲，却是一张平静而慈祥的脸。他希望自己的亲人——

生52：不要担心他。

生53：不要害怕。

生54：不要难过。

生55：不要悲伤。

师：这就是爱，无私的爱！而这样一张平静而慈祥的脸，这样一种极其反常的外貌，又让我们看到了作为革命者的李大钊身上闪耀着什么呢？

当王崧舟老师把父亲李大钊的衣着、外貌描写提取出来注入背景信息后，这种现象就变成了有说服力的事实，它在增进学生理解力的同时也具有了解释力。王老师趁热打铁，又将这种事实与神态两相对比，残酷的事实与回忆的温情之间形成强大的张力，学生的学习就在这张力汹涌的浪潮中循着作者的思路逆流而上。文本内部的价值在冲击碰撞中，经由学生的理解显现出来。

(二)整体回顾全文，以文化人，传承革命文化

师：平常不一定是每天，但一定是经常。平日，平时的日子。从这个平日，我们有理由相信，那年春天，当形势非常严峻的时候，他的心——

生：（齐读）被一种伟大的力量占据着。

师：这个力量就是他平日对我们讲的——

生：（齐读）他对于革命事业的信心。

师：从这个平日，我们有理由相信，4月6日那天，他的心——

生：（齐读）被一种伟大的力量占据着。

师：这个力量就是他平日对我们讲的——

生：（齐读）他对于革命事业的信心。

师：此刻，就在法庭上，李星华终于明白，他的心——

生：（齐读）被一种伟大的力量占据着。

师：这个力量就是他平日对我们讲的——

生：（齐读）他对于革命事业的信心。

师生同读，文、课浑然一体，教师没有置身于场景之外，而是始终与

学生同在，共同进入历史，共同感受作品，共同被作品感染，正如学者季苹所指出的那样："成功的知识传递直接取决于主体是否拥有相同的认知态度。"教师自身的这种情感陪伴，使得课堂有了信任的温度，"立德树人"有了升华的力量。

（三）唤醒历史记忆，感同身受，确证言语生命

师：孩子们，庭审就要结束了。李星华清晰地记得，父亲说完了最后一段话，又望了望我们。那一刻，李大钊有多少心里话想对女儿说啊！而李星华呢，又有多少心里话想对父亲说啊。孩子们，请一二两组同学进入父亲李大钊的角色，三四两组同学进入女儿李星华的角色，把各自最想说的心里话写下来。

语文教育专家潘新和先生指出："体式语感必须上升为语境语感，才能把握言语表现的情境义，深层的暗示义，真正实现语感的应用效能。"王崧舟老师的教学通过带领学生入境、入文顺利地实现了语境的转换，把学生带入了1927年那个惊险、悲壮的情境，学生被父亲的李大钊、革命者的李大钊的品质所震撼，此刻学生既是李星华、李大钊，又是自己，在进行独特的、个性化的体验和言说中，高尚的品质和可贵的精神被自然传承在血脉中，流淌于笔端。

回过头来看，突破教学难点的"牛鼻子"是对"反常"概念的把握，王崧舟老师通过引导学生：

找一找：在李星华的清晰回忆中，李大钊身上有哪些反常表现。

想一想：联系上下文分析一下，为什么李大钊有这些反常表现。

写一写：从这些反常表现中，你体会到李大钊有着怎样的品格。

将零散的教学难点综合在对这三个问题的理解上，随理解的层层递进，思维的力量势如破竹般将教学难点一一突破、联结、点亮，直到学生眼前的价值取向一片光辉，此时课文的意义在生活中也被学生理解了，学生的迁移、表达、应用水到渠成。王崧舟老师执教的《十六年前的回忆》一课，再一次为我们提供了核心素养指导下语文教学的一种样例：结构化地走向深入，进而联结生活。

名师点评

"文化"立起语文的课堂

湖北省仙桃市教科院 向爱平

我最初是2021年7月在贵阳看王崧舟老师上的《十六年前的回忆》一课，今日我再读这堂课的实录，反复回放课堂的实况录像，每看一次我的心就不由得震撼一次。王老师用"文化"立起了语文的课堂，其间值得我们学习的内容太多了。在此简说二三。

一、在教学思想上，定位于"落实课程任务"

一般来说，老师们在教学《十六年前的回忆》时，通常起于课文内容的整体把握，止于李大钊的品质，单纯做的是故事内容和人物品质的理解分析。当然，教学这篇课文，做故事内容的理解和人物品质的分析固然重要，但如果只是这样，就忽略了文本所承担的课程任务。对于这个问题的思考，实际上是两种"情结"的纠缠和两种观念的"交锋"：我们是只需要"课文情结"，还是更应该具有"课程情结"？我们是教课文内容，还是用课文落实语文课程任务？

如果重"课文情结"，从"讲课文内容"的角度出发，老师们这样处理教学无可非议。但是，如果在"课程情结"的关照下，从"落实语文课程任务"的角度出发，指导学生阅读本文，则要在关注文本内容和人物的基础上，盯住语文课程的核心任务"传承和理解中华革命文化"。

很明显，王老师教学思想定位于"用课文落实课程任务"，即如他所言"用语文的方式传承革命文化"。教学思想定位于何方，教学的脚步便会走向何处。王老师的思想定位让教学"站位"高了起来，这种"站位"不是简单的课文"站位"，而是课程"站位"。他告诉我们：做阅读教学的我们，要从以往的"课文情结"走向今天和未来的"课程情结"。

二、在文本解读中，挖掘出"文本教学价值"

我们今天所使用的统编语文教材基本上是文选型教材。教材中选编了大量优秀的文本。一个文本在没有进入教材之前，它只能是"原生性文本"；但是一旦进入教材，它便成为了"教学文本"，它的角色和功能发生了变化。我们对文本的解读不能止于"原生性文本"的细读，而要善于挖掘"教学文本"的教学价值。

王老师对"文本教学价值"的挖掘有两点值得借鉴。

第一，站在立德树人的高度进行革命文化的追问。语文课程承载着立德树人的重要任务，靠什么"立德"？用什么"树人"？就阅读教学来讲，文章即"感染"，阅读即"浸润"。《十六年前的回忆》无论是从思想内容上，还是人物的精神品格上，都是对学生进行革命传统教育、理想信念教育的优秀作品。王老师没有简单地理解"精神品格"的"教育"，而是将文本搁置于革命文化的大背景下，去追问那段历史，去传承革命文脉，来激发今人奋发的力量。他关注文章的背景，为的是让学生感受白色恐怖的1927年；他精析人物的神态、外貌和言行，为的是让学生抵达人物精神与灵魂；他拓展相关的资料，为的是让学生更能深刻地感受到"伟大的力量"。一句话，没有这样的对革命文化的追问，就没有王老师心中"文本教学价值"的"最大化"。

第二，站在"内容＋形式＋语言"的宽度开展文本教学价值的追寻。

一个文本由三个关键要素组成，即内容、形式和语言。智者之高明，就在于能从这"三要素"之中追寻到"教学价值"，落实语文的训练。我们来探探王老师的"追寻"。

从体裁上来看，文章是一篇带有回忆录性质的叙事散文，讲述的事件真实，具有史料价值。这一点王老师一开始就注意到了。他将文章内容与历史相结合，将历史与革命文化的传承与理解相结合即出自于此。

从文章所记事情上来看，事例典型，有局势严峻下的苦难，有不幸被捕的惊险，有法庭见面的悲壮，有父亲被害的悲痛，事件与情感相交织，每一幕都揪着人心。这一点王老师关注到了。他让学生身临其境看到事件（如被捕时"尖锐的枪声"的模拟），让学生于情境之中产生情感共鸣即源于此。

从人物形象上来看，李大钊是一个慈祥的父亲，是一个伟大的革命者，是一个作为革命者的父亲。这一点王老师尤为重视。他努力让学生感受到李大钊作为父亲的慈祥，深刻体会到李大钊作为革命者的坚强和伟大。他让李大钊实实在在地重新"站"在了孩子们的眼前，"活"到了孩子们的心中。

从写作手法上来看，文章线索清晰，由时间顺序组成的"明线"，形成了空间转换；由"我"的情感变化与父亲的表现相辅相成组成的"暗线"，让"回忆"丰满起来。这一点王老师用到了。教学一开始，他便让学生寻找四个"节点"，厘清文脉和结构。再如，文章作者精选角度，通过"我"观察展开叙述。正是因为这一个角度，才没有展开对父亲监狱里的情形和遇害情景的叙述，给我们留下了"空白"。这一点王老师捕捉到了。他利用两处"空白"，适时补充资料，让学生阅读的视域宽阔起来，让学生的阅读认识丰富起来。

从语言表达上来看，首先是作者在人称使用上，"父亲"贯穿始终。王老师利用这一特定的人称，厘清作者与李大钊之间的关系，开展女儿与父亲的"对话"。其次，作者在文中对李大钊的语言、神态和行为展开了细致描写。王老师更是在这一方面大做"文章"，他从李大钊所有语言、神态、行为和外貌的表现中敏锐地发现了"反常",让学生品味语言,体会品格,直抵精神。

三、在教学处理时,搭建好"阅读活动支架"

学生是阅读的主体。阅读教学不能是教师单纯地给学生讲课文,它要求我们为每一个学生创建一个积极参与并能诱发学习兴趣与体验的"阅读场"。在这个"阅读场"中,教师承担着"协助者"的作用。所谓"协助者",即教师要指导学生阅读,帮助学生阅读。这就需要教师为学生搭建有效的"阅读活动支架"。

我们来看王老师是怎样搭建"支架"的。

第一,目标支架。目标是阅读活动的"航标灯"。王老师在语文课程标准和统编语文教材关于目标设计的整体观照中,从人文性和工具性互为统一的角度出发,紧扣单元的"语文要素",结合课后思考练习,准确地提炼出阅读本文的"核心目标":学习关注外貌、神态、言行,体会人物品质的方法,受到革命传统和理想信念教育。这一"核心目标"给学生的阅读活动指明了方向。

第二,探究支架。阅读的过程就是探究的过程,必须有基本的凭借,教师要善于给学生搭建探究的"支架"。"支架"从何而来?往往来自教师对文本语言要素的挖掘。但并不是文本中的所有语言要素都可以作为"探究支架"的。一个文本中值得推敲的语言是很多的,受到学生的心理发展规律与语文学习阶段性因素的影响,以及语文教材对"学习语言文字运用"的整体设计,教师寻找"探究支架"时要有针对性、适切性。王老师在对本文语言描写的研究中十分睿智地发现了"反常",他用"反常"作为"支架",让学生在自读中先找一找,在李星华的清晰回忆中,李大钊身上有哪些反常表现;再想一想,联系上下文分析一下,为什么李大钊有这些反常表现;最后写一写,从这些反常表现中,你体会到李大钊有着怎样的品格。在随后的交流中,他先分别聚焦于"反常神态""反常言行""反常外貌",

体会李大钊的品格；然后再回头"透视反常"，直抵李大钊的精神。是的，"反常"支撑起了整个阅读的探究过程，的确高明。

第三，表达支架。有阅读就会有表达。阅读和表达不是形式上的读写结合，而是于阅读深处的心声抒发。王老师跳出了简单形式上的读写练笔，他巧用"写一写"来促进学生阅读的"内化"。请看他的引导："孩子们，庭审就要结束了。李星华清晰地记得，父亲说完了最后一段话，又望了望我们。那一刻，李大钊有多少心里话想对女儿说啊！而李星华呢，又有多少心里话想对父亲说啊。孩子们，请一二两组同学进入父亲李大钊的角色，三四两组同学进入女儿李星华的角色，把各自最想说的心里话写下来。"在背景音乐大提琴曲《悲伤》缓缓响起的时候，孩子们"情动而辞发"，进行想象写话。此时的学生已经不是一个阅读者，而是故事中的"人"啊！他们开始了跨越时空的对话，而就在这样的"对话"中，理想和信念的种子在发芽，语言的生成焕发出了生命的光彩。

第四，资源支架。教师作为学生阅读的"帮助者"，应该"帮"在何处？王老师告诉我们，要善于给学生提供阅读的资源。王老师是一个资源的"淘金人"，细观他的语文课，对于资源的利用是一大特色。他在《墨梅》中使用了"资源支架"，在《好的故事》中使用了"资源支架"。在本课的教学中也搭建了两次"资源支架"：第一次，王老师给学生提供李大钊在监狱中所受酷刑的资料。在狱中虽然李大钊的肉体遭受了非人的折磨，痛苦和煎熬我们根本无法想象，但是，出现在法庭上的父亲，却是一张平静而慈祥的脸。"平静而慈祥"这样一种极其反常的外貌的背后是他无私的爱，是他作为革命者对党的无限忠诚，对革命事业的坚定信心。第二次，在背景音乐《红旗颂》响起后，王老师提供了红四团、刘胡兰、董存瑞和当代共产党人的相关资料，让学生深刻地认识到"所有这些人的心都被一种伟大的力量占据着，这力量就是对革命事业的坚定信心"。"这样的革命精神，一定还会继续传承、继续发扬、继续光大！这样的革命精神，永垂不朽！"

我总认为，语文教师首先必须是一个文化人，要具有文化心理、文化底蕴、文化责任和文化使命感。我曾不止一次对身边的青年教师说，王老师是一个文化人，他所创造的"诗意语文"是"文化的语文"，他用语文独有的方式实实在在地做着传承文化的事情。

　　《十六年前的回忆》即是如此！

第七课

如何以大概念统领群诗教学

——《咏物诗与〈竹石〉》

教学简案

教学 版本

统编小学语文教科书六年级下册第 10 课《古诗三首》之《竹石》。

大 概念

托物言志：咏物诗是通过所咏之物来寄托诗人特定思想情感的诗歌。阅读咏物诗，既要把握所咏之物的形象特点，更要体会诗人在所咏之物中寄托的特定思想感情。

教学 目标

1. **核心目标**：通过对咏物诗的一般特点和阅读方法的梳理，在自主、合作、探究的过程中体会《竹石》的意象内涵，感受诗人勇敢坚定、顽强不屈的人格魅力。

2. **条件目标**：能初步把握咏物诗的一般特点和阅读方法；能在自主、合作、探究的过程中运用咏物诗的阅读方法，理解《竹石》的意象内涵；能有感情地朗读课文，背诵并默写诗歌；能联系诗人生平资料，体会诗人刚正不阿、正直无畏的人格追求。

教学 时间

2 课时。

教学过程

一、回顾与梳理：记忆的咏物诗

1. 复习回顾王冕的《墨梅》。

物	人	诗
梅	高洁脱俗、一身清气	王冕《墨梅》

2. 复习回顾王安石的《梅花》。

物	人	诗
梅	不畏艰难、坚持操守	王安石《梅花》

3. 复习回顾虞世南的《蝉》。

物	人	诗
蝉	品格高洁、声名远播	虞世南《蝉》

4. 复习回顾罗隐的《蜂》。

物	人	诗
蜂	辛勤劳作、无私奉献	罗隐《蜂》

5. 复习回顾于谦的《石灰吟》。

物	人	诗
石灰	坚守节操、不怕牺牲	于谦《石灰吟》

6. 梳理总结咏物诗的阅读策略。

想一想：所咏之物有什么特点；

找一找：有没有直接写诗人情感倾向的诗句；

联一联：咏物诗跟诗人有什么关系。

二、阅读与探究：郑燮的咏物诗

（一）借助支架，合作探究

1. 以四人小组为单位，合作学习郑燮的《竹石》

想一想：诗人郑燮笔下的竹石有什么特点。

我们找出了诗中的这些关键词：(在诗中用圆圈圈出来)

通过这些关键词，我们发现竹石的特点：_____

找一找：《竹石》中直接写诗人郑燮情感倾向的诗句。

我们找到直接写诗人情感倾向的诗句是：(在诗中用波浪线画出来)

我们体会到诗人对竹石的情感倾向是：_____

联一联：《竹石》跟诗人郑燮有什么关系。

我们认为《竹石》跟诗人郑燮的这些事迹有关系（有关联的打钩）

①大旱期间，郑燮冒着抗旨罢官的危险，下令开仓救济灾民。（　）

②不顾贪官劣绅的反对，郑燮下令大户人家煮粥以施救灾民。（　）

③不满官场的腐败黑暗，郑燮毅然辞官，在扬州靠卖画为生。（　）

（二）围绕支架，深度学习

1. 紧扣诗眼，整体把握竹石特点

小组汇报：郑燮笔下的竹石有什么特点。

全班讨论：为什么题目是"竹石"而非"竹子"。

补充郑燮关于画石的资料，加深理解"竹石"。

2. 类比还原，深入体察情感倾向

小组汇报：《竹石》中有没有直接表明诗人情感倾向的诗句。

创设情境引读古诗，加深体会诗人的情感倾向。

想象写话：

当烈日炎炎的时候，竹石_____

当暴雨倾盆的时候，竹石_____

当寒霜凛冽的时候，竹石_____

当大雪纷飞的时候，竹石_____

3.知人论世，情理交融感悟人格

小组汇报：《竹石》这首诗跟郑燮有什么关系。

播放视频：《糊涂县令郑板桥》片段

在情境中诵读《竹石》。

三、表达与升华：自己的咏物诗

梳理表格：

物	人	诗
梅	高洁脱俗、一身清气	王冕《墨梅》
梅	不畏艰难、坚持操守	王安石《梅花》
蝉	品格高洁、声名远播	虞世南《蝉》
蜂	辛勤劳作、无私奉献	罗隐的《蜂》
石灰	坚守节操、不怕牺牲	于谦《石灰吟》
竹石	勇敢坚定、顽强不屈	郑燮《竹石》

想象表达：如果你来写一篇文章，要借物喻人，要托物言志。你最想写的是什么物？你想借此物来喻什么人？

总结：做一个像你所写之物、所爱之物、所敬之物的人，才是我们学语文的最终目的。

板书设计

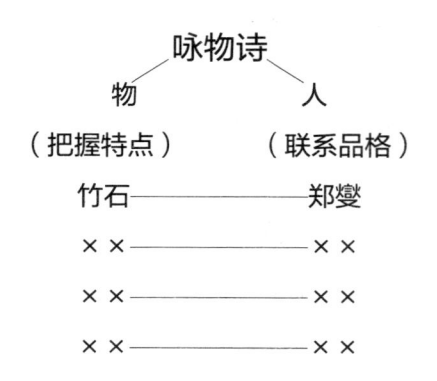

```
            咏物诗
         ┌────┴────┐
         物        人
      （把握特点）（联系品格）
        竹石────────郑燮
         ××────────××
         ××────────××
         ××────────××
```

课堂教学实录

一、回顾与梳理：记忆的咏物诗

师：小学六年，咱们学过不少古诗。其中有一类古诗比较特别，叫"咏物诗"。（板书：咏物诗）

师：咏物诗，从表面上看好像写的是"物"。（板书：物）这里的"物"，有的是动物，有的是植物，有的是矿物，也有的是别的事物。但是，实际上，咏物诗真正要写的不是物，而是——

生：（齐答）人。

师：（板书：人）是的，人。人的思想，人的情感，人的品格。下面，我们先来理一理小学阶段我们已经学过的咏物诗。大家看这张表——

（课件呈现）

物	人	诗
梅	高洁脱俗、一身清气	

师：譬如，这首咏物诗从表面上看所咏之物是——

生：（齐答）梅。

师：但实际上，诗人真正要写的是这样的人——

生：（齐读）高洁脱俗，一身清气。

师：想一想，这是哪一首咏物诗？

生1：我认为是王冕的《墨梅》。

师：是的，就是王冕的《墨梅》。

（课件呈现）

物	人	诗
梅	高洁脱俗、一身清气	王冕《墨梅》

师：王冕的《墨梅》，你会背吗？

生1：(背诵王冕的《墨梅》)

师：真好！背得又流利又有感情，可见这首诗她已经入脑入心了。

(课件呈现：王冕的《墨梅》)

师：来，我读题目和作者，你们一起读诗的正文。

生：(齐读)

师：真好！我们继续看表格——

(课件呈现)

物	人	诗
梅	高洁脱俗、一身清气	王冕《墨梅》
梅	不畏艰难、坚持操守	

师：这首咏物诗咏的物也是——

生：(齐答)梅。

师：但是，诗人真正要咏的却是这样的人——

生：(齐答)不畏艰难、坚持操守。

师：想一想，这是哪一首咏物诗？

生2：王安石的《梅花》。

师：是的，就是王安石的《梅花》。

(课件呈现)

物	人	诗
梅	高洁脱俗、一身清气	王冕《墨梅》
梅	不畏艰难、坚持操守	王安石《梅花》

师：会背这首咏物诗吗？

生2：(背诵王安石的《梅花》)

师：嗯，记得一字不差，读得字正腔圆。来，我们一起读一读王安石的《梅花》——

（课件呈现：王安石的《梅花》）

生：（齐读）

师：好的，我们继续看——

（课件呈现）

物	人	诗
梅	高洁脱俗、一身清气	王冕《墨梅》
梅	不畏艰难、坚持操守	王安石《梅花》
蝉	品格高洁、声名远播	

师：这首咏物诗咏的物是——

生：（齐答）蝉。

师：但诗人真正要咏的不是蝉，而是这样的人——

生：（齐读）品格高洁、声名远播。

师：想一想，这是哪一首咏物诗？

生3：这首诗应该是虞世南的《蝉》。

师：没错，就是虞世南的《蝉》。

（课件呈现）

物	人	诗
梅	高洁脱俗、一身清气	王冕《墨梅》
梅	不畏艰难、坚持操守	王安石《梅花》
蝉	品格高洁、声名远播	虞世南《蝉》

师：你会背这首咏物诗吗？

生3：（背诵《蝉》）

师：完全正确！真好！来吧，我们一起来读一读虞世南的《蝉》。

（课件呈现：虞世南的《蝉》）

生：（齐读）

师：我们继续看——

（课件呈现）

物	人	诗
梅	高洁脱俗、一身清气	王冕《墨梅》
梅	不畏艰难、坚持操守	王安石《梅花》
蝉	品格高洁、声名远播	虞世南《蝉》
蜂	辛勤劳作、无私奉献	

师：这首咏物诗，表面上咏的物是——

生：(齐答)蜂。

师：实际上，诗人真正要写的是这样的人——

生：(齐读)辛勤劳作、无私奉献。

师：想一想，这又是哪一首咏物诗？

生4：唐代罗隐的《蜂》。

师：没错，就是罗隐的《蜂》。

(课件呈现)

物	人	诗
梅	高洁脱俗、一身清气	王冕《墨梅》
梅	不畏艰难、坚持操守	王安石《梅花》
蝉	品格高洁、声名远播	虞世南《蝉》
蜂	辛勤劳作、无私奉献	罗隐《蜂》

师：你能背一背罗隐的《蜂》吗？

生4：(背诵《蜂》)

师：后面两句大家特别熟。来，我们一起读一读罗隐的《蜂》——

(课件呈现：罗隐的《蜂》)

生：(齐读)

师：好，我们继续看——

(课件呈现)

物	人	诗
梅	高洁脱俗、一身清气	王冕《墨梅》
梅	不畏艰难、坚持操守	王安石《梅花》
蝉	品格高洁、声名远播	虞世南《蝉》
蜂	辛勤劳作、无私奉献	罗隐《蜂》

续表

物	人	诗
石灰	坚守节操、不怕牺牲	

师：这首咏物诗，表面上咏的物是——

生：（齐答）石灰。

师：但实际上，诗人真正要写的是这样的人——

生：（齐读）坚守节操，不怕牺牲。

师：想一想，这是哪一首咏物诗？

生5：我认为是于谦的《石灰吟》。

师：没错，就是于谦的《石灰吟》。

（课件呈现）

物	人	诗
梅	高洁脱俗、一身清气	王冕《墨梅》
梅	不畏艰难、坚持操守	王安石《梅花》
蝉	品格高洁、声名远播	虞世南《蝉》
蜂	辛勤劳作、无私奉献	罗隐《蜂》
石灰	坚守节操、不怕牺牲	于谦《石灰吟》

师：你能背一背《石灰吟》吗？

生5：（背诵《石灰吟》）

师：真好！铿锵有力，铁骨铮铮。《石灰吟》就应该读出这样的气势！来，我们一起像他这样，来读一读于谦的《石灰吟》——

（课件呈现：于谦的《石灰吟》）

生：（齐读）

师：（**课件呈现**）

物	人	诗
梅	高洁脱俗、一身清气	王冕《墨梅》
梅	不畏艰难、坚持操守	王安石《梅花》
蝉	品格高洁、声名远播	虞世南《蝉》
蜂	辛勤劳作、无私奉献	罗隐《蜂》
石灰	坚守节操、不怕牺牲	于谦《石灰吟》

师：孩子们，表格中我们学过的这些古诗，都叫——

生：（齐答）咏物诗。

师：那么，根据你以前的学习经验，你能不能给咏物诗的学习提一些有用的建议呢？

生6：我的观点是，咏物诗里可以先找到作者的背景。

师：要找到作者的背景，是吗？非常好的建议。我们继续交流——

生7：我觉得学咏物诗可以联系到作者的生平经历。

师：你说的生平经历，就是她说的作者背景。只有联系作者的生平经历，也就是作者的写作背景，才能更好地读懂咏物诗。好，我们继续交流——

生8：我认为咏物诗可以联系物的品格和品质。

师：非常好！咏物诗首先是咏物，所以，所咏之物的品质、特点我们一定要好好把握。谁还有补充的吗？

生9：我对王小馨和周丽容、蒋紫薇的内容有补充。

师：是吗？你对前面所有发言的同学都有补充，我们很期待！请说——

生9：可以先了解他所在的朝代。因为每个朝代发生的事都是不一样的，他们在那种环境里面的情绪也是不一样的。

师：了解朝代，就是了解作者的写作——

生9：背景。

师：就是了解作者的生平——

生9：经历。

师：这跟前面两位同学的观点是一致的。所以，你补充的重点不在这里。重点在那种环境、那种背景、那种经历下，作者的——

生9：情绪。

师：情绪，情感。是的，这才是你补充的重点所在。读咏物诗，更应该关注作者的情感。太好了！老师完全赞同你们提出的建议。结合你们的建议，我梳理了三条学好咏物诗的建议。我们一起来看看。

（课件呈现）

咏物诗阅读建议：

1. 想一想：所咏之物有什么特点；

2. 找一找：有没有直接写诗人情感倾向的诗句；

3. 联一联：咏物诗跟诗人有什么关系。

师：关于咏物诗的学习，我梳理了这样三条建议，当然是结合了你们的建议。谁来读一读？

生10：（朗读）想一想：所咏之物有什么特点。

师：这是第一条建议。把握"物"的特点。请继续——

生10：（朗读）找一找：有没有直接写诗人情感倾向的诗句。

师：这是第二条建议。关注"人"的情感。请继续——

生10：（朗读）联一联：咏物诗跟诗人有什么关系。

师：这是第三条建议，也是最重要的建议。只有发现诗歌和诗人之间的关系，才能真正读懂咏物诗。

二、阅读与探究：郑燮的咏物诗

（一）借助支架，合作探究

师：孩子们，我们今天要学习一首新的咏物诗。

（课件出示：郑燮的《竹石》）

师：这首咏物诗的题目叫——

生：（齐读）竹石。

师：（板书：竹石）这首咏物诗的作者叫——

生：（齐读）郑燮。

师：（板书：郑燮）看老师写他的名字。"燮"是个生字，也是一个生僻字，注意它的读音。这首诗的作者叫——

生：（齐读）郑燮。

师：再读。

生：（齐读）郑燮。

师：课前我布置了预习任务，请你们查一查郑燮的背景资料。查过了吗？

生：（齐答）查过了。

师：很好！那么，谁来分享一下？对郑燮你有哪些了解？

生1：老师，我知道，郑燮，字克柔，号理庵，又号板桥。

师：是的，"板桥"是他最出名的号，所以，郑燮又叫——

生1：郑板桥。

师：不少人甚至忘了他的名和字，却知道他这个号。郑燮就是——

生：（齐答）郑板桥。

师：郑板桥就是——

生：（齐答）郑燮。

师：好！我们继续分享——

生2：郑燮中年得中进士，任过知县，他因为帮助受灾贫民诉说而得罪上司，干脆辞官不做。

师：没错，中过进士，做过知县，最后又辞官不做了，这是郑燮（郑板桥）非常重要的一段生平经历。谁还有补充？

生3：我对他的生平经历有补充。当他得罪上司，辞官回家来到扬州，他靠卖画为生。

师：辞官以后，在扬州卖画为生。他是"扬州八怪"之一。知道他最擅长画什么吗？

生3：竹子，兰花，还有石头。

师：是的是的。所以郑板桥曾经这样说过，"四时不谢之兰，百节长青之竹，万古不败之石"。当然，最后还要加一个人，什么人？"千秋不变之人"。这个人，指的就是——

生：（齐答）郑板桥。

师：孩子们，郑板桥的这些生平事迹，对于我们学习《竹石》这首咏物诗是很有帮助的。那么，郑燮的这首《竹石》，我们可以怎么学呢？老师根据刚才提出的三条建议，设计了这样一张任务单——

（课件呈现）

一、想一想：诗人郑燮笔下的竹石有什么特点。

我们小组找出了诗中的这些关键词：（在诗中用圆圈圈出来）

通过这些关键词，我们小组发现竹石的特点：

二、找一找：《竹石》中直接写诗人郑燮情感倾向的诗句。

我们小组找到直接写诗人情感倾向的诗句是：（在诗中用波浪线画出来）

从中我们小组体会到诗人对竹石的情感倾向是：

三、联一联：《竹石》跟诗人郑燮有什么关系。

我们小组认为《竹石》跟诗人郑燮的这些事迹有联系（有联系的打钩）

①大旱期间，郑燮冒着抗旨罢官的危险，下令开仓救济灾民。（　）

②不顾贪官劣绅的反对，郑燮下令大户人家煮粥以施救灾民。（　）

③不满官场的腐败黑暗，郑燮毅然辞官，在扬州靠卖画为生。（　）

师：谁来读一读第一项任务？

生4：（朗读）想一想：诗人郑燮笔下的竹石有什么特点。

师：怎么完成这项任务呢？第一步——

生4：（朗读）我们小组找出了诗中的这些关键词：在诗中用圆圈圈出来。

师：第二步——

生4：（朗读）通过这些关键词，我们小组发现竹石的特点。

师：把竹石的特点写下来，明白吗？好！第二项任务谁来读？

生5：（朗读）找一找：《竹石》中直接写诗人郑燮感情倾向的诗句。

师：怎么做呢？第一步——

生5：（朗读）我们小组找到直接写诗人情感倾向的诗句是：在诗中用波浪线画出来。

师：第二步——

生5：（朗读）从中我们小组体会到诗人对竹石的情感倾向是。

师：写下来，明白吗？好的，第三项任务，谁来读一读？

生6：（朗读）联一联：《竹石》跟诗人郑燮有什么关系。

师：这项任务怎么做呢？你们就要在读懂竹石特点的基础上，去发现这首诗跟郑燮的哪些事迹有联系。我们从郑板桥的生平经历中选择了这样三条事迹。第一条——

生6：（朗读）大旱期间，郑燮冒着抗旨罢官的危险，下令开仓救济灾民。

师：你们查过资料，知道这条事迹，对吧？好，第二条——

生6：（朗读）不顾贪官劣绅的反对，郑燮下令大户人家煮粥以施救灾民。

师：这条事迹，你们查过的资料当中也有，对吧？好，第三条——

生6：（朗读）不满官场的腐败黑暗，郑燮毅然辞官，在扬州靠卖画为生。

师：这条事迹，就是刚才这位同学所作的补充说明，对吧？好，那么，这三条事迹，是否跟《竹石》有关呢？有关系的，打钩；没关系的，不打钩。明白吗？

生：（齐答）明白。

师：很好！有不明白的，可以随时举手请老师帮助。下面，我们就以四人小组为单位，明确任务，合作学习，抓紧时间，一起攻关。

生：（小组合作学习，花时6分钟）

师：（巡视指导，相机建议）

小组学习，不仅要各抒己见，更要达成共识。要达成共识，相互倾听很重要。只有倾听小伙伴的意见，才能理解各自的想法；只有理解了各自的想法，才能最终达成共识。所以，倾听很重要！

不动笔墨不读书。个人学习是这样，小组学习同样如此。一旦达成共识，该画的就要马上画下来；该写的就要马上写下来。

老师发现，有相当一部分小组已经顺利完成了第一、第二项的学习任务，也有个别小组已经完成了三项学习任务。完成之后做什么呢？老师的建议是：第一，确定小组汇报人，汇报人准备汇报学习成果；第二，把你们的学习成果融入这首诗中，有感情地朗读《竹石》。

（二）围绕支架，深度学习

1. 紧扣诗眼，整体把握竹石特点

师：好！小组合作，到此结束！立刻！马上！马上！立刻！

生：（迅速安静，回归原位）

师：真好！现在开始，汇报成果。大家都知道，学习咏物诗，首先要去关注所咏之物的特点。（板书：把握特点）那么，郑板桥的"竹石"，你们发现了什么特点？你们又是从哪些地方发现特点的呢？来！哪个小组？哪位代表？

生7：我们小组从第三句"千磨万击还坚劲"中的"千磨万击"和"坚劲"看出竹石的生命力是非常顽强的。

生8：我们对这个小组发言有补充，我们小组觉得"任尔东西南北风"也表达出竹石的特点是坚韧不拔，意志坚强。

师：关键的关键是哪个词？你们圈出来的是哪个词？

生8："任尔"。

师：好的，"任尔"。继续汇报，继续补充。

生9：我们小组从"千磨万击还坚劲"中体会到了竹石的特点。

师：请让我插一句，你们圈的是哪个关键词？

生9：我们圈的是"坚劲"，这个"坚劲"代表了竹石的不畏困难。

师：有道理。还有哪些小组也圈了"坚劲"这个词？

生：（纷纷举手）

师：为什么圈"坚劲"？你们的理由是什么？

生10：我们小组圈"坚劲"，也是因为觉得竹石的生命力非常顽强、不畏困难。

生11：我们小组从"坚劲"这个词感觉到了竹石有那种坚强不屈的精神。

生12：我们小组从"坚劲"这个词看出了竹石的坚持操守。

师：听了各小组的汇报，我们基本达成了一点共识。最能体现"竹石"特点的这个词就是——

生：（齐答）坚劲。

师：请把"坚劲"圈出来。

生：（圈出"坚劲"）

师：一起来好好读一读"坚劲"这个词——

生：（齐读）坚劲。

师：坚定地读。

生：（齐读）坚劲。

师：有力地读。

生：（齐读）坚劲。

师：谁能给"坚劲"找一个近义词？

生13：坚韧不拔。

生14：坚定。

生15：坚强。

生16：坚持不懈。

师：是的。坚劲，坚劲。"坚"意味着坚定、坚强、坚韧不拔；"劲"意味着刚劲、强劲、苍劲有力。你们从"咬定"中体会到了竹石的坚劲，从"立根"中体会到了竹石的坚劲，从"千磨万击"中体会到了竹石的坚劲，也从"任尔东西南北风"中体会到了竹石的坚劲。现在，我们用自己的朗读把竹石的"坚劲"读出来——

生：（齐读《竹石》）

师：读得坚韧不拔，苍劲有力，真好！但是，从你们刚才的汇报中，老师发现了一个问题。你们抓的这些关键词，"咬定"，"立根"，"千磨万击"，好像都是写竹子的。但是，郑板桥这首诗的题目却叫——

生：（齐读）竹石。

师：不是"竹"，而是——

生：（齐读）竹石。

师：按照你们刚才的汇报，竹石的"石"完全可以删除啊！题目只要一个字就可以了——"竹"。孩子们,这样改行吗?你们怎么看这个"石"?

生17:我认为,就是说竹子生长在破岩中,从"破岩中"说明它生命力的顽强。

师:生命力顽强。你的意思是用"石"来反衬"竹",是吗?好,这是他的理解。

生18:我觉得"咬定青山"也一样,"青山"就是"石"。

师:你的意思还没有说完,我们顺着她的思路继续思考,那么"竹"和"石"就是——

生18:共存。

师:"共存",共同存在,相互依靠,是吗?真好!谁还有补充?

生19:我对李新恺有补充。就是我从"立根原在破岩中"的"破岩中",就可以知道原来一个石头是完整的,但是竹子在生长过程中把它给弄碎了。

师:体现了什么呢?

生19:体现了竹子的生命力非常顽强。

师:很好。其实你的看法跟他(指发表"反衬"意思的那位学生)的观点是一致的。那么,郑板桥自己是怎么看"竹"与"石"的呢?想知道吗?

生:(齐答)想!

师:请看大屏幕——

(课件出示:郑板桥的《竹石图》)

生:(观察《竹石图》)

师:我们都知道,竹子最大的特点就是两个字——

生:(齐答)坚劲。

师:那么,郑板桥笔下的"石"给你的是一种什么感觉呢?

生20:我的第一直觉是,郑板桥的石在竹子面前显得不堪一击。

师:是吗?不堪一击?(对着其他学生)竹把石击垮了吗?

生:(齐答)没有。

师:竹把石压碎了吗?

生：（齐答）没有。

师：看来，你被直觉欺骗了。孩子们，要看图，要仔细看郑板桥画的石。我们继续交流——

生21：我的第一感觉是石头是非常坚硬的。

生22：我觉得石头是有棱角的，而且很有气势。

生23：我的感觉是石头像竹子一样，也非常的坚劲。

师：真好！你们的感觉都非常敏锐。那么，我们来看看郑板桥自己是怎么说他的石头的——

（**课件出示**）

燮画此石，丑石也：丑而雄，丑而秀。

师：郑板桥自己说：燮画此石——

生：（齐读）丑石也。

师：是真的丑吗？

生：（齐答）不是。

师：肯定不是！我们刚才已经欣赏了他画的竹石，郑板桥画的石，那叫——

生：（齐答）丑而雄。

师：那叫——

生：（齐答）丑而秀。

师：雄，组个词，就是——

生24：雄伟。

生25：雄壮。

师：秀，组个词，就是——

生26：优秀。

生27：秀丽。

师：是的，郑板桥笔下的石头，雄壮，秀丽。其实啊，在郑板桥的笔下，竹和石往往是融为一体的。大家看——

（课件呈现：第一幅《竹石图》）

师：竹前画的是——

生：（齐答）石头。

师：石后画的是——

生：（齐答）竹子。

师：竹子和石头——

生：（齐答）融为一体。

师：继续看——

（课件呈现：第二幅《竹石图》）

师：竹旁画的是——

生：（齐答）石头。

师：石边画的是——

生：（齐答）竹子。

师：竹子和石头——

生：（齐答）融为一体。

师：我们继续看——

（课件呈现：第三幅《竹石图》）

师：竹下画的是——

生：（齐答）石头。

师：石上画的是——

生：（齐答）竹子。

师：竹子和石头——

生：（齐答）融为一体。

师：在郑板桥的笔下，竹和石相互依靠，石和竹融为一体。石头的雄秀让竹子变得更加——

生：（齐答）坚劲。

师：竹子的坚劲让石头变得更加——

生：（齐答）雄秀。

师：所以，坚劲的不只是竹子，还有——

生：（齐答）石头。

师：所以，雄秀的不只是石头，还有——

生：（齐答）竹子。

师：因为，它们是相互依靠、融为一体的。所以，这首诗的题目才叫作——

生：（齐答）竹石。

师：明白了这一点，我们再来读一读郑板桥的《竹石》，读出坚劲，读出雄秀——

生：（齐读《竹石》）

2. 类比还原，深入体察情感倾向

师：真好！我们都知道，读咏物诗，不仅要把握所咏之物的特点，还要寻找诗中直接抒发情感倾向的句子。其实，我们以前学过的咏物诗，就有这样直接抒发情感倾向的诗句。比如，在王冕的《墨梅》中，就有这样两句诗——

（课件呈现）

不要人夸好颜色，只留清气满乾坤。

生：（齐读）

师："不要"怎么样，"只留"怎么样，就是一种情感，就是一种态度。这样的情感和态度是谁发出的？

生：（齐答）王冕。

师：这就是直接抒发情感倾向的诗句。我们继续看，在于谦的《石灰吟》中，就有这样的两句诗——

（课件呈现）

粉骨碎身浑不怕，要留清白在人间。

生：（齐读）

师："不怕"就是一种情感，"要留"就是一种态度。这是谁的情感和态度？

生：（齐答）于谦。

师：这就是直接抒发情感倾向的诗句。那么，《竹石》当中有没有这样的诗句呢？小组汇报，继续分享——

生28：我们小组觉得是"千磨万击还坚劲，任尔东西南北风"，它表达了对竹石的喜爱、赞美与敬佩。

师：喜爱、赞美与敬佩，这是对竹石的情感和态度。继续交流——

生29：我对他们小组还有补充，我们小组认为诗人对竹和石的情感倾向更是有洒脱、潇洒、豪迈，向世人展示的是竹子的魅力。

师：同样是"千磨万击还坚劲，任尔东西南北风"，他们小组感受到的是喜爱、赞美与敬佩，而你们小组体会到的是洒脱、潇洒与豪迈。真好！我们一起来读一读这两句诗，读出赞美，读出豪迈——

生：（齐读）千磨万击还坚劲，任尔东西南北风。

师：注意这里的"任尔"，"任尔"是什么意思？

生30：就是不管你怎么样。

生31：就是无所谓。

生32：就是什么都不怕。

师：是的，情感和态度，就在这个"任尔"上。我们再来读一读，读出不怕，读出无畏——

生：（齐读，"任尔"读重音）

师："任尔东西南北风"，郑板桥的竹石永远是那样的——

生：（齐答）坚劲。

师：永远是那样的——

生：雄秀。

师：你们看——

（课件呈现相关图文）

师：春天，当料峭的东风呼呼吹来的时候，咱们的竹石——
生：（齐读）千磨万击还坚劲，任尔东西南北风。

师：继续看——

（课件呈现相关图文）

师：夏天，当炎热的南风哗哗吹来的时候，咱们的竹石——
生：（齐读）千磨万击还坚劲，任尔东西南北风。

师：继续看——

（课件呈现相关图文）

师：秋天，当强劲的西风飒飒吹来的时候，咱们的竹石——
生：（齐读）千磨万击还坚劲，任尔东西南北风。

师：继续看——

（课件呈现相关图文）

师：冬天，当凛冽的北风嗖嗖吹来的时候，咱们的竹石——
生：（齐读）千磨万击还坚劲，任尔东西南北风。

师：竹石害怕过吗？
生：（齐答）没有！
师：竹石退缩过吗？
生：（齐答）没有！
师：竹石低头过吗？
生：（齐答）没有！

师：事实上，竹石遭遇的仅仅只是东西南北风的打击和折磨吗？肯定不是！那么，孩子们，请你展开想象，郑板桥笔下的竹石，还会遭遇怎样的打击和折磨？面对这样的打击和折磨，竹石又会是一种怎样的表现呢？

（课件呈现）

当烈日炎炎的时候，竹石＿＿＿＿＿＿＿＿＿＿＿＿＿

当暴雨倾盆的时候，竹石＿＿＿＿＿＿＿＿＿＿＿＿＿

当寒霜凛冽的时候，竹石＿＿＿＿＿＿＿＿＿＿＿＿＿

当大雪纷飞的时候，竹石_____

师：请打开作业纸，任选其中的一句话，展开自己的想象，写一写竹石的表现。

生：（想象写话4分钟）

师：（巡视，发现优秀的写话作业）孩子们，把笔都放下！抬头，挺胸，安静，专注。下面，我们有请四位打了星号的孩子。

生：（四位学生起立）

师：让我们随着他们的想象，一起走进竹石的世界。日复一日，年复一年，竹石遭遇的何止是东西南北风的打击与折磨。看——

生33：（朗读）当烈日炎炎的时候，竹石一动不动，忍耐着太阳火辣辣的照射，他们坚韧不拔，就算要被晒死也坚强不屈。

师：是的，千磨万击还坚劲，烈日炎炎何所惧。看——

生34：（朗读）当暴雨倾盆的时候，竹石如同泰山一样纹丝不动，任他狂风暴雨放肆地吹打，他们一点都不害怕。

师：是的，千磨万击还坚劲，暴雨倾盆只等闲。看——

生35：（朗读）当寒霜凛冽的时候，竹石不畏严寒，在冰冷凛冽的寒风中依旧挺拔着坚硬的身躯，从不抱怨。

师：是的，千磨万击还坚劲，寒霜凛冽显精神。看——

生36：（朗读）当大雪纷飞的时候，竹石坚韧不拔，毫不畏惧严寒和大雪的打压，磨砺出了顽强不屈的精神。

师：是的，千磨万击还坚劲，大雪纷飞不折腰。我想，除了你们刚才想象到的画面，一定还会有别的打击、别的折磨。但是，我们有理由相信，无论遇到怎样的打击、怎样的折磨，咱们的竹石一定会无比——

生：（齐答）坚劲。

师：来，让我们一起化身为郑板桥笔下的竹石，读出坚劲，读出雄秀——

生：（齐读《竹石》）

3. 知人论世，情理交融感悟人格

师：真好。我们已经圆满完成了前两项学习任务，现在，还有最后一项，那就是把竹石跟诗人的品格联系在一起。（板书：联系品格）孩子们，联系品格就要联系诗人的背景，诗人的生平事迹。来，小组合作，继续汇报——

生37：我们小组汇报的成果是第一条。大旱期间，郑燮冒着抗旨罢官的危险，下令开仓救济灾民。

师：好！你们认为，《竹石》跟郑燮的第一条事迹有联系，是吗？说理由——

生37：因为大旱期间往往是人们最贫困的时候。但当时的官场是非常腐败的，就不愿意让他们救济灾民，认为这些没用。

师：但是郑板桥呢？

生37：郑板桥宁可自己被罢官，也要去救老百姓。

师：这跟竹石有什么联系呢？

生37：我觉得他这里是冒着抗旨罢官的生命危险，因为我觉得，竹石的生长过程也是需要面对很多很多的危险的。

师：你还记得竹石的特点吗？一个词——

生37：坚劲。

师：那么郑板桥这样做，也可以用一个词——

生37：坚劲。

师：是的，为了老百姓，宁愿抗旨不遵，宁愿罢官甚至掉脑袋，这不是坚劲又是什么？竹石的特点和诗人的品格就这样联系在一起了。真好！继续交流——

生38：我们小组选的是第三条。不满官场的腐败黑暗，郑燮毅然辞官在扬州靠卖画为生。

师：说理由——

生38：因为我们从《竹石》的后两句，特别是最后一句，"任尔东西南北风"可以看出，因为当时这个官场特别腐败，是想让郑燮和他们一样当贪官。但是，郑燮有自己的坚定，就算我辞官，我也不会和你们同流合污的。

师：是的，宁可不要荣华富贵，宁可过着清贫的生活，也不愿跟腐败的官场同流合污，这不是坚劲又是什么？竹石的特点和诗人的品格又一次联在了一起。还有补充吗？

生39：我对刚才这个小组他们说的精神有补充，我觉得第三条事迹，还可以读出郑燮他不因官场的坎坷，也不因官场的腐败，不跟他们同流合污，不向世俗低头。

师：所以他就像竹石那样——

生39：坚劲，两袖清风。

师：真好。有没有小组是关联第二条事迹的？有没有同学从第二条事迹中也看出郑燮跟竹石有着一样的品格？

生40：我们小组觉得第二条也是可以的。因为他不顾贪官劣绅的反对，《竹石》中有一句就是"千磨万击还坚劲"，说明郑燮是不怕他们反对的，还是坚持下令大户人家煮粥以施救灾民。

师：是的，有时候做好事也会遭遇反对，也会遭遇风险。但是，面对贪官劣绅的反对，郑燮害怕了吗？

生：（齐答）没有。

师：郑燮屈服了吗？

生：（齐答）没有。

师：这不是坚劲又是什么？竹石的特点和诗人的品格就这样无缝对接、合而为一。孩子们，读咏物诗，最最重要的就是要关注"物"和"人"之间的联系，要由"物"的特点看见"人"的品格，也要由"人"的品格想到"物"的特点。你们看，为了天下苍生，灾荒越严重，郑燮越会像竹石那样无比——

生：（齐答）坚劲。

师：是的，千磨万击还坚劲——

生：（齐读）任尔东西南北风。

师：为了天下苍生，贪官污吏、土豪劣绅越是攻击，郑燮越会像竹石那样无比——

生：（齐答）坚劲。

师：是的，千磨万击还坚劲——

生：（齐读）任尔东西南北风。

师：为了天下苍生，即便辞官，即便自己穷困潦倒，郑燮也依然会像竹石那样无比——

生：（齐答）坚劲。

师：是的，千磨万击还坚劲——

生：（齐读）任尔东西南北风。

师：面对这样的竹石，面对这样的郑燮（郑板桥），你心中涌起的是一种怎样的感情？

生41：我会涌起一股敬佩的感情。

生42：我会跟他一样，学习不跟黑暗的社会同流合污。

生43：我觉得郑板桥太伟大了，他在我的心目中就是一个英雄。

师：老师跟你们一样，崇敬这样的竹石，崇拜这样的郑板桥。我想，这也是我们大家共同的感情，是吧？

生：（齐答）是！

师：让我们怀着这样的感情，走近像竹石一样无比坚劲的郑板桥——

（课件播放：《糊涂县令郑板桥》片段——开仓放粮）

生：（观看视频）

师：孩子们，当郑板桥手中的斧子一下一下坚定地砍下去的时候，你们一定会很自然地想到他写过的诗——

生：（齐答）《竹石》。

师：（引读）咬定青山——

生：（接读）不放松。

师：（引读）立根原在——

生：（接读）破岩中。

师：（引读）千磨万击——

生：（接读）还坚劲。

师：（引读）任尔东西——

生：（接读）南北风。

师：（引读）千磨万击还坚劲——

生：（接读）任尔东西南北风。

师：现在，我们终于明白，竹石就是——

生：（齐答）郑燮。

师：郑燮就是——

生：（齐答）竹石。

师：孩子们，这是借物喻人，更是人物合一。

三、表达与升华：自己的咏物诗

师：现在，我们可以继续完善这张表格了——

（课件呈现）

物	人	诗
梅	高洁脱俗、一身清气	王冕《墨梅》
梅	不畏艰难、坚持操守	王安石《梅花》
蝉	品格高洁、声名远播	虞世南《蝉》
蜂	辛勤劳作、无私奉献	罗隐《蜂》
石灰	坚守节操、不怕牺牲	于谦《石灰吟》
竹石		郑燮《竹石》

师：大家看，郑燮的《竹石》从表面上看似乎是在写竹石，其实他真正要写的不仅是竹石，更是这样的人——

生1：坚强不屈，坚韧不拔。

生2：坚强不屈，坚持操守。

生3：坚强不屈，不畏困难。

生4：坚韧不拔，潇洒豪迈。

师：孩子们，你们说的都很好，因为你们都是在用心感受郑燮（郑板桥）这个人。他的种种事迹，他的一生，就像他自己笔下的竹石那样——

（**课件呈现**）

物	人	诗
梅	高洁脱俗、一身清气	王冕《墨梅》
梅	不畏艰难、坚持操守	王安石《梅花》
蝉	品格高洁、声名远播	虞世南《蝉》
蜂	辛勤劳作、无私奉献	罗隐《蜂》
石灰	坚守节操、不怕牺牲	于谦《石灰吟》
竹石	勇敢坚定、顽强不屈	郑燮《竹石》

生：（齐读）勇敢坚定，顽强不屈。

师：其实，大千世界，芸芸众生，可咏之物还有很多很多。这些物，会表现出怎样的特点；这些物所比喻的人，会具有怎样的品格，取决于你对它们的发现和理解。假如，由你自己来写一首咏物诗，你最想写的是哪一物？你最想表现的是哪一种品格？

生5：我最想写的是蜡烛。

师：你想写蜡烛的什么品格？

生5：不畏牺牲，还有默默奉献的精神。

师：真好！孩子，你叫什么名字？

生5：许璐蓉。

师：你希望自己做一个像蜡烛一样无私奉献的人，是吗？

生5：是的。

师：好！请你上台来，把"蜡烛"写在"物"的下面，把你的大名写在"人"的下面。记住，这就是你的志向。孩子们，我们继续交流——

生6：我想咏的是春蚕。

师：你想咏春蚕的什么特点呢？

生6：它的无私奉献。

师：春蚕到死丝方尽啊。请问，你叫什么名字？

生6：金振宇。

师：好！请你上台来，把"春蚕"写在"物"的下面，把你的大名写在"人"的下面。记住，这就是你的志向。继续交流——

生7：我最想写的是灯塔。

师：你想用灯塔来表达怎样的品格呢？

生7：为别人照明方向。

师：真好。这是多么远大的志向啊！你叫什么名字？

生7：高梦琳。

师：好！请你上台来，把"灯塔"写在"物"的下面，把你的大名写在"人"的下面。记住，这就是你的志向。继续交流——

生8：我想歌颂的是梅花。

师：你想用梅花来表现怎样的品格呢？

生8：不怕严寒，不惧风雪。

师："已是悬崖百丈冰，犹有花枝俏。"真好！你的大名是——

生8：李雨薇。

师：好！请你上台来，把"梅花"写在"物"的下面，把你的大名写在"人"的下面。记住，这就是你的志向，做一个像梅花一样的人。来，继续交流——

生9：我最想写的是老黄牛。

师：为什么呢？

生9：因为老黄牛它无私奉献，勤勤恳恳。

师：真好。把"老黄牛"，把你的名字写在自己的心上。继续——

生10：我最想写小草。

师：为什么呢？

生10：因为它顽强不屈。

师："野火烧不尽，春风吹又生。"好，把"小草"，把你的名字写在自己的心上。继续——

生11：我想咏的物是松树。

师：为什么呢？

生11：因为它四季常青，不畏困难，生长在岩石之上。

师："大雪压青松，青松挺且直。"把"松树"，把你的名字写在自己的心中。

（最后形成如下板书）

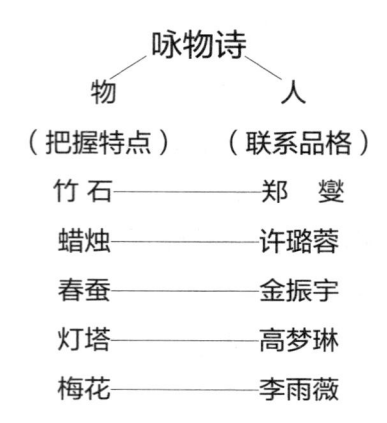

```
              咏物诗
           物         人
       （把握特点） （联系品格）
         竹 石————郑  燮
         蜡烛—————许璐蓉
         春蚕—————金振宇
         灯塔—————高梦琳
         梅花—————李雨薇
```

师：孩子们，我想你们一定还有很多很多要咏的物。因为，你们心中一定还有很多很多美好的品格要去比喻。就像王冕的《墨梅》，比喻这样的品格——

生：（齐读）高洁脱俗、一身清气。

师：就像王安石的《梅花》，比喻这样的品格——

生：（齐读）不畏艰难、坚持操守。

师：就像虞世南的《蝉》，比喻这样的品格——

生：（齐读）品格高洁、声名远播。

师：就像罗隐的《蜂》，比喻这样的品格——

生：（齐读）辛勤劳作、无私奉献。

师：就像于谦的《石灰吟》，比喻这样的品格——

生：（齐读）坚守节操、不怕牺牲。

师：就像我们今天所学的郑燮的《竹石》，比喻这样的品格——

生：（齐读）勇敢坚定、顽强不屈。

师：是的，物有物的特点，人有人的品格。当物的特点与人的品格相契合的时候，物就是——

生：（齐答）人。

师：人就是——

生：（齐答）物。

师：这叫借物——

生：喻人。

师：更是人与物融为——

生：一体。

师：孩子们，学咏物诗不仅要把握"物"的——

生：（齐答）特点。

师：更要联系"人"的——

生：（齐答）品格。

师：请永远记住，自己的志向，自己的追求。学语文最终就是学做人。

（注：实录中出现的学生姓名均为化名）

名师点评

在大任务学习中，与伟大的事物相遇

江苏省无锡市梁溪区教师发展中心 魏星

海德格尔曾说，好的艺术作品是对"原料"的增益过程，如好的绘画使颜料增光，好的音乐使音符增光，好的雕塑使大理石增光，好的诗歌使语言增光。王崧舟老师的语文课就是艺术作品，闪耀着创造的光芒、文化的光芒、生命的光芒。

光芒来自与伟大事物的相遇。伟大事物似乎是一个只可意会不可言传的概念。王老师的语文教育传递出什么呢？——人的高贵德性和卓越品质，语言现象背后的规律和文本密码，凡此种种，总是能够让学生产生百感交集、浮想联翩、怦然心动、茅塞顿开的诗性感觉，体验到平时极少可能直接感受的事物，掌握表达这些事物的新的语言和形式，从而让自己的生命敞亮起来。

教学到底是以学生为中心，还是以教师为中心？王老师的语文教育超越了主客两分法，以伟大的事物为核心，师生在与伟大事物的相遇中共同生长。

王老师的《咏物诗与〈竹石〉》一课，主要运用梳理和探究的方式，把《竹石》置于咏物诗的大观念、大情境、大任务、大结构之中，通过与学过的《墨梅》《梅花》《蜂》《蝉》《石灰吟》的联结学习，打开"这一类"文本的密码，提炼"这一类"文本的"构式"，在言语实践中引领学生与伟大的事物相遇，从而实现语言、思维、文化、审美的综合发展。

一、大情境兴发：激活情动的力量

叶嘉莹先生认为："诗的好坏，第一要看有无感发的生命，第二要看能否适当地传达。"《毛诗·大序》说："情动于中而形于言。"文学作品中最重要的质素，就是那份兴发感动的力量。

《竹石》是一首咏物诗。写物是为了抒情，竹与人心物感应，心物一体，表达的是人的思想、人的情感、人的品格、人的生命。在中国古典美学中，"情景交融"与"心物感应"是重要的美学命题。"心"与"物"之间感应的模式和程度不同——"以物观物""以我观物""物我两忘""物我合一"，于是由意象、意境而最终走向境界。

王老师从咏物诗的本质出发，去建构教学的内在逻辑，成功地传递出诗中那份深厚、博大、坚忍的精神力量。"我们终于明白，竹石就是郑燮，郑燮就是竹石，这就叫人物合一。"课终，王老师深情而充满力量地说——

师：孩子们，学咏物诗不仅要把握"物"的——

生：(齐答)特点。

师：更要联系"人"的——

生：(齐答)品格。

师：请永远记住，自己的志向，自己的追求。学语文最终就是学做人。

教到这里，学生不是简单地掌握"咏物诗"这个概念，而是获得知识背后所潜藏的逻辑与理性、历史与文化、德性与智慧、情感与审美、社会与生命的内涵与价值。这种内涵和价值就是伟大的事物，它能唤醒平凡人性的高贵、解放人的心智、安顿人的心灵。王老师的语文课总能看到感发的生命，非常契合学科育人、立德树人的教育理念。

怎样兴起、引发学生情动的力量呢？王老师的语言、气韵，以及"我即语文"的教学人格，本身就能够兴起、引发学生的情感。他的语文课常常呈现出诗意、流动、叙事、充满画面感的特质。这些鲜明的特质，很容易引发学生凝神、欢愉地投入学习。在《咏物诗与〈竹石〉》的教学中，王老师善于设置真实性的任务情境，引领学生浸入具体可感的课堂场域。

1. 在文学审美的情境中兴发。 文学是靠形象说话的，这节课聚焦所咏之物，通过联想、想象、知人论世、共情等手段，从"形的感知"到"情的映射"，从"情的映射"到"意的揣摩"，再从"意的揣摩"到"境的沉浸"，让学生产生"相似""共情""同理"的情思。

2. 在社会生活的情境中兴发。 "竹石要跟诗人的品格联系在一起，而联系品格就要联系诗人的背景，联系诗人的生平事迹。"为此，王老师在学生搜集资料的基础上，精心选择了郑燮的三个事迹：①大旱期间，郑燮冒着抗旨罢官的危险，下令开仓救济灾民；②不顾贪官劣绅的反对，郑燮下令大户人家煮粥以施救灾民；③不满官场的腐败黑暗，郑燮毅然辞官，在扬州靠卖画为生。这些散发着生活气息的典型场景，很自然地把竹石的特点和郑燮的人格联结在一起。

3. 在个人体验的情境中兴发。 王老师的这堂课，无论是整体架构还是微观探究，都十分注重开发学生自我的学习经验，譬如关于咏物诗的学习建议等。但是，令人钦佩的是，对学生个体学习经验的开发，王老师并不是停留在抽象的、教条的"知"的层面，而是将"知"融入学生个体深刻的情感体验中。只有当学生对教材中的"伟大事物"产生一种强烈的倾向，这种潜在的"知"的可能性才能转变为显在的"行"的现实性。《咏物诗与〈竹石〉》的教学，学生从始至终处于沉浸式的学习状态，诗文中感发的生命与学生的学习经验有效对接，使得课堂涌动着澎湃的力量。

兴发、寄寓是咏物诗创作的动力，是现实人生向艺术人生的津梁。对教学来说，要"调制"与文本情境相似的教学情境，兴起、引发学生的直觉思维、形象思维。若教学尚未"兴发"，学生尚未被唤醒，那么，教学也就谈不上与伟大的事物相遇了。

二、大概念关联：打开言语的密码

语文是什么？专家指出，语文是有限手段的无限运用。这有限的手段就是语文的规律。老子说："一生二，二生三，三生万物。"就语文教学而言，这里的"一"就是语文规律，它有强大的衍生功能，能够促进言语与精神同构共生。

《咏物诗与〈竹石〉》这一课的教学呈现了什么样的"一"，或者说"有限手段"呢？我们不妨来看看这一课的板书。王老师的板书既是一首诗的"构式"，也是这节课的"构式"，同时也是学生发展的"构式"。王老师从"咏物诗"出发，从"物"和"人"两个层面展开架构，建立"把握特点——联系品格"的内在逻辑结构，从"竹石——郑燮"进而扩展到学生创作的物与自己的关联，这就为学生提供了强有力的知识。这个知识不是外铄的，而是内生的。王老师先将知识下沉到学生的个体体验中，通过多次梳理与探究，再将它上浮到规律层面，最终回到学生的生活世界表现出来。

一般老师在教学《竹石》时，同样也会呈现"咏物诗"及"借物抒情""托物言志"的概念，为什么在王老师的课堂中学生能与伟大的事物相遇呢？其一，王老师将"咏物诗"具体化了，总结出一个可视化的"构式"；其二，这个构式不是冷冰冰、硬邦邦的，而是为学生提供有待发育的理想种子、思想种子和文化种子；其三，将《竹石》的教学置放在更大的认知背景下，追求知识教学的最大关联度。具体来说，这种关联主要表现在以下三个层面：

1. 追求最大关联。以意象"梅"切入，进而带出"蝉""蜂""石灰"，自然引到"竹石"，这样就将咏物诗的内在言语思维结构带出来了。在对《竹石》进行语篇分析和微观探究之后，再次进行类比还原，凸显物象背后所表达的情感。统编语文教材以"双线建构"组合单元，有利于整合教材资源。王老师的《咏物诗与〈竹石〉》就是将相关资源构成一个"超文本"，在互文解读中实现语文学习的最大关联度。

2. 追求最佳关联。对《竹石》的阅读往往存在这样的迷思，即只感悟竹子的坚劲，而把"石"作为竹子生长的环境。王老师的解读往往有我们看不到的地方，在引导学生理解竹子的坚劲后，进一步探究："竹子最大的特点，毫无疑问就是两个字——坚劲。那么，郑板桥笔下的石给你的是什么感觉？"学生说了自己的阅读直觉后，进一步扩大认知背景，补充"燮画此石，丑石也：丑而雄，丑而秀"，这样就与古诗形成互文解读，学生很自然地将"竹"和"石"关联在一起，头脑中形成画面：坚劲的竹，雄秀的石。进而理解郑板桥笔下的竹和石是相互依靠、融为一体的，竹的坚劲就是石的雄秀，石的雄秀就是竹的坚劲。这就突破了学生固有的认知图式，读出了原来没有的阅读体验，带来了与伟大事物相遇、对话的惊奇感。王老师的课很大气，往往有着宏大的结构。但细细研习就会发现，宏大结构中的链条是严密而深刻的，在最大关联中体现出最佳关联。

3. 追求最深关联。在言与意之间、心与物之间、读与写之间、这一首与这一类之间，学生有效建立其咏物诗学习的深层联结。值得称道的是，王老师的教学很重视语言文字的品味与感悟。比如在感悟竹石的特点时，强调抓住关键词语进行感悟，特别是对诗眼的感悟，从"咬定""立根""千磨万击""任尔"中体会竹石的"坚劲"。这样，"坚劲"也就具象化、立体化、深刻化了。在体察情感环节，引领学生找出直接表达感情倾向的诗句，再联系诗人处境比较阅读，一吟三唱，从而使学生在"物"的特点与"人"的品格之间建立深层联结，留下深刻印象。

三、大空间表现：释放生命的活力

语文课程标准将语文界定为"学习语言文字运用的综合性、实践性课程"。语文核心素养是学生在积极的语文实践活动中积累、建构并在真实的语言运用情境中表现出来的，是语言能力、思维品质、审美情趣和文化观念的综合体现。伽达默尔曾说："语言的本质在于语言的应用。"言语的生长是有机的，就像"道"的繁衍一样，衍生、再生、化生、生长……生生不息地确证着生命的存在。

王老师深谙此道。《咏物诗与〈竹石〉》一课的教学，体现出"伟大的思想内涵"与"完美的表达形式"的同构共生，这无疑是涌现最伟大的生长力量的源泉。这节课从始至终为学生设计活动，通过听、说、读、写的实践活动将学生的素养表现出来。为了让学生读得进、想得透、说得清，王老师为学生搭建各种支架，推动学习的自主建构与反思：

1. 设计问题链。在梳理的基础上，王老师提出了咏物诗阅读的三条建议：想一想：所咏之物有什么特点；找一找：有没有直接写诗人情感倾向的诗句；联一联：咏物诗跟诗人有什么关系。在阅读建议的基础上，王老师又提供了更具操作性的学习任务单。从技术层面看，这个任务单是基于语文的大观念设计的，情境、任务、活动、资源有机融为一体，构成咏物诗自洽性的问题链。正是在问题链的驱动下，学生的小组合作学习，方向是明确的，目标是集中的，步骤是缜密的，操作是高效的。

2. 营造对话场。在王老师的课中，我们看到了"多重对话"——与自己对话、与同伴对话、与文本对话、与诗人对话。王老师以一张表格，架构起整堂课的对话场。在多重对话中，学生与伟大的事物相遇，也与美好的心灵相遇。事实上，教材中的任何思想、美、人的伟大精神、取之不尽的知识源泉、曼妙无比的语言形式等，都不足以作为个体学习发生的依据，而不过是一种潜在的可能性。王老师高度关注"文本经验"与"儿童经验"之间的对接与勾连，通过唤醒旧知、激活体验、想象还原、互文比较等多种支架的搭建，最大限度地依靠儿童的内生力量，启发学生的主体觉醒，创造出真实、丰富的对话情境，促进学生的言语生命和谐生长。

3. 释放表达欲。在这节课上，王老师特别注重学生的表达。比如在体悟竹石的特点时，让学生填补空白："竹石还可能遭遇哪些困难呢？"想象当烈日炎炎、暴雨倾盆、寒霜凛冽、大雪纷飞的时候，竹石有怎样的表现。在想象表达中感受竹石坚韧不拔、坚强不屈的品质，进而达到我就是竹石、竹石就是我的境界。我们说，教学的实质是心理图式的深化。儿童自发的心理图式，只能同化文本显性的表层。教师的责任，就是引导学生发现文本的逻辑结构以及文化内核，这样才能与作者产生相似、和谐的共振。因此，王老师在总结出咏物诗"构式"的基础上，让学生用所借的事物来表达自己的态度，"大千世界，芸芸众生，可咏之物还有很多很多。这些物，会表现出怎样的特点；这些物所比喻的人，会具有怎样的品格，取决于你对它们的发现和理解"。学生的表达是精彩的，他们还把自己的名字写在黑板上，完成了与自己心灵的相遇。

　　王崧舟和他的语文是伟大的。其伟大之处，在于他为我们提供了一个别样的视角，祛除了种种遮蔽，让我们感受到语文的美好，引领我们与伟大的事物相遇。法国作家普鲁斯特说过这样一段话："唯一的真正的旅游，唯一焕发青春朝气的办法，并非欣赏新的风景，而是用别样的眼光，用一个他者的眼光，用万千个他者的眼光，来眺望这个宇宙，眺望他们每一个人所眺望的万千世界，眺望他们自身的万千世界。"是的，只有欣赏风景的眼光改变了，才称得上是一次真正的旅游。如果我们将"语文课"看作"旅游"的话，王老师提醒我们：只有"用慧眼"，"用别样的眼光"去眺望语文这个世界，从教材中找到伟大的事物，并站在学生的立场设计活动，让学生与伟大的事物相遇，才能实现"唯一的真正的旅游"。

第六课

如何创设有效的学习情境

——《母鸡》

教学简案

教学版本

统编小学语文教科书四年级下册第14课《母鸡》。

学习任务群

文学阅读与创意表达。

教学目标

1. **核心目标**：紧扣对比的描写手法，感受母鸡的性格特点；在联系比照母亲的事例中，深入体会"我"对母鸡态度的前后变化，受到母爱的熏陶。

2. **条件目标**：会写"讨、厌"等15个生字，会写"讨厌、理由"等10个词语；有感情地朗读课文，感受"我"对母鸡态度的前后变化；聚焦具体事例，体会母鸡"负责、慈爱、勇敢、辛苦"的性格特点；了解文章对比的描写手法，初步体会对比手法在刻画母鸡特点、表达作者情感上的作用。

教学时间

2课时。

教学过程

一、还原情境，构建场域

1. 课件呈现老舍先生的照片及简介

学生了解老舍先生。

2. 有一年，这位大作家遇到了一件烦心事

播放母鸡叫声，感受老舍先生的烦心。

3. 这就是老舍先生写的"投诉信"——

投诉信	
投诉人：老舍	被诉人：母鸡
投诉请求	不要再养母鸡
投诉理由	第一条：母鸡大声喧哗； 第二条：母鸡无病呻吟； 第三条：母鸡欺软怕硬； 第四条：母鸡自我炫耀。

二、围绕"讨厌"，品读事例

1. 品读母鸡的"大声喧哗"

（课件呈现）

听吧，它由前院嘎嘎到后院，由后院再嘎嘎到前院，没完没了，并且没有什么理由，讨厌！

围绕"嘎嘎"，想象并体验老舍先生对母鸡的讨厌之情。

2. 品读母鸡的"无病呻吟"

（课件呈现）

有的时候，它不这样乱叫，而是细声细气的，有什么心事似的，颤颤巍巍的，顺着墙根，或沿着田坝，那么扯长了声如怨如诉，使人心中立刻结起了个小疙瘩来。

围绕"细声细气""颤颤巍巍"等感受讨厌之情。

3. 品读母鸡的"欺软怕硬"

（课件呈现）

它永远不反抗公鸡，有时候却欺侮最忠厚的鸭子。更可恶的是遇到另一只母鸡的时候，它会下毒手，趁其不备，狠狠地咬一口，咬下一撮儿毛来。

围绕"欺侮"等感受讨厌之情。

4. 品读母鸡的"自我炫耀"

（课件呈现）

到下蛋的时候，它差不多是发了狂，恨不能让全世界都知道它这点儿成绩；就是聋人也会被它吵得受不了。

体会夸张手法，感受讨厌之情。

最后呈现老舍先生完善之后对母鸡的控诉状，师生合作朗读，进一步感受对母鸡的讨厌之情。

三、紧扣改变，体察"不敢"

经过一段时间的观察，老舍先生的态度完全改变了，他又为母鸡写了一封表扬信。

1. 聚焦鸡母亲的性格特点

讨论：你们觉得在这封表扬信里，最重要、最关键的是哪四个词语？

2. 品读鸡母亲的"警戒"

（课件呈现）

不论是在院里，还是在院外，它总是挺着脖儿，表示出世界上并没有可怕的东西。一只鸟儿飞过，或是什么东西响了一声，它立刻警戒起来：歪着头听；挺着身儿预备作战；看看前，看看后，咕咕地警告鸡雏要马上集合到它身边来。

围绕"警戒",感受母鸡的负责、慈爱、勇敢和辛苦。

比较之前对母鸡的印象,体会母鸡变化的原因。

3. 泛读鸡母亲的其他表现

而这样的事实,在老舍先生的表扬信里,还有很多很多。

讨论"寻找食物""勤教本领""半夜警觉"等事例,进一步感受母鸡的负责、慈爱、勇敢和辛苦。

师生合作朗读老舍先生为母鸡写下了的表扬信,感受他不敢再讨厌的情感。

四、联想比照,升华情感

讨论:由母鸡会联想到谁?

拓展老舍先生《我的母亲》中的片段,在朗读中感受母亲的负责、慈爱、勇敢和辛苦。

老舍先生真正想说的是——

(课件呈现)

她负责,慈爱,勇敢,辛苦

因为她有了一群儿女

她伟大

因为她是母亲

一个母亲必定就是一位英雄

板书设计

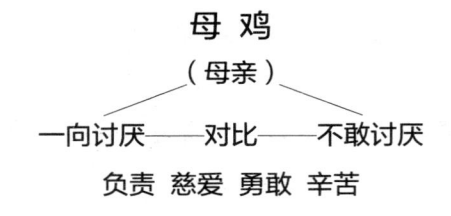

母 鸡

(母亲)

一向讨厌——对比——不敢讨厌

负责 慈爱 勇敢 辛苦

课堂教学实录

一、还原情境，构建场域

（课前板书课题：母鸡）

师：孩子们，一起看大屏——

（课件呈现：老舍先生的照片及简介）

老舍（1899—1966），原名舒庆春，"老舍"是他最常用的笔名。他是杰出的语言大师，被誉为"人民艺术家"。他一生创作了一千多篇（部）作品，有长篇小说《骆驼祥子》、话剧《茶馆》等经典著作。

师：他是谁？

生：（齐答）老舍。

师：请在"老舍"后面加上"先生"。他是谁？

生：（齐答）老舍先生。

师：请一位同学来读一读老舍先生的介绍。

生1：（朗读老舍先生的简介）

师：读得真好！孩子们，对老舍先生的介绍，留给你印象最深的是哪一点？（一边说一边在课件上隐去介绍的文字）

生2：给我印象最深刻的一点就是，他是杰出的语言大师。

师：语言大师，好记性。

生3：给我印象最深的是，他写了长篇小说《骆驼祥子》。

师：没错，《骆驼祥子》，你听得很专注。

生4：他一生创作了1000多部作品。

师：你对数字非常敏感，而且记得非常准确。是的，孩子们，其实你们所讲的这一切，都在告诉我们一个事实：老舍先生是一位作家，而且是一位大作家。但是，有一年，这位大作家却碰到了一件烦心事。什么事呢？

（课件呈现：母鸡照片）

师：原来，那一年，老舍先生的夫人在自家院子里养了一只鸡，什么鸡？

生：（齐读）母鸡。

师：是的，母鸡。这只母鸡的出现，一下子打破了老舍先生原本平静的生活。为什么呢？你们听——

（课件播放：母鸡"嘎嘎"的叫声）

师：当时，老舍先生正在安静地读书。母鸡这叫声一出来，你说烦人不烦人？

生：（齐答）烦人。

师：这还不够，你们继续听——

（课件播放：母鸡"如怨如诉"的叫声）

师：当时，老舍先生正和他的朋友在客厅里讨论剧本，聊得正在兴头上。母鸡这叫声冷不丁就出来了，你说讨厌不讨厌？

生：（齐答）讨厌。

师：更要命的是，你们听——

（课件播放：母鸡下蛋时的叫声）

师：当时，老舍先生正在自己的书房里安静地写小说，那小说的思路刚刚出来，母鸡这叫声突然就来了，而且没完没了，你说可恶不可恶？

生：（齐答）可恶。

师：换了你，怎么办？

生5：我觉得可以把这只鸡杀了炖鸡汤。

师：杀掉。

生6：把它送给邻居算了。

师：送人。

生7：把那只鸡的嘴给堵上，叫它出不了声。

师：堵嘴。哈哈哈，够了，我完全理解你们的心情。但老舍先生是一个文化人，是个文明人，像你们这样对母鸡动武的事，他绝对不会做。怎么办呢？不能动武，只能动文。于是，老舍先生就充分发挥自己的写作才华，写了一封投诉信，把母鸡的"罪状"一条一条写下来。然后，交给夫人，请夫人不要再养母鸡了。你们看，这就是老舍先生写的投诉信——

（课件呈现）

投诉信	
投诉人：老舍	被诉人：母鸡
投诉请求	不要再养母鸡
投诉意见	第一条：母鸡大声喧哗； 第二条：母鸡无病呻吟； 第三条：母鸡欺软怕硬； 第四条：母鸡自我炫耀。

师：投诉人——

生：（齐读）老舍。

师：被诉人——

生：（齐读）母鸡。

师：投诉请求——

生：（齐读）不要再养母鸡。

师：投诉意见，第一条——

生：（齐读）母鸡大声喧哗。

师：第二条——

生：（齐读）母鸡无病呻吟。

师：第三条——

生：（齐读）母鸡欺软怕硬。

师：第四条——

生：（齐读）母鸡自我炫耀。

二、围绕"讨厌"，品读事例

师：就这样，一封投诉信，老舍先生把母鸡告到了夫人那里。没想到，夫人根本不为所动。她说，老舍先生的投诉只有意见，没有具体事实。她不信！孩子们，假如你来写这封投诉信，你会怎么写？你会把哪些内容写到信里去呢？

生1：我会把母鸡做的讨厌的事情写进去。

师：好！写清楚具体事实。

生2：我会把母鸡是怎么大声喧哗的写进去。

师：很好！也是写清楚具体事实。

生3：我会把自己讨厌母鸡的那个感情写到信里去。

师：除了写清楚具体事实，还可以把感情也写进去，那就更有说服力了。那我们就一起来帮帮老舍先生，把他的那封投诉信写得更有说服力。好吗？

生：（齐答）好！

师：打开课文，快速默读课文，找一找，你觉得母鸡的哪些事情确实令人讨厌，必须作为具体事实写进这封投诉信里。

（课件呈现）

活动一：帮老舍先生写好投诉信

1. 找一找：母鸡有哪些令人讨厌的具体事实；
2. 注一注：在具体事实的旁边写上对应意见。

生：（默读课文）

1. 品读母鸡的"大声喧哗"

师：应该都找到了吧？来吧，咱们一条一条来。第一条，大声喧哗，具体事实在哪里？

生4：就是第一自然段，第二句。（朗读）听吧，它由前院嘎嘎到后院，由后院再嘎嘎到前院，没完没了，并且没有什么理由，讨厌！

师：也找到这一处的，举个手。（生纷纷举手）没错，这就是母鸡大声喧哗的事实。我们一起来读一读——

（课件呈现）

听吧，它由前院嘎嘎到后院，由后院再嘎嘎到前院，没完没了，并且没有什么理由，讨厌！

生：（齐读）

师：孩子们注意到没有？"嘎嘎"写的就是母鸡大声喧哗的叫声。看一看，"嘎嘎"出现了几次？

生5：2次。

师：不对。

生6：4次。

师：不对。看清楚，究竟出现了几次？

生7：无数次。

师：凭什么？

生7：因为它从前院到后院，从后院再到前院，这样会一直叫下去。

师：有一个词说明了一切。

生7：没完没了。

师：是的！没完没了！孩子们，"嘎嘎"的叫声没完没了啊！你听，它由前院——

生8：嘎嘎到后院。

师：由后院——

生9：再嘎嘎到前院。

师：结束了吗？没有结束！你再听，它由前院——

生10：嘎嘎到后院。

师：由后院——

生11：再嘎嘎到前院。

师：由前院——

生12：嘎嘎到后院。

师：由后院——

生13：再嘎嘎到前院。

师：由前院——

生14：嘎嘎到后院。

师：由后院——

生15：再嘎嘎到前院。

师：没完没了！并且没有任何理由！你们说，母鸡讨厌不讨厌？

生：（齐答）讨厌。

师：来吧！我请一位孩子朗读大声喧哗的事实，其他同学齐读最后那个词，哪个词？

生：（齐答）讨厌。

生：（一生朗读写母鸡大声喧哗的具体事实，其余学生齐读"讨厌"）

师：把"讨厌"这个词写到作业纸上。只写一遍，注意位置，注意结构。

（课件呈现：田字格中的"讨厌"）

生：（在作业纸上第一次书写"讨厌"）

2. 品读母鸡的"无病呻吟"

师：来，现在我们继续找第二条具体事实：无病呻吟。在哪儿？

生16：（朗读）有的时候，它不这样乱叫，而是细声细气的，有什么心事似的，颤颤巍巍的，顺着墙根，或沿着田坝，那么扯长了声如怨如诉，使人心中立刻结起了个小疙瘩来。

师：没错！这就是母鸡令人讨厌的第二条具体事实：无病呻吟——

（课件呈现）

有的时候，它不这样乱叫，而是细声细气的，有什么心事似的，颤颤巍巍的，顺着墙根，或沿着田坝，那么扯长了声如怨如诉，使人心中立刻结起了个小疙瘩来。

师：你们注意听，这个时候的母鸡，不再是大声乱叫，而是——

生：（齐答）细声细气的。

师：我来问问大家，"细声细气"是因为母鸡有什么心事吗？

生：（齐答）不是。

师：你们再看，这个时候的母鸡，不再是前院后院地乱窜，而是——

生17：顺着墙根或沿着田坝。

师：怎么走呢？

生17：颤颤巍巍地走。

师：对。什么叫"颤颤巍巍"？颤颤巍巍就是哆哆嗦嗦，就是摇摇晃晃。我再来问问大家，颤颤巍巍是因为它生了什么病吗？

生：（齐答）不是。

师：你们瞧，没有心事，你装什么细声细气呢？没有毛病，你装什么颤颤巍巍呢？这就叫无病呻吟。无病呻吟的母鸡，讨厌不讨厌？

生：（齐答）讨厌。

师：来吧！读出你的讨厌来！

生18：（朗读"母鸡的无病呻吟"）

师：读得真讨厌！孩子们注意到没有，这句话中有个词儿挺难读的——（课件呈现："小疙瘩"这个词）

师：来，你带着大家好好地读一读这个词儿。第一遍——

生18：（朗读）小疙瘩。

生：（齐读）小疙瘩。

师：第二遍——

生18：（朗读）小疙瘩。

生：（齐读）小疙瘩。

师：第三遍——

生18：（朗读）小疙瘩。

生：（齐读）小疙瘩。

师：很好！来！我再请一位孩子来读一读母鸡无病呻吟的事实，其他同学在最后一起朗读"讨厌"，明白吗？

生：（一生朗读写母鸡无病呻吟的具体事实，其余学生齐读"讨厌"）

师：把"讨厌"这个词儿再写一遍。注意姿势，注意眼睛。

（课件呈现：田字格中的"讨厌"）

生：（在作业纸上第二次书写"讨厌"）

3. 品读母鸡的"欺软怕硬"

师：好！这是讨厌母鸡的第二条具体事实：无病呻吟。现在来看第三条：欺软怕硬。哪位找到了第三条具体事实——

生19：在第二自然段。（朗读）它永远不反抗公鸡，有时候却欺侮最忠厚的鸭子。更可恶的是遇到另一只母鸡的时候，它会下毒手，趁其不备，狠狠地咬一口，咬下一撮儿毛来。

师：没错！这就是母鸡令人讨厌的第三条具体事实：欺软怕硬——

（课件呈现）

它永远不反抗公鸡，有时候却欺侮最忠厚的鸭子。更可恶的是遇到另一只母鸡的时候，它会下毒手，趁其不备，狠狠地咬一口，咬下一撮儿毛来。

师：看出来了吗？它害怕谁？

生20：母鸡现在害怕公鸡。

师：为什么？

生20：因为公鸡比母鸡强。

师：没错，这叫怕硬。但是，它又会欺侮人——

（课件呈现："欺侮"这个词）

师：我们一起读——

生：（齐读）欺侮。

师：再读——

生：（齐读）欺侮。

师：凶巴巴地读——

生：（齐读）欺侮。

师：恶狠狠地读——

生：（齐读）欺侮。

师：它凶巴巴地欺侮谁？

生21：这个母鸡欺侮我们最忠厚的鸭子。

师：为什么欺侮鸭子？

生21：因为鸭子比它弱。

师：它还恶狠狠地欺侮谁？

生21：欺侮别的母鸡。

师：为什么欺侮别的母鸡？

生21：因为别的母鸡也比它弱一点。

师：孩子们，你们看，比它强的，它害怕；比它弱的，它欺侮。这就叫——

生：（齐答）欺软怕硬。

师：欺软怕硬的母鸡，讨厌不讨厌？

生：（齐答）讨厌。

师：请一位同学朗读母鸡欺软怕硬的具体事实，其他同学像刚才那样，在最后一起朗读"讨厌"，明白吗？

生：（一生朗读写母鸡欺软怕硬的具体事实，其余学生齐读"讨厌"）

师：把"讨厌"这个词儿再写一遍，能默写的最好默写。

（课件呈现：田字格中的"讨厌"）

生：（在作业纸上第三次书写"讨厌"）

4. 品读母鸡的"自我炫耀"

师：好！这是讨厌母鸡的第三条具体事实：欺软怕硬。现在来看第四条：自我炫耀。哪位找到了第四条具体事实——

生22：在第三自然段。（朗读）到下蛋的时候，它差不多是发了狂，恨不能让全世界都知道它这点儿成绩；就是聋人也会被它吵得受不了。

师：没错！这就是母鸡令人讨厌的第四条具体事实：自我炫耀——

(课件呈现)

到下蛋的时候，它差不多是发了狂，恨不能让全世界都知道它这点儿成绩；就是聋人也会被它吵得受不了。

师：我们一起来读一读——

生：(齐读)

师：我觉得这条事实说得有点过头了。真的，你想，什么人——

(课件呈现："聋人"这个词)

生：(齐读)聋人。

师：是的！什么人？

生：(齐读)聋人。

师：对呀！什么人？

生：(齐读)聋人。

师：聋人，他听不见呀！聋人，怎么可能被吵得受不了呢？过头了，绝对过头了，是吧？

生23：不是的，因为母鸡它生蛋的时候，实在是叫得太狂了。

师：叫得再狂，聋人也听不见呀！

生24：因为聋人听不见，但他看到这个母鸡，心里就会感觉非常的吵。

师：这里明明说"吵得受不了"，可没说"心里感觉非常吵"。孩子们，聋人明明听不见，但有人偏要说"聋人也会被它吵得受不了"，这样的写法叫什么？

生25：叫夸张。

师：是的，聋人怎么可能会被母鸡吵得受不了呢？这样写，显然是在——

生：(齐答)夸张。

师：用"聋人也会被它吵得受不了"，来夸大母鸡的什么？

生：(齐答)叫声。

师：其实，敏感的同学马上就会发现，这句话中还有一处也是在夸张——

生26：恨不能让全世界都知道它这点儿成绩。

师：怎么可能？就母鸡的这点叫声，别说全世界，就是全社区都不一定听得到，这叫什么？

生：（齐答）夸张。

师：用"恨不能让全世界都知道它这点儿成绩"，来夸大母鸡的——

生：（齐答）叫声。

师：你们看，又是聋人也会被它吵得受不了，又是恨不能让全世界都知道它这点儿成绩，所有这些夸张都在告诉我们一个事实，母鸡在——

生：（齐答）自我炫耀。

师：是的！自我炫耀！自我炫耀的母鸡，讨厌不讨厌？

生：（齐答）讨厌。

师：请一位同学朗读母鸡自我炫耀的具体事实，其他同学还是像刚才那样，在最后一起朗读"讨厌"。

生：（一生朗读写母鸡自我炫耀的具体事实，其余学生齐读"讨厌"）

师：把"讨厌"这个词儿再写一遍。你要讨厌的不是"讨厌"，你要讨厌的是"母鸡"。写吧，怎么讨厌就怎么写。

（课件呈现：田字格中的"讨厌"）

生：（在作业纸上第四次书写"讨厌"）

师：孩子们，你们已经多次表达了自己对母鸡的讨厌，从一开始讨厌母鸡的大声喧哗，一直到现在讨厌母鸡的自我炫耀，你们的讨厌从来没有停止过，是吧？（生纷纷应答：是！）这就叫"一向讨厌"啊！（板书：一向讨厌）好！讨厌母鸡的事实已经非常清楚了，现在，我们可以帮助老舍先生完善他的投诉信了。

（课件呈现）

投诉信

母鸡大声喧哗。听吧，它由前院嘎嘎到后院，由后院再嘎嘎到前院，没完没了，并且没有什么理由。讨厌！

母鸡无病呻吟。有的时候，它不这样乱叫，而是细声细气的，有什么心事似的，颤颤巍巍的，顺着墙根，或沿着田坝，那么扯长了声如怨如诉，使人心中立刻结起了个小疙瘩来。讨厌！

母鸡欺软怕硬。它永远不反抗公鸡，有时候却欺侮最忠厚的鸭子。更可恶的是遇到另一只母鸡的时候，它会下毒手，趁其不备，狠狠地咬一口，咬下一撮儿毛来。讨厌！

母鸡自我炫耀。到下蛋的时候，它差不多是发了狂，恨不能让全世界都知道它这点儿成绩；就是聋人也会被它吵得受不了。讨厌！

师：孩子们，这样写可以吗？为什么？

生27：可以。因为把母鸡的事实都写进去了。

师：不仅有意见，还有支持意见的具体事实。

生28：我觉得可以。因为讨厌的事实已经非常具体了。

师：事实越清楚、越具体，投诉信的说服力就越大。

生29：我也觉得是可以的。因为讨厌的感情也写进去了。

师：是的，是的。"讨厌"这个表示感情的词语，前后用了几次？

生：（齐答）四次。

师：而且，每次用的都是相同的标点符号——

生：（齐答）感叹号！

师：是的！感情非常非常强烈！好，我们现在帮助老舍先生把这封投诉信读给他的夫人听，好吗？

生：（齐答）好！

师：怎么读呢？注意，你们只要读好两个字——

生：（齐答）讨厌。

师：对！一定要读整齐，读响亮，一定要读出什么感觉？

生：（齐答）讨厌！

师：很好！我呢，就读其他所有的内容，让我们一起，用具体事实，向老舍先生的夫人强烈表达对母鸡的讨厌之情。

师生：（合作朗读）

三、紧扣改变，体察"不敢"

师：就这样，老舍先生再一次把母鸡告到了夫人那里。看一看，事实清楚吗？

生：（齐答）清楚。

师：态度鲜明吗？

生：（齐答）鲜明。

师：感情强烈吗？

生：（齐答）强烈。

师：母鸡滚蛋吗？

生：（齐答）滚蛋。

师：母鸡滚蛋了吗？

生：（齐答）没有。

师：为什么？

生：因为母鸡孵出了一群小鸡。

师：看——

（课件呈现：鸡雏图片及"鸡雏"一词）

师：原来，母鸡孵出了一群——

生：（齐读）鸡雏。

师：这些可爱的小宝宝就是——

生：（齐读）鸡雏。

师：这就是母鸡的孩子——

生：（齐读）鸡雏。

师：夫人拿着老舍先生的投诉信，指着母鸡，指着这群鸡雏说，你瞧，现在它是鸡母亲了，这一大群鸡雏需要它来抚养了，你能狠心将它赶走吗？孩子们，假如是你，面对这样的情境，你会怎么想？

生1：我会于心不忍。

生2：我想我会把母鸡留下的。

生3：我肯定不会赶走母鸡了，因为小鸡需要母鸡。

师：老舍先生的态度跟你们一模一样。一方面，他真的是不忍心了；另一方面，他也很好奇，也想看看，做了鸡母亲的母鸡会怎样养育她的鸡雏呢？没想到，经过一段时间的观察，老舍先生真的改变了态度；更没想到，老舍先生居然为母鸡又写了一封信。不过，这次写的不是投诉信，而是——

生：（齐答）表扬信。

师：啊！你们也知道啦！对！表扬信！

1. 聚焦鸡母亲的性格特点

师：那么，老舍先生的这封表扬信会怎么写呢？打开课文，快速默读课文，找一找，你觉得母鸡的哪些事情值得表扬，必须作为具体事实写进这封表扬信里。

（课件呈现）

活动二：帮老舍先生写好表扬信

1. 找一找：母鸡有哪些值得表扬的具体事实；

2. 注一注：在具体事实的旁边写上你的理由。

生：（默读课文）

师：好！应该都找到了，是吧？（生纷纷应答）我想也是，这个不难。我来提一个稍稍难一点的问题，你们觉得在这封表扬信里，最重要、最关键的是哪四个词语？

生4：负责，慈爱，勇敢，辛苦。

师：大家同意吗？

生：（齐答）同意！

师：慢慢来，你们一个一个地说，我一个一个地写。第一个——

生：（齐答）负责。

师：（板书：负责）第二个——

生：（齐答）慈爱。

师：（板书：慈爱）第三个——

生：（齐答）勇敢。

师：（板书：勇敢）第四个——

生：（齐答）辛苦。

师：（板书：辛苦）真没想到，之前在老舍先生的眼里，母鸡大声喧哗；但是，现在在老舍先生的眼里，母鸡却变得——

生：（齐读）负责。

师：之前，母鸡无病呻吟；但是，现在，母鸡却变得——

生：（齐读）慈爱。

师：之前，母鸡欺软怕硬；但是，现在，母鸡却变得——

生：（齐读）勇敢。

师：之前，母鸡自我炫耀；但是，现在，母鸡却变得——

生：（齐读）辛苦。

师：打开作业纸，把这四个最重要、最关键的词语端端正正地写一遍。

生：（在作业纸上书写）

2. 品读鸡母亲的"警戒"

师：当然，只写这四个词语是不够的，哪怕你写得再醒目、再漂亮。就像之前投诉母鸡的时候，老舍先生需要用什么说话？

生：（齐答）事实。

师：对！用事实说话！那么，你现在要表扬母鸡，同样需要用什么说话？

生：（齐答）事实。

师：对！用事实说话。那么，表扬母鸡负责、慈爱、勇敢、辛苦，你发现了哪些具体事实呢？我们一条一条来。第一条事实在哪里？

生5：在第五自然段。（朗读）不论是在院里还是在院外，它总是挺着脖儿，表示出世界上并没有可怕的东西。一只鸟儿飞过，或是什么东西响了一声，它立刻警戒起来：歪着头听；挺着身儿预备作战；看看前，看看后，咕咕地警告鸡雏要马上集合到它身边来。

师：没错，这是母鸡值得表扬的第一条事实——

（课件呈现）

不论是在院里，还是在院外，它总是挺着脖儿，表示出世界上并没有可怕的东西。一只鸟儿飞过，或是什么东西响了一声，它立刻警戒起来：歪着头听；挺着身儿预备作战；看看前，看看后，咕咕地警告鸡雏要马上集合到它身边来。

师：咱们一起来好好地读一读——

生：（齐读此段）

师：这就是具体事实。这条事实，写的是母鸡为鸡雏干什么？谁能用这段话中的一个词语来概括？母鸡为鸡雏——

生：警戒。

师：一词中的！真好！其实，这段话中还有一个跟"警戒"非常相似的词语，一起说——

生：（齐答）警告。

师：请大家特别注意这两个词语。（课件呈现：警戒、警告）一起读——

生：（齐读）

师：孩子们，警戒和警告都有一个"警"字，意思是遇到突发情况的时候，像警察一样高度警惕。但是，警戒不是警告，警告也不是警戒。它们的区别在哪里呢？

（课件呈现）

警戒　提醒

警告　防备

师：谁能找到它们各自的近义词？

生6：警戒是防备，警告是提醒。

师：同意的请举手！（生纷纷举手示意）是的，警戒，就是戒备，就是防备；警告，就是告诉，就是提醒。我们一起来看看，母鸡为了鸡雏的安全，是怎样警戒的。（朗读）不论是在院里，还是在院外，它总是挺着脖儿，表示出世界上并没有可怕的东西。一只鸟儿飞过，或是什么东西响了一声，它立刻警戒起来。有时，母鸡——

生：（齐读）歪着头听。

师：这是警戒。有时，母鸡——

生：（齐读）挺着身儿预备作战。

师：这是警戒。有时，母鸡——

生：（齐读）看看前，看看后，咕咕地警告鸡雏要马上集合到它身边来。

师：这也是警戒。那么，在母鸡的一次次警戒中，你们体会到了鸡母亲的什么呢？有负责吗？

生7：有负责。我读出了母鸡的负责，母鸡的负责体现在它为自己的孩子高度警戒，一点都不放松。

师：警戒就是一种负责啊！那么，这里有慈爱吗？

生8：我觉得有慈爱，因为如果它没有慈爱的话，就不会警戒起来了。

师：没错，警戒就是一种慈爱啊！那么，这里有勇敢吗？

生9：我觉得有。因为歪着头听，挺着身儿预备作战，以前它是不敢跟公鸡作战的，如果现在公鸡来了，它会勇敢地上去作战。

师：你联系了上文，一对比，就非常真切地感受到了母鸡的勇敢。是的，警戒就是一种勇敢啊！那么，这里有辛苦吗？

生10：我觉得是有的。如果它不是辛苦的话，它不可能警戒起来，也不可能警告鸡雏们要马上集合到它身边来。

师：谁还有补充？

生11：如果它不辛苦的话，那么有什么东西响了一声，或是一只鸟儿飞过，它可能就会在一旁乘凉。

师：无所谓，那么辛苦干什么？是吗？好，还有补充吗？

生12：我发现第二句说：它总是挺着脖儿，表示出世界上并没有可怕的东西。说它"总是"，就说明了它可能每天都是这样，所以我看出了它的辛苦。

师：真好！"总是"这个词找得真是太准确了！如果说一天两天还算不上辛苦，那么，每天都是这样警戒着，能不辛苦吗？警戒就是一种辛苦啊！孩子们，就是母鸡为鸡雏警戒这样一个事实，让我们真真切切地看到了它的——

生：（齐读）负责。

师：它的——

生：（齐读）慈爱。

师：它的——

生：（齐读）勇敢。

师：它的——

生：（齐读）辛苦。

师：这样的母鸡，值得表扬吗？

生：（齐答）值得！

师：来吧，让我们用自己的朗读，来好好地表扬表扬现在的母鸡——

师生：（合作朗读，师读第一句，生读第二句，依次轮流读下去）

3. 泛读鸡母亲的其他表现

师：孩子们，这就是事实，这就是母鸡负责、慈爱、勇敢、辛苦的事实。而这样的事实，还有很多很多，你们一定发现了。比如——

生13：（朗读）发现了一点儿可吃的东西，它咕咕地紧叫，啄一啄那个东西，马上便放下，让它的儿女吃。结果，每一只鸡雏的肚子都圆圆地下垂，像刚装了一两个汤圆儿似的，它自己却消瘦了许多。

师：孩子们，有一点儿可吃的东西，母鸡首先想到的是谁？

生：（齐答）鸡雏。

师：它的孩子，它的儿女。结果，它的孩子，它的儿女，一个个都能大快朵颐，大饱口福，而它自己却变得十分——

生：（齐答）消瘦。

师：不仅如此，假如有别的大鸡前来抢夺食物，它一定——

生：（齐答）出击。

师：一定把它们——

生：（齐答）赶出老远。

师：这就是事实！在母鸡喂食的事实中，我们又一次感受到了它的——

生：（齐读）负责。

师：它的——

生：（齐读）慈爱。

师：它的——

生：（齐读）勇敢。

师：它的——

生：（齐读）辛苦。

师：这样的母鸡，值得表扬吗？

生：（齐答）值得！

师：太值得了！我们继续找事实——

生14：（朗读）它教鸡雏们啄食，掘地，用土洗澡，一天不知教多少次。它还半蹲着，让它们挤在它的翅下、胸下，得一点儿温暖。它若伏在地上，鸡雏们有的便爬到它的背上，啄它的头或别的地方，它一声也不哼。

师：孩子们，母鸡为了保护自己的孩子，为了让自己的孩子得到一点儿温暖，它是怎么做的？这是一个看起来好像很不起眼的动作，这个动作就是——

生15：半蹲着。

师：是啊，半蹲着。我很奇怪，它为什么不站着？

生16：有可能鸡雏没有它那么高。

师：当它高高地站着，那份温暖鸡雏就——

生16：感受不到。

师：是的。那它为什么不坐着呢？坐着多舒坦啊。

生17：坐着的话，就没有空间让鸡雏感受到温暖。

师：如果它坐着，它担心——

生17：会压着小鸡雏。

师：所以，它常常半蹲着。孩子们，你们半蹲过吗？你们半蹲的话，大概能蹲多久？

生18：大概是20秒，差不多的时间。

生19：大概是3分钟。

师：半蹲20秒，你就累得受不了了；半蹲3分钟，你就累得受不了了。但是，你们看看母鸡，它却一直这样半蹲着，它累不累？

生：（齐答）累。

师：它苦不苦？

生：（齐答）苦。

师：但是，为了鸡雏们，为了孩子们，它心甘情愿，含辛茹苦。这就是事实！在母鸡半蹲的事实中，我们又一次感受到了它的——

生：（齐读）负责。

师：它的——

生：（齐读）慈爱。

师：它的——

生：（齐读）勇敢。

师：它的——

生：（齐读）辛苦。

师：这样的母鸡，值得表扬吗？

生：（齐答）值得！

师：非常值得！我们继续找事实——

生20：（朗读）在夜间若有什么动静，它便放声啼叫，顶尖锐，顶凄惨，无论多么贪睡的人都得起来看看，是不是有了黄鼠狼。

师：孩子们，这个时候的母鸡，它放声啼叫，是在大声喧哗吗？

生：（齐答）不是。

师：是在无病呻吟吗？

生：（齐答）不是。

师：是在欺软怕硬吗？

生：（齐答）不是。

师：是在自我炫耀吗？

生：（齐答）不是。

师：它是在干什么？

生：它是在保护它的小鸡雏。

师：夜深人静的时候，该是好好休息的时候。累了一整天的母鸡，更应该好好休息啊。但是，一旦周围有什么动静，哪怕是一点点动静，它就会非常警觉，放声啼叫，因为它的心里装着谁？

生21：装着鸡雏们。

生22：装着自己的孩子。

师：这就是事实！在母鸡放声啼叫的事实中，我们又一次感受到了它的——

生：（齐读）负责。

师：它的——

生：（齐读）慈爱。

师：它的——

生：（齐读）勇敢。

师：它的——

生：（齐读）辛苦。

4. 对比鸡母亲之前的表现

师：但是，孩子们，我们分明记得，在老舍先生的印象中，以前的母鸡不是这样的，你们看——

（课件呈现）

听吧，它由前院嘎嘎到后院，由后院再嘎嘎到前院，没完没了，并且没有什么理由，讨厌！

生：（齐读）

师：它只会大声喧哗，哪有什么负责可言？我们分明记得，以前的母鸡是这样的——

（课件呈现）

有的时候，它不这样乱叫，而是细声细气的，有什么心事似的，颤颤巍巍的，顺着墙根，或沿着田坝，那么扯长了声如怨如诉，使人心中立刻结起了个小疙瘩来。

生：（齐读）

师：它只会无病呻吟，哪有什么慈爱可言？我们分明记得，以前的母鸡是这样的——

（课件呈现）

它永远不反抗公鸡，有时候却欺侮最忠厚的鸭子。更可恶的是遇到另一只母鸡的时候，它会下毒手，趁其不备，狠狠地咬一口，咬下一撮儿毛来。

生：（齐读）

师：它只会欺软怕硬，哪有什么勇敢可言？我们分明记得，以前的母鸡是这样的——

（课件呈现）

到下蛋的时候，它差不多是发了狂，恨不能让全世界都知道它这点儿成绩；就是聋人也会被它吵得受不了。

生：（齐读）

师：它只会自我炫耀，哪有什么辛苦可言？孩子们，为什么现在的母鸡就变了呢？

生23：（指名）因为母鸡孵出了一群小雏鸡。

师：是的！为了鸡雏，为了自己的孩子，母鸡从此就变了，它不再大声喧哗，它变得非常——

生：（齐读）负责。

师：是的！为了鸡雏，为了自己的孩子，母鸡从此就变了，它不再无病呻吟，它变得非常——

生：（齐读）慈爱。

师：是的！为了鸡雏，为了自己的孩子，母鸡从此就变了，它不再欺软怕硬，它变得非常——

生：（齐读）勇敢。

师：是的！为了鸡雏，为了自己的孩子，母鸡从此就变了，它不再自我炫耀，它变得非常——

生：（齐读）辛苦。

师：孩子们，这样的写法叫什么？

生：我觉得应该是对比。

师：对比，记下来。（板书：对比），是的，这是前后对比。在强烈的对比中，我们真真切切地感受到了母鸡的负责、慈爱、勇敢、辛苦。孩子们，面对这样一位鸡母亲，你的心里会涌起一种怎样的感情？

生24：我会从讨厌它变成喜欢它。

师：喜欢。

生25：我会从讨厌变成更加敬佩。

师：敬佩。

生26：我会从讨厌它，到对它一点都不再讨厌，很佩服它。

师：佩服。

生27：我从讨厌它变成敬佩它的母爱。

师：孩子们，你们现在对母鸡的感情，跟那个时候老舍先生的感情一模一样。正是怀着这样的感情，老舍先生为母鸡写了这样一封表扬信——

（**课件呈现**）

表扬信

我一向讨厌母鸡。可是，现在我改变了心思，我看见一只孵出一群小雏鸡的母鸡。

不论是在院里，还是在院外，它总是挺着脖儿，表示出世界上并没有可怕的东西。一只鸟儿飞过，或是什么东西响了一声，它立刻警戒起来：歪着头听；挺着身儿预备作战；看看前，看看后，咕咕地警告鸡雏要马上集合到它身边来。

<u>它变得负责，慈爱，勇敢，辛苦。</u>

发现了一点儿可吃的东西，它就咕咕地紧叫，啄一啄那个东西，马上便放下，教它的儿女吃。结果，每一只鸡雏的肚子都圆圆地下垂，像刚装了一两个汤圆儿似的，它自己却消瘦了许多。假如有别的大鸡来抢食，它一定出击，把它们赶出老远，连大公鸡也怕它三分。

<u>它变得负责，慈爱，勇敢，辛苦。</u>

它教鸡雏们啄食，掘地，用土洗澡，一天不知教多少次。它还半蹲着，让它们挤在它的翅下、胸下，得一点儿温暖。它若伏在地上，鸡雏们有的便爬到它的背上，啄它的头或别的地方，它一声也不哼。

<u>它变得负责，慈爱，勇敢，辛苦。</u>

在夜间若有什么动静，它便放声啼叫，顶尖锐，顶凄惨，无论多么贪睡的人都得起来看看，是不是有了黄鼠狼。

<u>它变得负责，慈爱，勇敢，辛苦。</u>

我不敢再讨厌母鸡了。

师：母鸡太值得表扬了！所以，一位老舍先生不够，我得先请四位老舍先生来帮忙。来，第一位请。来，第二位请。来，你是第三位。来，你是第四位。好！我们请了四位老舍先生，第一位，负责朗读表扬信的第二自然段；第二位，负责朗读表扬信的第四自然段；第三位，负责朗读表扬信的第六自然段；第四位，负责朗读表扬信的第八自然段。四位老舍先生，你们清楚了吗？（四生答"清楚了"）

好，在座的各位，你们也都是老舍先生，你们的任务是负责朗读表扬信中的四句加下画线的话。明白吗？（生齐答"明白"）

我呢，自然也是老舍先生。我的任务，是负责朗读表扬信的开头和结尾。所有在场的老舍先生，你们一定不会忘记此时此刻自己对母鸡的感情，是吧？（生齐答"是"）

好！让我们一起，怀着喜爱，怀着佩服，怀着敬重，读好这封关于母鸡的表扬信——

师生：（合作朗读表扬信）

四、联想比照，升华情感

师：当老舍先生把这封充满真情的表扬信交到夫人手上的时候，他激动地对夫人说，夫人啊，你知道吗，在我观察鸡母亲的这段日子里，在我看到鸡母亲这样负责、这样慈爱、这样勇敢、这样辛苦地照料它的孩子的时候，我突然想起了一个人。（稍顿）孩子们，你们知道老舍先生想起了谁？

生1：他的母亲。

师：谁？

生2：他的母亲。

师：谁？

生3：他的母亲。

师：谁？

生4：他的母亲。

师：一起说——

生：（齐答）他的母亲。

师：是的！老舍先生想起了自己的母亲。（板书：母亲）老舍先生从小就没了父亲，是母亲含辛茹苦把他养大的。他说，我的生命是母亲给的，我能长大成人是母亲的血汗灌养的，我的性格习惯是母亲传给的。那时，他的母亲已经去世二十多年了。他对夫人说，就在观察鸡母亲的那段日子里，他的母亲的画面一次又一次地浮现在他的眼前——

（课件呈现并播放背景音乐）

她的手终年是鲜红微肿的。白天，她洗衣服，洗一两大绿瓦盆……晚间，她与三姐抱着一盏油灯，还要缝补衣服，一直到半夜。她终年没有休息，可是在忙碌中，她还把院子屋中收拾得清清爽爽。

——选自老舍《我的母亲》

生：（朗读此句）

师：孩子们，这是一位怎样的母亲？

生5：我觉得老舍的母亲非常辛苦。

生6：这是一位非常负责的母亲。

生7：这是一位非常慈爱的母亲。

师：我们继续看——

（课件呈现）

皇上跑了，丈夫死了，鬼子来了，满城是血光火焰，可是母亲不怕，她要在刺刀下，饥荒中，保护着儿女。

——选自老舍《我的母亲》

生：（朗读此句）

师：孩子们，这是一位怎样的母亲？

生8：这是一位勇敢的母亲。

生9：这是一位负责的母亲。

师：我们继续看——

（课件呈现）

入学，要交十元的保证金。这是一笔巨款！母亲作了半个月的难，把这巨款筹到，而后含泪把我送出门去。她不辞劳苦，只要儿子有出息。

——选自老舍《我的母亲》

生：（朗读此句）

师：孩子们，这是一位怎样的母亲？我想，你一定想到了四个词语——

生10：负责，慈爱，勇敢，辛苦。

生11：负责，慈爱，勇敢，辛苦。

生12：负责，慈爱，勇敢，辛苦。

师：我们一起说——

生：（齐答）负责，慈爱，勇敢，辛苦。

师：就这样，对鸡母亲的观察让老舍先生想到了自己的母亲；对自己母亲的感情融入对鸡母亲的描写中。所以，在这封表扬信的结尾，老舍先生这样写道——

（课件呈现）

它负责，慈爱，勇敢，辛苦

因为它有了一群鸡雏

它伟大

因为它是鸡母亲

一个母亲必定就是一位英雄

生：（齐读）

师：其实，老舍先生真正想说的，不只是鸡母亲，更是他自己的——

生：（齐答）母亲。

师：其实，老舍先生还想说的，不只是他自己的母亲，而是全天下所有的——

生：（齐答）母亲。

师：是的，所有的母亲，全天下所有的母亲——

（课件呈现）

她们负责，慈爱，勇敢，辛苦

因为她们有了一群儿女

她们伟大

因为她们是母亲

一个母亲必定就是一位英雄

生：（齐读）

师：打开作业纸，怀着喜爱，怀着佩服，怀着敬重，把表扬信的最后一句话端端正正地抄下来。

生：（抄写）

师：孩子们，这样的母亲，无论她多么卑微、多么平凡，我们还敢再讨厌吗？

生：（齐答）不敢。

师：（板书：不敢讨厌）由"一向讨厌"到"不敢讨厌"，这同样是一种——

生：（齐答）对比。

（最后形成如下板书）

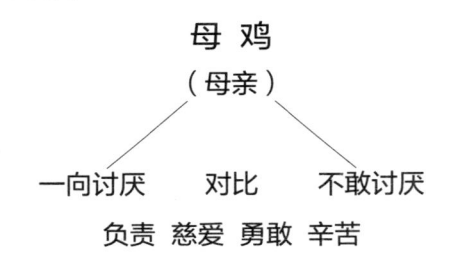

母 鸡
（母亲）

一向讨厌　　对比　　不敢讨厌
负责　慈爱　勇敢　辛苦

师：孩子们，对比的好处是什么？你体会到了吗？

生13：这样的好处，是可以更加突出鸡母亲的负责、慈爱、勇敢和辛苦。

师：没错。对比就是为了突出，突出母鸡的优秀品质。还有不同的体会吗？

生14：可以使老舍先生对鸡母亲的不同情感更加突出。

师：是的。对比使感情变得更加强烈。所以，现在我们再听到母鸡这样的叫声——

（课件播放：母鸡"嘎嘎"的叫声）

生：（听鸡叫声）

师：我们还敢再讨厌吗？

生：（齐答）不敢。

师：为什么？

生15：因为它负责，慈爱，勇敢，辛苦。

师：所以，现在我们再听到母鸡这样的叫声——

（课件播放：母鸡"如怨如诉"的叫声）

生：（听鸡叫声）

师：我们还敢再讨厌吗？

生：（齐答）不敢。

师：为什么？

生16：因为它是伟大的母亲。

师：所以，现在我们再听到母鸡这样的叫声——

（课件播放：母鸡下蛋时的叫声）

生：（听鸡叫声）

师：我们还敢再讨厌吗？

生：（齐答）不敢。

师：为什么？

生17：因为它是一位英雄。

师：孩子们，拿起你的作业纸，让我们一起，怀着喜爱，怀着佩服，更怀着敬重，大声朗读你抄下的最后一句话——

生：（齐读）一个母亲必定就是一位英雄。

师：下课！

圆桌论坛

素养立意下语文课堂教学新样态

前不久，王崧舟老师推出了他的最新课例——《母鸡》。这一课，用王老师自己的话来说，跟他之前所上的课有着很大的不同。这个不同，反映出王老师对《义务教育语文课程标准（2022年版）》（以下简称"2022年版课标"）的深入学习、深刻领会和深度落实。王崧舟工作室的部分成员，在学习领会2022年版课标精神的同时，围绕王老师的《母鸡》一课，展开了广泛而深入的对话。

一、整合设计

主持人：大家知道，2022年版课标在"课程理念"中指出："义务教育语文课程结构遵循学生身心发展规律和核心素养形成的内在逻辑，以生活为基础，以语文实践活动为主线，以学习主题为引领，以学习任务为载体，整合学习内容、情境、方法和资源等要素，设计语文学习任务群。"从这段话的表述来看，"整合"是语文课堂新样态的一个基本特征。为什么新样态特别重视"整合"呢？我觉得主要原因有两个：第一，语文本身就是一门高度综合性的课程，无论是它的目标、内容还是它的方法、路径，都具有非常强的综合性。第二，学生真实的语文生活，同样是多情境、多文本、多形态的，带有明显的杂糅性和混沌性。王老师执教的《母鸡》一课，充分体现了这种"整合"的教学新样态。

沈兴华（杭州市滨和小学）：王老师的课，摆脱了"语文要素"线性落实的桎梏，实现了语文要素和人文精神的整合。作为单元语文要素的"体会作家是如何表达对动物的感情的"，王老师并没有把它当作知识抽象地教，而是融入语境、各种形式的朗读体验中，尤其是"投诉信"和"表扬信"这一复合情境的创设，学生在不知不觉中真切体会到了老舍先生用矛盾对比的手法集中表达自己对母鸡的敬重之情。这样的设计，使语文要素的习得和人文精神的熏陶水乳交融。

金晔（杭州市春晖小学）：王老师的《母鸡》一课，通过虚构故事场景引导学生走进文本，体会文字背后汩汩流淌的真情和深情。前三个自然段，用"投诉信"来整合文本内容，让学生在边读、边悟、边写中体会作家对母鸡的讨厌之情；而第6自然段到第9自然段，则用"表扬信"来整合文本内容，从对鸡母亲的性格特点的品读，到对作家母亲的缅怀和赞美，最终升华了主题。文本语境与虚构语境的整合，极大地调动了学习兴趣，增强了学生主动参与的意识和能力。

吕萍（杭州市西林小学）：说到主题的升华，我想到了这堂课的另一种整合思路，那就是主题整合。通常，《母鸡》一课，我们会局限于对母鸡情感的变化上，即便是敬重之情，指向的还是母鸡本身的表现。但是王老师却能由母鸡到母亲，在互文参照中，实现两个不同文本的主题整合——讴歌母爱。整堂课如同有一只温柔的大手，轻轻地推动孩子们的情感层层递进，最终量变产生质变，学生恍然大悟，原来这都是伟大的母爱啊！

周丹（杭州市临安区城北小学）：王老师这堂课，除了学习情境的整合、学习内容的整合、学习主题的整合，在我看来，还有一个突出的整合，那就是学习方式的整合。识字与写字、阅读与鉴赏、表达与交流、梳理与探究，这些最基本的语文学习方式，在这堂课上得到了有效整合与落实。这些方式都不再是独立运行、各自为政，而是融入整个复合情境中。那么，学习方式的整合在《母鸡》一课中是靠什么实现的呢？我觉得，是靠给学生一个"先行组织者"来实现的。这个先行组织者，相当于学习的一个大概念，能够涵盖、贯通、整合其他所有的下位学习方式。那么，这个大概念，我觉得就是王老师精心设计的两次学习活动中所包含的那个结构化策略，即"具体事实（证据）——对应意见（观点）"。其实，这堂课学生要么是在围绕"具体事实"进行识字写字、阅读鉴赏、表达交流、梳理探究，要么是在围绕"对应意见"展开语言文字的听、说、读、写、思。正因为有大概念的统整，王老师的课才显得既大气开放，又精致和谐。

二、高阶思维

主持人：我们知道，2022年版课标提出了"语文课程核心素养"这一重要范畴。核心素养包括文化自信和语言运用、思维能力、审美创造四个方面，而思维能力所涉及的深刻性、独创性和批判性等，都属于高阶思维的品质。《母鸡》虽然是一篇文学作品，侧重于直觉思维、形象思维能力的发展，但是，我们在王老师的课上，却同样能感受到他对高阶思维的关注和重视。

蒋梦婷（杭州市滨文小学）：大概念下的语文教学，要求我们将学生的学习目标放到更高的维度去审视。王老师《母鸡》一课的教学，无论是"投诉信"的学习，还是"表扬信"的学习，都非常强调要用事实说话，并且引导学生沉入文本，逐条梳理相关事实。整个教学过程，学生在潜移默化中形成了"表达观点要有理有据，要使用典型事例"的概念意识，这是一种思维的提升，也是学生学习主体性的彰显。

夏颖娇（杭州市钱塘实验小学）：王老师的《母鸡》一课，紧扣"对比"这一教学主线，不断地促进学生思维的纵深发展。如，借助"投诉信"和"表扬信"，抓作家对母鸡情感的顺向对比，由"一向讨厌"到"不敢讨厌"；又如，在学习"表扬信"的过程中，不断回顾"投诉信"上的事实，抓作家对母鸡情感的逆向对比。这样一顺一逆的对比阅读，不仅强化了学生对母鸡情感的深度体验，也促进他们高阶思维的发展，可谓一箭双雕、一举两得。

童如晶（浙江农林大学附属小学）：说到《母鸡》这堂课的"对比"教学，我想到了王老师引导学生体会两种感情的不同思维方式。在借助投诉信体会对母鸡的讨厌之情时，王老师引导学生运用的是演绎思维。即由老师先概括观点，如母鸡大声喧哗、无病呻吟等，再引导学生进入文本寻找相关证据，来支撑观点的成立。演绎思维，在一定程度上降低了概括难度，有助于学生有的放矢地聚焦文本、理解内涵。而在借助表扬信体会对母鸡的敬重之情时，王老师引导学生运用的则是归纳思维。即由学生找到母鸡的那些值得表扬的具体事实，然后对具体事实进行归纳，概括出主要观点。归纳思维，对学生而言，其实难度会更大，因为它是一种从个别到一般的思维过程，需要在阅读材料时做出深入的分析、提炼、概括和判断。王老师这样的设计，就是先演绎后归纳的思维过程，遵循了学生思维发展的一般规律，又恰到好处地给学生一个思考支点，促使学生的思维向高阶状态发展，可谓用心良苦、匠心独运。

三、深度体验

主持人："2022年版课标"在课程总目标的第七条中指出："感受语言文字的美，感悟作品的思想内涵和艺术价值，能结合自己的经验，理解、欣赏和初步评价语言文字作品，丰富自己的情感体验和精神世界。"显然，学生的情感体验是基于语言文字的，是通过感悟思想内涵逐步产生的，是在结合自己的经验中发展的，是在经历理解、欣赏和初步评价中得到升华的。因此，我们有理由相信，这样的体验不是表面的、肤浅的，而是内心的、深刻的。王老师的《母鸡》教学，在这一点上肯定给大家留下了深刻的印象。

邹晓珍（杭州市滨江实验小学）：说到情感的深度体验，我首先想到的就是复沓这一诗意语文的标志性策略。《母鸡》这一课，关键词的复沓、关键句朗读的复沓、重点词句书写的复沓，无不彰显着王老师的匠心独运及高超技艺。这种复沓策略，往往聚焦于课文情感的爆发点、转折点、升华点，比如，母鸡的"负责、慈爱、勇敢、辛苦"，既是这堂课的一个复沓式结构，又是强化对母鸡敬重之情的复沓式支点，在一咏三叹、回环复沓的品味诵读中，学生的情感得到了深度体验。

梅青（杭州市闻涛小学）：在我看来，王老师的《母鸡》一课，是以作者的情感变化为线索来安排教学结构的。整堂课的情感学习，明显地形成了三级跳的架构。第一级，借助"投诉信"，感受对母鸡的讨厌之情；第二级，借助"表扬信"，深入感受对母鸡的敬重之情，体会前后情感的突转；第三级，借助"资料袋"，进一步感受对母亲的缅怀和敬仰之情，促进由物到人的情感升华。因此，我们能看到学生的情感不是平面地滑动，而是登山一般不断向上攀升。

沈清清（杭州市长河小学）：我印象特别深的是《母鸡》一课安排的三次抄写练习。第一次，分四次抄写"讨厌"；第二次，抄写"负责、慈爱、勇敢、辛苦"；第三次，抄写"一个母亲必定就是一位英雄"。抄写的形式本身非常传统，但是，王老师却对这个传统形式进行了创造性转化。因为，每一次抄写，都是学生情感的一个爆发点。学生与其说是在抄写（他们确实也是在抄写），毋宁说是在寻找一次宣泄情感、表达情感的特殊方式。无疑，融入情感的抄写，不再是一种机械的训练，而成了学生深度体验的一个有效载体。

四、复合情境

主持人："2022年版课标"在课程理念第四条中指出："义务教育语文课程实施从学生语文生活实际出发，创设丰富多样的学习情境，设计富有挑战性的学习任务，激发学生的好奇心、想象力、求知欲，促进学生自主、合作、探究学习。"毫无疑问，王老师执教的《母鸡》一课，在增强语文课堂教学的情境性方面，给了我们一个非常强烈的冲击。

施于红（杭州市西林小学）：王老师的课，打破了普通课堂的单一情境，即文本情境的局限，走向了文本情境与虚构情境的有机融合。一方面，这堂课顺着文本本身的情境，从对母鸡"一向讨厌"的情境转向对母鸡"不敢再讨厌"的情境，体会到作家运用对比手法表达对母鸡的情感；另一方面，王老师创造性地利用文本情境，虚构了一个作家创作《母鸡》过程的艺术情境。从写"投诉信"的情境，到写"表扬信"的情境，最后到"怀念母亲"的情境。两个维度的情境有机交织在一起，形成了一个复合情境。它的作用，正如叶圣陶先生所讲，促进学生学习的办法有两个，"一使需之切，一使乐其业"。让学生感到学习有迫切的需要，才会主动学习；让学生感到学习有无限的乐趣，才会越学越爱学。这是王老师这堂课的一个突破，有着深刻的变革意义，值得我们深入研究。

盛莉（杭州市衣锦小学）：《母鸡》一课的导入，就是一个复合情境。而这个复合情境是由三个子情境构成的。第一个，在安静读书时听见母鸡的叫声；第二个，在客厅讨论剧本时听见母鸡的叫声；第三个，在构思小说时听见母鸡的叫声。这样一个复合情境的创设，具有很强的代入感，学生很容易跟作家一起共情，产生跟作家一样的情感体验。而且，这样的体验显得非常真实，因为这个复合情境的现场感非常逼真。这就充分体现了情境创设的主体性原则，也就是说，一个理想的情境，必须有助于学生主体意识的觉醒，有助于学生的主动参与和积极实践。

王辰窈（杭州市临安区城南小学）：记得王老师曾经说过："文学阅读中任务情境的创设，是基于儿童本位的教材再认知、再加工、再创造。"在我看来，《母鸡》这堂课，是三种情境的复合交融。第一个是文本情境，第二个是虚拟情境，第三个是任务情境，就是王老师精心设计的两次学习活动：帮帮老舍先生写好投诉信、表扬信。我发现，第一个情境是基础，第二个情境既是对第一个情境的还原，也是对第三个情境的铺垫。而这三个情境，最终要落实到任务情境上来，也就是学生主体上来，这就是基于儿童本位的教材再认知、再加工、再创造。当第三个任务情境出来的时候，学生对《母鸡》的学习，就不再是一种消极被动的应付，而是一种基于自己真实体验、真实想法的主动介入。

王雁春（杭州市昌化第一小学）：我以为，王老师的复合情境，其核心还是还原生活，这也是语文教学的重要目的。王老师曾经说过："语文与生活天然联系在一起，语文反映生活又服务于生活。对学生而言，语文本身就是一种特殊的生活。生活是语文唯一的源头活水。"核心素养是学生在与情境的持续互动中，通过不断解决问题、创生意义形成的。它要求教师能够创设与现实生活紧密关联的、真实性的问题情境，让学生通过基于问题的活动方式，在真实的语言实践过程中获得核心素养的发展。《母鸡》一课的复合情境，既是对作家老舍先生真实生活的还原，当然这种还原是艺术的，但却是真实的；同时也是对学生生活的一种还原，即在真实的任务情境中（帮助老舍先生写好投诉信、表扬信）学语文、用语文，不断提升语文素养。

第九课

如何彰显思辨性阅读的教学特征

——《表里的生物》

教学简案

教学版本

统编小学语文教科书六年级下册第 16 课《表里的生物》。

学习任务群

思辨性阅读与表达。

教学目标

1. **核心目标**：能梳理"我"形成观点的思考过程，深入体会善于观察、勤于思考、勇于探索的科学精神。

2. **条件目标**：借助预学单和课堂作业，会写"脆、拦"等 8 个生字，会写"机器、钟楼"等 17 个词语；在梳理事情的发展过程中，感受"我"发现过程的意义；在感受人物形象的过程中，进一步体会用具体事例说明观点的方法；通过单元回顾和资料拓展，进一步感受"好奇""爱思考"等品质对科学发现的意义。

教学时间

2 课时。

教学过程

一、回忆单元主题，梳理单元内容

1. 聚焦单元主题

（课件呈现）

科学发现的机遇，总是等着好奇而又爱思考的人。

师：围绕着这个主题，我们这个单元安排了4篇课文——

（课件呈现）

14. 文言文二则：学弈、两小儿辩日
15. 真理诞生于一百个问号之后
16. 表里的生物
17. 他们那时候多有趣啊

2. 梳理并发现《学弈》与单元主题的关系

师：第14课中的《学弈》是一篇文言文，选自《孟子·告子上》。课文用弈秋教两个人学下棋这个事例，告诉我们一个什么道理？

师：那么，这个道理跟我们这个单元的主题有什么关系呢？

3. 梳理并发现《两小儿辩日》与单元主题的关系

师：第14课中的《两小儿辩日》也是一篇文言文，选自《列子·汤问》。课文用两个小孩子争辩太阳的远近，连孔子也不能解答这个事例，带给我们很多启示。从"两小儿"的角度来看，它要告诉我们的是一个什么道理？

师：那么，这个道理跟我们这个单元的主题又有什么关系呢？

4. 梳理并发现《真理诞生于一百个问号之后》与单元主题的关系

师：第15课《真理诞生于一百个问号之后》是一篇说理文，课文用英国化学家波义耳发明酸碱试纸、德国气象学家魏格纳发现"大陆漂移学说"、美国睡眠专家阿瑟林斯基发现做梦与眼球转动的关系这样三个事例，告诉我们一个什么道理？

师：那么，这个道理跟我们这个单元的主题又有什么关系呢？

二、审注课文题目，揭示认知冲突

1. 了解怀表的基本结构

师：我们来了解一下怀表的结构——（随着课件逐步呈现）表盖，表镜，表身，宝石，齿轮，弹簧。

2. 了解蝎子的基本情况

师：这里的"生物"，在"我"的眼中指的是什么呢？

（课件呈现）

夏蝉　秋虫　蟋蟀　蝈蝈　蝎子

师：这些活的生物，都有哪些相同的特点呢？

师：在"我"的眼中，这表里的生物指的是谁呢？

3. 梳理课文的主要内容

师：浏览全文，联系课题，想一想，课文写了一件怎样的事情，完成课堂作业第一题——

（课件呈现）

"我"最初的观点	"我"发现的经历	"我"最终的结论
	1. 父亲的怀表会发出清脆的声音，"我"猜想：_____ 2. 父亲说"这摆来摆去的是一个小蝎子的尾巴"，"我"证实：_____	

生：（默读课文，完成课堂作业第一题）

师：通过交流，梳理出"发声皆生物""表里会发声""表里有生物"等关键词。

三、创设任务情境，驱动问题探究

（课件呈现）

我们知道，科学发现必须符合事实。不符合事实的，一定不是科学发现。"我"发现父亲的表里有一种会发声的生物。事实上，那里根本没有生物，会发声的是表里的弹簧。

那么，"我"的发现还有意义吗？

师：无论你认为是有意义还是无意义，得出一个结论其实并不难。难的是，你要为自己的这个结论寻找证据。

四、走进"我"的世界，研读"发现"证据

1. 初步梳理"我"得出结论的证据

（课件呈现）

1. 找一找：用波浪线画出"我"得出结论的理由与证据。
2. 写一写：在画出的证据旁边写上自己的感受与思考。
3. 议一议：在四人小组内交流并完善自己的证据与思考。

2. 研读证据一：有限的经验

（课件呈现）

我那时以为凡能发出声音的，都是活的生物。早晨有鸟叫得很好听，夜里有狗吠得很怕人，夏天蝉在绿树上叫，秋晚有各种的虫在草丛中唱不同的歌曲。钟楼上的钟不是活的，有时却洪亮地响起来，那是有一个老人在敲；街心有时响着三弦的声音，那是一个盲人在弹。

师：作者一口气列举了好几个有说服力的事例，具体分析这些事例怎么支持"我"的观点。

师：你能再举一个这样的事例吗？凡是能发出声音的，都是活的生物。

师:"我"很善于说明自己的观点,不仅举出这些正面的事例来说明自己的观点,还举出反面的事例来进一步说明自己的观点。

师:"我"是一个生活的有心人,"我"对生活充满了好奇心,"我"非常善于观察生活。既然"我"是这样一个人,他怎么就不知道收音机也能发出声音?电风扇也能发出声音?汽车也能发出声音?而收音机、电风扇、汽车都是机器,都不是生物啊!

3. 研读证据二:大胆的猜想

(课件呈现)

我对于它的好奇心一天比一天增加。树上的蝉,草里的虫,都不会轻易被人看见,我想:表里边一定也有一个蝉或虫一类的生物吧,这生物被父亲关在表里,不许小孩子动。

师:"我"为什么会有这么大胆的猜想呢?有事实吗?有依据吗?

4. 研读证据三:小心的求证

(课件呈现)

我有蟋蟀在钵子里,蝈蝈在葫芦里,鸟儿在笼子里,父亲却有一个小蝎子在表里。

师:打那以后,见到老师,"我"就这样说——(齐读)打那以后,见到同学,"我"就这样说——(齐读)打那以后,见到邻居,"我"就这样说——(齐读)

师:"我"为什么会如此确信、如此坚信自己的这个结论呢?

师:"我"是不是一开始见人就说这样的话呢?

师:如果说,"我"的猜想是大胆的,那么,"我"的求证却是——

5. 体会"我"的认知特点

师:由此看来,你觉得小时候的"我"是一个怎样的人?

五、拓展探究空间，思辨"发现"意义

（课件呈现）

冯至是中国现代著名文学家。他一生创作了《山水》《伍子胥》《北游及其他》等10多部文学作品，曾多次当选中国作家协会副主席。

冯至是中国现代著名诗人。他创作的诗集有《昨日之歌》《十四行集》等，被鲁迅先生誉为"中国最为杰出的抒情诗人"。

冯至是中国现代著名翻译家。他翻译的德国文学作品有《布莱希特选集》《海涅诗选》《德国，一个冬天的童话》等，荣获"歌德奖章""格林兄弟文学奖"等。

冯至是中国现代著名学者。他创作《杜甫传》，毛主席说他"为中国人民做了一件好事"。

师：联系小时候的冯至，联系《表里的生物》所讲的这件事，你觉得这段资料说明了什么？

（课件呈现）

我们知道，科学发现必须符合事实。不符合事实的，一定不是科学发现。

"我"发现父亲的表里有一种会发声的生物。事实上，那里根本没有生物，会发声的是表里的弹簧。

那么，"我"的发现还有意义吗？

师：无论你现在是什么态度，现在，请你认真思考和梳理一下自己这样认为的理由，并把你的理由写下来。

（课件呈现）

正方：我觉得不能只看事实，作者的发现很有意义。因为＿＿＿＿＿

反方：我觉得事实就是事实，作者的发现没有意义。因为＿＿＿＿＿

师：（请正反方的发言同学上台板书各自的关键词）

师：我认为，正反两方说的都有道理。站在过程的角度，我赞成正方

的观点（板书：过程）；站在结果的角度，我赞成反方的观点（板书：结果）。角度不同，看问题的观点就会不同。假如，正方能够听听反方的观点和理由，你们的思考也许会变得更全面、更深刻；假如，反方能够听听正方的观点和理由，你们的思考也许会变得更灵活、更开阔。

师：今天我们学习了第16课《表里的生物》，我们更加深刻地认识到，即便你的发现结果是错的，是荒唐的，但是——

师：在发现过程中，慢慢养成仔细观察、大胆猜测、小心求证、锲而不舍的习惯，才是最有意义的。老师衷心希望，我们每一个同学都能成为这样的人！

板书设计

表里的生物

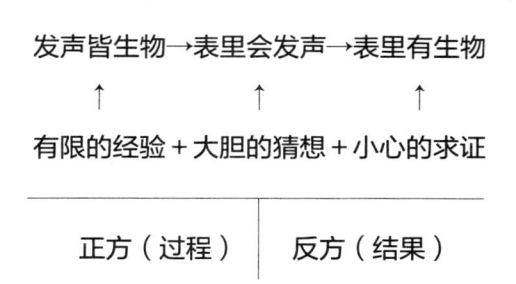

发声皆生物→表里会发声→表里有生物
　　↑　　　　↑　　　　↑
有限的经验 + 大胆的猜想 + 小心的求证

正方（过程）　｜　反方（结果）

课堂教学实录

一、回忆单元主题，梳理单元内容

（课前板书：表里的生物）

1. 聚焦单元主题

师：孩子们，一起看大屏幕！这是我们这个单元的主题，一起读——

（课件呈现）

科学发现的机遇，总是等着好奇而又爱思考的人。

生：（齐读）

师：大家觉得，这个单元主题的关键词是什么？

生1：我觉得是"好奇"和"爱思考"。

师：你找到了两个关键词，第一个是——

生1：好奇。

师：第二个是——

生1：爱思考。

师：有没有不同的意见？

生2：我认为是"科学发现"。

师：没有好奇，就不会有科学发现；没有思考，更不会有科学发现。明白了这一点，我们再来读一读这个单元的主题——

生：（齐读）

师：围绕这个主题，我们这个单元安排了4篇课文——

（课件呈现）

14. 文言文二则：学弈、两小儿辩日

15. 真理诞生于一百个问号之后

16. 表里的生物

17. 他们那时候多有趣啊

师：它们是，第14课——

生：（齐读课题）

师：第15课——

生：（齐读课题）

师：第16课——

生：（齐读课题）

师：第17课——

生：（齐读课题）

2. 梳理并发现《学弈》与单元主题的关系

师：这4篇课文，我们已经学过了其中的2篇课文，第14课，第15课。（课件呈现：学弈）第14课中的《学弈》是一篇文言文，选自《孟子·告子上》。课文用弈秋教两个人学下棋这个事例，告诉我们一个什么道理？

生3：它告诉我们：学习要专心致志，不能三心二意。

师：是的！只有专心致志，才能有所成就；如果三心二意，必将一事无成。

（课件呈现）

科学发现的机遇，总是等着好奇而又爱思考的人。

师：那么，这个道理跟我们这个单元的主题有什么联系呢？

生4：我觉得，它们是有联系的。只有专注，还有专心致志地学习，你才能够致力于一种研究，才能发现一种科学发现。

师：好奇很重要，爱思考也很重要。但是，如果做不到专心致志，做不到一心一意，你在科学发现上会有所成就吗？

生4：不会！

师：这就是《学弈》跟单元主题之间的联系（课件呈现：单元主题与课文道理的关系示意图）。是的！即便你对事物充满好奇心，要想在科学发现上有所收获，也不能三心二意啊！我们一起读——

生：（齐读）学习必须专心致志，决不能三心二意。

3. 梳理并发现《两小儿辩日》与单元主题的关系

师：我们继续看——（课件呈现：两小儿辩日）第14课中的《两小儿辩日》也是一篇文言文，选自《列子·汤问》。课文用两个小孩子争辩太阳的远近，连孔子也不能解答这个事例，带给我们很多启示。从"两小儿"的角度看，它带给我们的最大启示是什么？

生5：它告诉我们，在日常生活中也必须认真观察身边的事物，通过自己的思考，来发现科学、解决问题。

师：而这样的科学发现，跟年龄的大小有没有关系？

生5：没有关系。

师：关键是要善于观察、勤于思考，就像故事中的两小儿那样。

（课件呈现）

科学发现的机遇，总是等着好奇而又爱思考的人。

师：那么，《两小儿辩日》带给我们的启示与这个单元的主题又有什么联系呢？

生6：我认为它们之间的联系就在于，无论你是大还是小，是少还是老，你都可以有自己的科学发现。

师：真好！那些好奇而又爱思考的人，可以是大人，也可以是——

生：（齐答）小孩。

师：可以是男生，也可以是——

生：（齐答）女生。

师：可以是古代人，也可以是——

生：（齐答）现代人。

师：这就是《两小儿辩日》跟单元主题之间的联系（课件呈现：单元主

题与课文道理的关系示意图）是的，无论年龄大小，只要你善于观察、勤于思考，你总会有自己独特的发现。我们一起读——

生：（齐读）只要善于观察，勤于思考，即便是小孩子也能有自己独特的发现。

4. 梳理并发现《真理诞生于一百个问号之后》与单元主题的关系

师：我们继续看——（课件呈现：真理诞生于一百个问号之后）第15课《真理诞生于一百个问号之后》是一篇说理文，课文用英国化学家波义耳发明酸碱试纸、德国气象学家魏格纳发现"大陆漂移学说"、美国睡眠专家阿瑟林斯基发现做梦与眼球转动的关系这样三个事例，告诉我们一个什么道理？

生7：只要善于观察、不断发问、勤于思考、锲而不舍，就能发现真理。

师：是的，就像课文的题目所讲的那样：真理诞生于一百个问号之后。一百个问号，从善于观察开始；一百个问号，意味着不断发问，意味着勤于思考；一百个问号，体现的正是一种锲而不舍的精神。

（课件呈现）

科学发现的机遇，总是等着好奇而又爱思考的人。

师：那么，这篇课文所讲的道理跟我们这个单元的主题又有什么联系呢？

生8：我觉得，科学发现不仅要好奇、爱思考，还需要锲而不舍地去探索这个问题。如果你思考了一小会儿就不思考了，你就不会有自己的发现。

师：是的！好奇很重要，爱思考也很重要，但是，如果你不能坚持不懈地探索，不能锲而不舍地研究，最后你也会一无所获的。这就是我们这篇课文与单元主题之间的联系（课件呈现：单元主题与课文道理的关系示意图）。科学发现的机遇，只会留给那些独立思考的人，留给那些锲而不舍的人。我们一起读——

生：（齐读）只要善于观察、不断发问、勤于思考、锲而不舍，就能发现真理。

师：很显然，这3篇文章，都紧紧围绕我们这个单元的主题。无论《学弈》所讲的专心致志，还是《两小儿辩日》所讲的观察与思考，包括《真理诞生于一百个问号之后》所讲的锲而不舍，都在告诉我们这样一个道理——

生：（齐读单元主题）

二、审注课文题目，揭示认知冲突

1. 了解怀表的基本结构

师：那么，我们今天要学的第16课是否也是围绕我们这个单元的主题？我们从中又将明白怎样的道理呢？就让我们一起走进今天的新课——

生：（齐读课题）

师：（在"表"字下面加上三角符号）孩子们，通过预学，我们都知道这里的"表"指的是父亲的表。那么，父亲的表是什么表呢？

生1：怀表。

师：大家看，这就是——

（课件呈现：怀表）

生：（齐读）怀表。

师：手表是戴在手上的，怀表，顾名思义，一般是戴在哪里的？

生2：戴在怀里。

师：也就是戴在胸前的。我们来了解一下怀表的结构——（随着课件逐步呈现）大家看，这是怀表的——

生：（齐读）表盖。

师：表盖合上，里面的时间就看不到；表盖打开，时间就看得清清楚楚。我们继续看，这是蒙在怀表上的一层玻璃，叫——

生：（齐读）表镜。

师：表镜是用来保护里面的指针和刻度的。我们继续看，这是打开了表盖的——

生：（齐读）表身。

师：表身就是怀表的身体，里面都是它的五脏六腑。表身里，有蓝色的、红色的——

生：（齐读）宝石。

师：这些装饰着宝石的螺丝钉，用来钉住一个又一个金黄色的——

生：（齐读）齿轮。

师：齿轮转起来就能带动——

生：（齐读）弹簧。

师：弹簧就会不停地摆来摆去，发出"嘀嗒，嘀嗒"的声音。明白吗？

生：（齐答）明白。

2. 了解蝎子的基本情况

师：这是怀表，你们刚才了解的都是怀表的科学知识。（在课题"生物"二字下面画上双横线）孩子们，这里的"生物"，在"我"的眼中指的是什么呢？

（课件呈现）

夏蝉　秋虫　蟋蟀　蝈蝈　蝎子

师：谁来读一读？

生：（指名朗读）

师：我们一起读——

生：（齐读）

师：这些活的生物，都有哪些相同的特点呢？

生3：它们长得都比较小。

师：体积都比较小。还有呢？

生4：它们都能发出叫声。

师：都能发声。还有呢？

生5：它们都不会轻易被人看见。

师：活动很隐蔽。那么，在"我"的眼中，这表里的生物指的是谁呢？

生：（齐答）蝎子。

师：（课件呈现：蝎子的图片、"蜇人"）看！这就是"我"眼中的蝎子。它不仅长得恐怖，还会——

生：（齐读）蜇人。

师：再读——

生：（齐读）蜇人。

师：再读——

生：（齐读）蜇人。

师：一旦被蝎子蜇中，轻的就可能发烧呕吐，重的就可能昏迷不醒，甚至丧命。怕不怕？

生：（齐答）怕！

师：当然怕！课文中的"我"跟你们一样，也很怕！所以，无论"我"对父亲的怀表多么好奇，都不敢去动它。因为，父亲告诉"我"怀表里面藏着一只活的小蝎子。但事实上，我们已经了解了怀表的结构，表里有这样的生物吗？

生：（齐答）没有！

师：有这样的蝎子吗？

生：（齐答）没有！

师：怎么可能？太荒唐了！我们知道，那个摆来摆去、发出"嘀嗒""嘀嗒"声音的东西，根本不是什么蝎子，而是表里的——

生：（齐答）弹簧。

3. 梳理课文的主要内容

师：那么，"我"为什么会形成这样一个荒唐的结论呢？请大家打开课文，快速浏览全文，联系课题，想一想，课文写了一件怎样的事情。然后，完成课堂作业的第一大题——

（**课件呈现**）

"我"最初的观点	"我"发现的经历	"我"最终的结论
	1. 父亲的怀表会发出清脆的声音,"我"猜想:＿＿＿＿＿ 2. 父亲说"这摆来摆去的是一个小蝎子的尾巴","我"证实:＿＿＿＿＿	

生:(默读课文,完成课堂作业第一题)

师:好!孩子们,联系课题"表里的生物",课文写了一件怎样的事情呢?我们按照表格的顺序来简单地理一理。最初,"我"有一个观点,"我"的观点是什么?

生:(朗读)我那时以为凡能发出声音的,都是活的生物。

师:是的,这是"我"最初的观点。我把这个观点简单地概括成五个字——(板书:发声皆生物)。我们一起读——

生:(齐读)发声皆生物。

师:带着这个最初的观点,"我"经历了一次有趣的发现。一开始,"我"发现父亲的怀表——

生6:(朗读)不但它的秒针会自己走动,而且它坚硬的表盖里还会发出清脆的声音。

师:简单地说,我发现——(板书:表里会发声)。我们一起读——

生:(齐读)表里会发声。

师:于是,根据"我"最初的观点,"我"猜想——

生7:表里有生物。

生8:表里有活的生物。

生9:表里有一个蝉或者虫一类的生物。

师:带着这样的猜想,"我"一次又一次向父亲求证,但父亲只许"我"看表,却不许"我"动表。终于有一次,父亲告诉"我"——

生10:(朗读)这摆来摆去的是一个小蝎子的尾巴。

师：父亲的话证实了"我"的猜测没有错。于是，"我"得出了最终的结论——

生11：表里面有一个活的生物。

师：（板书：表里有生物）我们一起读——

生：（齐读）表里有生物。

师：大家看，课文写的就是这样一件事：最初，"我"认为——

生：（齐读）发声皆生物。

师：凡能发出声音的，都是活的生物。有一次，"我"发现——

生：（齐读）表里会发声。

师：父亲的怀表在没有人动的情况下，居然会发出"嘀嗒""嘀嗒"的声音。于是，"我"猜想——

生：（齐读）表里有生物。

师：但这只是猜想。为了证实自己的猜想，"我"一次又一次向父亲求证，但都没有结果。终于有一次，父亲告诉"我"，表里有小蝎子。最终，"我"得出这样的结论——

生：（齐读）表里有生物。

师：大家看，"我"的这个荒唐的结论就是这样形成的。为此，"我"还感到愉快和得意呢！但事实上，我们刚才已经了解了怀表的结构，表里有蝎子吗？

生：（齐答）没有！

师：表里有生物吗？

生：（齐答）没有！

师：事实上，那个摆来摆去、会发出"嘀嗒""嘀嗒"声音的，根本不是蝎子、不是生物，而是表里的——

生：（齐答）弹簧。

三、创设任务情境，驱动问题探究

师：弹簧和蝎子，一个是死的，一个是活的，相差十万八千里啊！这样一来，问题就大了！

（课件呈现）

我们知道，科学发现必须符合事实。不符合事实的，一定不是科学发现。"我"发现父亲的表里有一种会发声的生物。事实上，那里根本没有生物，会发声的是表里的弹簧。

那么，"我"的发现还有意义吗？

师：我们知道，科学发现必须符合事实。同意吗？

生：（齐答）同意！

师：不符合事实的，一定不是科学发现。同意吗？

生：（齐答）同意！

师："我"发现父亲的表里有一种会发声的——

生：（齐答）生物。

师：事实上，那里根本没有生物，会发声的是表里的——

生：（齐答）弹簧。

师：那么，"我"的发现还有意义吗？（稍顿）认为有意义的请举手——

生：（举手）

师：29位。认为无意义的请举手——

生：（举手）

师：1位，只有1位。孩子，你叫什么名字？

生1：我叫方志纯。

师：方志纯。好样的，绝对好样的！你们知道吗，29位同学举手的时候，对方志纯是一个巨大的压力，为什么？他成了另类，他成了孤家寡人。我想问问方志纯，当你看到29位同学举手的时候，你心里是什么感受？

生1：我感觉压力很大。

师：压力很大！那你为什么没有放弃呢？

生1：因为我坚持认为他的发现是没有意义的。

师：此处必须有掌声！

生：（鼓掌）

师：孩子们，独立思考太难了！29比1，这是需要勇气的，独立思考是需要勇气的！当然，无论你认为是有意义还是无意义，得出一个结论其实并不难。难的是，你要为自己的结论寻找——

生2：理由。

生3：证据。

生4：原因。

师：那么，你要寻找的理由、证据、原因在哪里？

生5：在课文里。

生6：在课文里。

生7：在课文里。

师：白纸黑字，一定是在课文里！孩子们，让我们一起，带着这个任务再次走进——

生：（齐读）表里的生物。

四、走进"我"的世界，研读"发现"证据

1. 初步梳理"我"得出结论的证据

师：我们当然知道，"表里有生物"是一个荒唐的结论。但是，我们也知道，对于小时候的"我"来说，这是一个荒唐的结论吗？

生：（齐答）不是！

师：不但不是，对于小时候的"我"来说，这个结论是——

生1：合理的。

生2：可信的。

生3：科学的。

师：为什么"我"觉得自己得出的这个结论是合理的、可信的、科学的呢？请大家默读课文，完成第一项学习活动——

（课件呈现）

1. 找一找：用波浪线画出"我"得出结论的理由与证据。

2. 写一写：在画出的证据旁边写上自己的感受与思考。

3. 议一议：在四人小组内交流并完善自己的证据与思考。

生：（指名朗读）

师：好！一共是三项学习任务：第一项，找证据；第二项，作批注；第三项，小组交流。孩子们，先完成前两项学习任务。细细地找，默默地想，静静地写。

生：（默读课文，画出关键词句）

师：（巡视）仔细找，不要放过任何一处蛛丝马迹；仔细找，理由一定不止一条；仔细找，找到一处标上"1"，找到两处标上"2"，依次标下去。

生：（继续默读课文，开始作批注）

师：好！老师发现，绝大多数孩子都已经找到了证据；有相当一部分孩子不仅找到了证据，还在证据旁边作了自己的批注。现在开始，小组交流！

生：（小组交流）

师：交流，首先要会说。说一说：你发现了哪些证据，你是怎么思考这些证据的；交流，更要会听。在倾听同学的交流中，理一理：哪些证据是你之前没有找到的，这些证据你是否认同。

生：（继续交流）

2. 研读证据一：有限的经验

师：好！孩子们，我们一起来交流和梳理一下，看看课文中有哪些证据足以让"我"相信，表里是有生物的。我们按照课文的先后顺序来找，第一条证据在哪里？

生4：请大家看课文的第1自然段。（朗读）我小时候住在一座小城里，城里没有工厂，所以也没有机器的声音。我那时以为凡能发出声音的，都是活的生物。

师：大家看——

（课件呈现）

我那时以为凡能发出声音的，都是活的生物。早晨有鸟叫得很好听，夜里有狗吠得很怕人，夏天蝉在绿树上叫，秋晚有各种的虫在草丛中唱不同的歌曲。钟楼上的钟不是活的，有时却洪亮地响起来，那是有一个老人在敲；街心有时响着三弦的声音，那是一个盲人在弹。

师：为什么小时候的"我"会产生这样一个观点的呢？作者一口气列举了好几个有说服力的事例。第一个——

生5：（指名朗读）早晨有鸟叫得很好听。

师：第二个——

生6：（指名朗读）夜里有狗吠得很怕人。

师：第三个——

生7：（指名朗读）夏天蝉在绿树上叫。

师：第四个——

生8：（指名朗读）秋晚有各种的虫在草丛中唱不同的歌曲。

师：四个具体事例，个个都有说服力啊！你看，鸟能发声，因为鸟是——

生：（齐答）生物。

师：狗能发声，因为狗是——

生：（齐答）生物。

师：蝉能发声，因为蝉是——

生：（齐答）生物。

师：虫能发声，因为虫是——

生：（齐答）生物。

师：四个具体事例都在说明一个观点，凡是能发出声音的，都是——

生：（齐答）生物。

师：这还不够，如果我们注意一下这些事例中表示时间的词语，你一定还会有新的发现。你们看，鸟叫是在——

生：（齐答）早晨。

师：狗叫是在——

生：（齐答）夜里。

师：蝉叫是在——

生：（齐答）夏天。

师：虫叫是在——

生：（齐答）秋晚。

师：从早晨到夜里，从夏天到秋天，你有什么新的发现？

生9：我发现作者小时候是一个很善于观察的人。

生10：我发现这样的事例肯定不止四个，应该还有更多的事例。

师：真好！这些时间词就是在暗示我们，会发声的生物还有很多很多。你能再举一个这样的事例吗？比如——

生10：河里会有青蛙叫。

师：青蛙会呱呱地叫，那是因为青蛙是——

生10：生物。

师：你举的事例，又一次证明了"我"的观点，发声皆生物。继续——

生11：早晨的时候，公鸡总会打鸣。

师：公鸡会喔喔地叫，那是因为公鸡是——

生11：生物。

师：又一次证明，发声皆生物。继续——

生12：暮春的时候，布谷鸟会"布谷""布谷"地叫。

师：很形象！布谷鸟会叫，那是因为布谷鸟是——

生12：生物。

师：继续举例，继续支持"我"的观点——

生13：我们院里的很多猫咪晚上都会"喵喵"地叫。

师：猫咪会"喵喵"地叫，那是因为猫咪是——

生13：生物。

师：孩子们，你们举出的这些新的事例，进一步说明，凡是能发出声音的，都是——

生：（齐答）生物。

师：其实，"我"年纪虽小，却很善于说明自己的观点。"我"不仅举出这些正面的事例来说明自己的观点，还举出反面的事例来进一步说明自己的观点。比如——

生14：（接读）钟楼上的钟不是活的，有时却洪亮地响起来，那是有一个老人在敲。

师：所以，钟要发出声音来，还得靠——

生：（齐答）老人。

师：老人当然属于生物。又比如——

生15：（接读）街心有时响着三弦的声音，那是一个盲人在弹。

师：所以，三弦要发出声音来，还得靠——

生：（齐答）盲人。

师：盲人当然属于生物。孩子们，你们看，无论是正面举例还是反面举例，都在说明"我"的这个观点：凡能发出声音的，都是——

生：（齐答）生物。

师：我们一起来读一读这段精彩的观点说明——

（课件呈现）

我那时以为凡能发出声音的，都是活的生物。早晨有鸟叫得很好听，夜里有狗吠得很怕人，夏天蝉在绿树上叫，秋晚有各种的虫在草丛中唱不同的歌曲。钟楼上的钟不是活的，有时却洪亮地响起来，那是有一个老人在敲；街心有时响着三弦的声音，那是一个盲人在弹。

师生：（合作朗读，加下画线的文字教师引读，其余的文字学生齐读）

师：那么，这些具体事例，无论是正面的还是反面的，都是从哪里来的呢？

生16：是作者通过自己的观察得到的。

生17：是小冯至留心生活中的事物，仔细观察得来的。

师：很显然，"我"的观点来源于自己的生活经验。那么，你觉得"我"是一个怎样的孩子呢？

生18："我"是一个爱观察、爱思考的孩子。

生19："我"对事物有自己独特的见解。

生20："我"是一个会独立思考的孩子。

师：老师完全赞成你们的看法。"我"是一个生活的有心人，"我"对生活充满了好奇心，"我"非常善于观察生活。那么，问题来了！既然"我"是这样一个人，他怎么就不知道收音机也会发声？电风扇也会发声？汽车也会发声？而它们并不是生物，也不需要依靠生物。

生21：因为作者小时候住在一座小城里，城里没有工厂，也没有机器的声音。

师：这才叫会读书啊！这是全文的第一句话，但是很容易被我们忽视了。真正会读书的，不会放过任何一个看起来非常细小的信息！孩子们，"我"小时候的生活中，接触过收音机吗？

生：（齐答）没有。

师：接触过电风扇吗？

生：（齐答）没有。

师：接触过汽车吗？

生：（齐答）没有。

师：这说明，"我"小时候的生活经验是非常有限的。（板书：有限的经验）在有限的经验里，"我"才觉得——

生：（齐读）发声皆生物。

师：在有限的经验里，"我"才认为——

生：（齐读）发声皆生物。

师：在有限的经验里，"我"才相信——

生：（齐读）发声皆生物。

师：在有限的经验里，这样的观点你还觉得很荒唐吗？

生：（齐答）不荒唐！

3. 研读证据二：大胆的猜想

师：好！我们继续交流。第二条证据在哪里？

生22：请大家看课文的第9自然段。（朗读）我对于它的好奇心一天比一天增加。树上的蝉，草里的虫，都不会轻易被人看见，我想：表里边一定也有一个蝉或虫一类的生物吧，这生物被父亲关在表里，不许小孩子动。

师：大家看——

（课件呈现）

我对于它的好奇心一天比一天增加。树上的蝉，草里的虫，都不会轻易被人看见，我想：表里边一定也有一个蝉或虫一类的生物吧，这生物被父亲关在表里，不许小孩子动。

师：很显然，这是"我"的猜想。那么，"我"为什么会有这么大胆的猜想呢？

生23：因为"我"认为凡能发出声音的，都是活的生物。而父亲的表能自己发出声音来，所以"我"猜想表里有生物。

生24：因为活的生物都是喜欢隐藏的，所以"我"就会猜想隐藏在表里的也是活的生物。

生25：因为蝉和虫都是小生物，平时都是隐藏起来的。所以，"我"觉得表里也应该有小生物。

师：是的，这就是"我"大胆的猜想（板书：大胆的猜想）。我们一起来读一读这个大胆的猜想——

（课件呈现）

<u>我对于它的好奇心一天比一天增加。</u>树上的蝉，草里的虫，都不会轻易被人看见，<u>我想</u>：表里边一定也有一个蝉或虫一类的生物吧，<u>这生物</u>被父亲关在表里，不许小孩子动。

师生：（合作朗读，加下画线的文字教师引读，其余的文字学生齐读）

师：尽管"我"的猜想非常大胆，但是我们都知道，"我"的猜想来自这样一个事实——

生：（齐读）表里会发声。

师：如果父亲的怀表不会发声，"我"还会做出这样的猜想吗？

生：（齐答）不会。

师：肯定不会！"我"的猜想还来自这样一个观点——

生：（齐读）发声皆生物。

师：如果之前没有形成这样的观点，"我"还会做出这样的猜想吗？

生：（齐答）不会。

4. 研读证据三：小心的求证

师：好！我们继续交流。第三条证据在哪里？

生26：请大家看课文的第16自然段。（朗读）"这摆来摆去的是一个小蝎子的尾巴，一动就要蜇你。"

生27：请大家看课文的第17自然段。（朗读）我吓了一跳，蝎子是多么丑恶而恐怖的东西，为什么把它放在这样一个美丽的世界里呢？但是我也感到愉快，证实我的猜测没有错：表里边有一个活的生物。

生28：请大家看课文的第19自然段。（朗读）我只想，大半因为它有好听的声音吧。但是一般的蝎子都没有这么好听的声音，也许这里边的蝎子与一般的不同。

生29：请大家看课文的第20自然段。（朗读）后来我见人就说："我有蟋蟀在钵子里，蝈蝈在葫芦里，鸟儿在笼子里，父亲却有一个小蝎子在表里。"

师：为什么说这也是一条证据呢？

生29：因为"我"见人就说，这表明"我"十分相信自己的结论。

师：其实，你们找到的这些都是证据。但是，老师觉得最关键的证据是在第20自然段——

（课件呈现）

我有<u>蟋蟀</u>在钵子里，<u>蝈蝈</u>在葫芦里，<u>鸟儿</u>在笼子里，父亲却有一个小蝎子在表里。

师生：（合作朗读，加下画线的文字教师引读，其余的文字学生齐读）

师：这就是"我"最终得出的结论。打那以后，见到老师，"我"就这样说——

生：（指名朗读此句）

师：打那以后，见到同学，"我"就这样说——

生：（指名朗读此句）

师：打那以后，见到邻居，"我"就这样说——

生：（指名朗读此句）

师：打那以后，见人"我"就这样说——

师生：（合作朗读，加下画线的文字教师引读，其余的文字学生齐读）

师：孩子们，这个最终的结论，"我"怎么就那么相信、那么确信、那么坚信啊？

生30：因为父亲告诉"我"，表里是有一个小蝎子。

师：你知道父亲说的话对"我"意味着什么？

生31：父亲的话对"我"意味着事实。

生32：父亲的话对"我"意味着绝对正确。

生33：父亲的话对"我"意味着最后的认知。

师：父亲说得那么肯定、那么认真，作为经验有限的"我"，还会怀疑吗？

生：（齐答）不会！

师：还会否认吗？

生：（齐答）不会！

师：还会动摇吗？

生：（齐答）不会！

师：那么，"我"是不是一开始见人就说这样的话呢？

生：（齐答）不是。

师：有一天，"我"想去动表，父亲却不许"我"动。"我"这样说了吗？

生：（齐答）没有。

师：过了许多天，"我"终于看到了表里的世界，蓝色的、红色的小宝石呀，金黄色的齿轮呀，还有一个摆来摆去的小尾巴似的东西呀，"我"看得清清楚楚了。但是，"我"这样说了吗？

生：（齐答）没有。

师：那是到了什么时候，"我"才如此肯定、如此认真地这样说了呢？

生34：在父亲又一次打开表盖说，摆来摆去的是一个小蝎子的尾巴。

师：是的，一开始，"我"只是好奇；有一天，"我"开始猜想；过了许多天，"我"还在思考；到了最后，"我"才从父亲的回答中得到了证实。如果说，"我"的猜想是大胆的，那么，"我"的求证过程却是——

生35：艰难的。

生36：谨慎的。

生37：有意义的。

生38：在某种意义上是非常严谨的。

师：（板书：小心的求证）正是通过小心的求证，"我"才觉得——

生：（齐读）表里有生物。

师：正是通过小心的求证，"我"才认为——

生：（齐读）表里有生物。

师：正是通过小心的求证，"我"才确信——

生：（齐读）表里有生物。

5. 体会"我"的认知特点

师：好！孩子们，我们来梳理一下。"我"之所以相信父亲的表里有一个活的生物，真的不是胡思乱想，更不是异想天开。那是有充足证据的。这证据，来自——

生：（齐读）有限的经验。

师：来自——

生：（齐读）大胆的猜想。

师：来自——

生：（齐读）小心的求证。

师：很显然，"我"最终关于表里有生物这一结论，不是随随便便得出的。假如，离开了——

生：（齐读）有限的经验。

师：离开了——

生：（齐读）大胆的猜想。

师：离开了——

生：（齐读）小心的求证。

师："我"是无论如何也不会得出这样一个看似荒唐的结论的。由此看来，你觉得小时候的"我"是一个怎样的孩子？

生39：我觉得作者就像单元导语中讲的一样，是一个好奇而又爱思考的孩子。

生40：我还觉得他是一个有独立思考、有自己的独立认知的孩子。

生41：我还觉得他是一个执着的孩子。

生42：我认为他是一个对于事实很谨慎的孩子。

五、拓展探究空间，思辨"发现"意义

师：孩子们，在你们看来，小时候的"我"是这样一个孩子。那么，请

你猜想一下，长大之后的"我"会是怎样的？

生1：他会是一个了不起的人。

生2：我觉得他会成为一个科学家。

生3：他会取得很多成就。

生4：他应该是一个很有学问的人。

师：我查了相关的资料，证实你们的猜想是完全正确的。大家看——

（课件呈现）

冯至是中国现代著名文学家。他一生创作了《山水》《伍子胥》《北游及其他》等10多部文学作品，曾多次当选中国作家协会副主席。

冯至是中国现代著名诗人。他创作的诗集有《昨日之歌》《十四行集》等，被鲁迅先生誉为"中国最为杰出的抒情诗人"。

冯至是中国现代著名翻译家。他翻译的德国文学作品有《布莱希特选集》《海涅诗选》《德国，一个冬天的童话》等，荣获"歌德奖章""格林兄弟文学奖"等。

冯至是中国现代著名学者。他创作《杜甫传》，毛主席说他"为中国人民做了一件好事"。

师：冯至是中国现代著名文学家——

生5：（指名朗读）他一生创作了《山水》《伍子胥》《北游及其他》等10多部文学作品，曾多次当选中国作家协会副主席。

师：冯至是中国现代著名诗人——

生6：（指名朗读）他创作的诗集有《昨日之歌》《十四行集》等，被鲁迅先生誉为"中国最为杰出的抒情诗人"。

师：冯至是中国现代著名翻译家——

生7：（指名朗读）他翻译的德国文学作品有《布莱希特选集》《海涅诗选》《德国，一个冬天的童话》等，荣获"歌德奖章""格林兄弟文学奖"等。

师：冯至是中国现代著名学者——

生8：（指名朗读）他创作《杜甫传》，毛主席说他"为中国人民做了一件好事"。

师：孩子们，这就是长大以后的冯至，他成了中国现代著名的文学家、诗人、翻译家、学者。那么，联系小时候的冯至，联系《表里的生物》所讲的这件事，你觉得这段资料说明了什么？

生9：我认为正是因为冯至小时候拥有这种锲而不舍、善于观察、勤于思考的精神，所以他才能有现在这么多的成就。

生10：我觉得他之所以能创作出那么多文学作品，也跟他善于观察生活、爱思考的习惯分不开。

生11：我认为冯至现在的成就跟他小时候的锲而不舍有关，跟他小时候父亲对他的引导有关。我们从文中就可以看出，他的父亲是一个非常有意思的人。正因为他父亲的引导，冯至才能有现在的成就。

师：好，回到我们一开始的学习任务——

（课件呈现）

我们知道，科学发现必须符合事实。不符合事实的，一定不是科学发现。"我"发现父亲的表里有一种会发声的生物。事实上，那里根本没有生物，会发声的是表里的弹簧。

那么，"我"的发现还有意义吗？

师：课文学到这里，你觉得"我"的发现还有意义吗？来，打开课堂作业纸，请你认真思考和梳理一下自己这样认为的理由，并把你的理由写下来。

（课件呈现）

正方：我觉得不能只看事实，作者的发现很有意义。因为_____

反方：我觉得事实就是事实，作者的发现没有意义。因为_____

生：（写话）

师：孩子们，无论你选择哪种观点，我都希望你们能独立思考，能有理、有据地思考。不要人云亦云，更不要迷信权威。

生：（继续写话）

师：好！我来了解一下，站在正方的请举手。（生举手）理由是什么？有请正方代表！第一位——

生12：因为科学发现是需要我们观察、发问、思考的，不过我们也要大胆地猜想，而不是死板地去思考发问。作者这样大胆地猜想，让自己努力地去完成求证，即使它不符合事实，我认为也是有意义的。

师：这个意义，就是"我"在发现过程中的大胆猜想、小心求证。孩子，把你的这番理由概括成一个关键词——

生12：大胆猜想。（上台板书）

师：好！正方请继续！第二位——

生13：因为从课文中就可以看出，科学的发现不只有结论是重要的，还有过程也很重要。文中的"我"在探索真理的长河中，即使结论不符合事实，"我"却有了爱观察、勤思考、猜测、求证、锲而不舍的品质。同时，"我"的发现还会成为接近真理的台阶。所以，不符合事实的发现也是有意义的。（掌声）

师：说得真好！科学发现的意义，不只在结论上，也在过程中。孩子，把你的这番理由也概括成一个关键词——

生13：发现过程。（上台板书）

师：好！正方继续！第三位——

生14：因为虽然"我"的发现不符合事实，却培养了"我"爱观察、爱思考的习惯。爱思考，哪怕思考的不符合事实，也比不思考要好。例如，爱迪生发明电灯的时候，用了许多材料当灯芯。别人问他，实验错了有没有意义，他说至少我知道了那种材料不能做灯芯。所以我认为，作者虽然发现的不是事实，但也是有意义的。（掌声）

师：爱迪生的这个事例太有说服力了！失败的意义，就在于它是成功之母啊。所以，我建议就用"爱迪生"作为你这番理由的关键词。

生14：（上台板书：爱迪生）

师：好！正方请继续。第四位——

生15：因为这虽然不是一个正确的科学发现，但是它最终发展成了一个对作者有意义的科学精神。科学发现的意义，就是不断追根求源，不断去探索。所以，作者的发现是有意义的。它的意义就是充当一个圆心点，让人有动力，也可以在探索中学会坚持不懈。（掌声）

师：科学发现的意义，就是对科学精神的培养。太深刻了！孩子，把你的这番理由也概括成一个关键词——

生15：科学精神。（上台板书）

师：我惴惴不安地想问一问，有没有反方的？

生：（方志纯举手，响起笑声和掌声）

师：只有一颗火种啊！什么叫物以稀为贵？这就是贵！这是态度的可贵，精神的高贵，自由的珍贵！无论你说出怎样的理由，我们都首先为这样的"贵"鼓掌！（热烈的掌声）

生：我之所以站在反方，是因为事实就是事实。作者的发现，是没有意义的。作者首先被有限的经验局限了他的思考，他在得出凡是能发出声音的都是活的生物之后，他就开始故步自封，开始骄傲自大，他就没有继续探索下去。虽然，作者具有了科学精神，爱思考，具有好奇心的一些精神。但是，如果他不能继续思考完善自己的理论，那这样的发现是没有作用的。就像地心说的提出者托勒密一样，他只是观察到了一点皮毛，他就开始大力宣扬日心说的错误，开始故步自封，最后被事实击垮。所以说，我们得到一个发现，必须要经过多方正确地求证，在不断的思量下，才能提出这个理论。（掌声）

师：我欣赏他的思考过程！我更佩服他独立之精神、自由之思想！让我们再次把掌声送给坚持独立思考的方志纯同学！（热烈的掌声）孩子，请你上台来，在反方写下你的理由，想写几条，就写几条。

生：（上台板书：严谨思考、不骄不躁）

（最后形成如下板书）

表里的生物

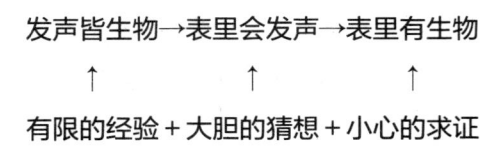

发声皆生物→表里会发声→表里有生物
     ↑   ↑   ↑

有限的经验＋大胆的猜想＋小心的求证

正方（过程）	反方（结果）
大胆猜想	严谨思考
发现过程	不骄不躁
爱迪生	
科学精神	

师：孩子们，你们都发表了自己的观点，并且说明了各自的理由。那么，你们想不想听一听王老师的看法？

生：（齐答）想！

师：但是，在表达自己的看法之前，我有两点声明：第一，我的看法不是标准答案，千万不要迷信我的看法；第二，我的看法不是唯一答案，千万不要限制你的独立思考。明白吗？

生：（齐答）明白。

师：好！说说我的看法。我认为，正、反两方说的都有道理。既然双方说得都有道理，为什么双方的观点却针锋相对、水火不容呢？那是因为，我们看问题的角度不一样。正方的同学站的角度是过程（板书：过程），你们看到了发现过程中所表现出来的科学精神、科学态度、科学品质，这当然是有意义的；反方的同学站的角度是结果（板书：结果），最终的结果完全不符合事实，当然是毫无意义的。所以，角度不同，看问题的观点就会不同。假如，正方能够听听反方的观点和理由，你们的思考也许会变得更全面、更深刻；假如，反方能够听听正方的观点和理由，你们的思考也许会变得更灵活、更开阔。好！回到我们这个单元的主题——

（课件呈现）

科学发现的机遇，总是等着好奇而又爱思考的人。

师：前面通过复习回顾，我们已经明确：无论是《学弈》所讲的专心致志，还是《两小儿辩日》所讲的观察与思考，包括《真理诞生于一百个问号之后》所讲的坚持探索、锲而不舍，都在告诉我们——

生：（齐读单元主题）

师：那么，今天我们学习了第16课《表里的生物》，我们是不是更加深刻地认识到，即便你的发现结果是错的，是荒唐的，但是——

生16：比发现结果更重要的是要做一个热爱生活的人。

生17：做一个积极思考的人才是更重要的。

生18：在发现过程中的好奇心才是更有意义的。

师：是的！在发现过程中，慢慢养成仔细观察、大胆猜测、小心求证、锲而不舍的习惯，才是最有意义的。因为——

生：（齐读单元主题）

师：老师衷心希望，我们每一个同学都能成为这样的人！

（注：实录中的学生姓名均为化名）

名师 点评

"发现"里的素养立意

湖北省仙桃市教科院 向爱平

《义务教育语文课程标准（2022年版）》（以下简称"新课标"）明确提出了语文核心素养，要求教学"立足学生核心素养的发展，充分发挥语文课程的育人功能"。《表里的生物》就是王崧舟老师在"新课标"刚刚颁布后研发的一节新课。这篇课文选自统编语文教科书六年级下册第五单元，是一篇在教学处理上有一定难度的课文。如何在教学中落实"新课标"的要求？王老师以"发现"为主题，引导学生"发现'发现'的意义"，可谓别开生面。而我则从王老师的教学中发现了"发现"里的素养立意，看到了教学的新发展。

一、教学目标的转向

长期以来，我们的阅读教学特别关注文本内容，总也跳不出内容分析的"樊篱"，其结果导致内容分析过度，学生素养不高。很多老师在观摩了《表里的生物》一课后，都感叹王老师的教学"转向"了。王老师"转向"了何处？在于立足核心素养，从"内容本位"走向了"素养立意"。如果围绕"文本内容"确定《表里的生物》教学目标，就得关注两个方面的内容：一是文章主要写了一件什么事情，二是"我"是一个怎样的孩子，尤其要在

"我"的人物特点上"纠缠",如此导致的结果就是将丰富的阅读活动变成了对"我"的特点的狭隘分析。王老师没有这样做,他将教学目标直接指向了核心素养:在语言运用实践中,去发现"发现"的意义。"'发现'的意义"真正在哪里?就是培养学生的科学精神,提升学生的思维能力,领略"发现"之美,从小树立"好奇而又爱思考"的必备品格。这一目标犹如一盏"航标灯",清晰地指引了整个阅读实践的"航程"。

二、学习主题的引领

"新课标"在课程理念中明确指出,语文教学要重视"以学习主题为引领"。"学习主题"是我们确定教学目标、选择教学内容和组织教学活动的"中心",有了"学习主题",问题的解决就会更加集中。在统编语文教材中,《表里的生物》所处的单元学习主题是"科学精神"。王老师作为教学处理的主体,积极践行"新课标"精神,忠实于教材的编写意图,在"学习主题"上做了三件事:

第一件事,重视"学习主题"。他看准了"科学精神"这一主题的"中心地位",充分发挥了"学习主题"的引领作用。

第二件事,理解"学习主题"。王老师认为,教材确定的"科学精神"这一"学习主题"立意于核心素养,有助于激发学生的科学兴趣,培养创新精神,发展实践能力,形成健全人格,也正因为他有了这样的理解,才会有"学习主题"的巧妙"串联"。

第三件事,串联"学习主题"。教学伊始,王老师聚焦"单元主题"(即本文所指"学习主题"),引导学生抓关键词"科学发现""好奇"和"爱思考",理解"单元主题"。然后,王老师用"主题"进行了三次"串联":第一次"串联"已读课文,引导学生梳理并发现《学弈》《两小儿辩日》《真理诞生于一百个问号之后》等课文与"单元主题"的关系,同时也让学生加深了对"单元主题"的认识,进一步深化了对所读课文的理解;第二次

"串联"引入新课,由三篇已读课文自然而然到了《表里的生物》,引导学生走进新课文的阅读;第三次"串联"课堂结尾,在引导学生思辨"发现"的意义之后,王老师说道:"在发现过程中,慢慢养成仔细观察、大胆猜测、小心求证、锲而不舍的习惯,才是最有意义的。因为——"学生紧接着:"科学发现的机遇,总是等着好奇而又爱思考的人。"如此的"串联",让整个阅读实践活动首尾呼应,浑然一体。

三、情境任务的创设

语文学习活动是在真实的情境中发生的,在真实的情境中,用任务驱动学生学习,这是"新课标"的教学建议。王老师对"情境任务"的创设是颇具匠心的。

首先,创设"复合情境"。王老师在"复合情境"的创设中,注意学生成长环境与课文中"我"的生活环境的有机融合,将课文中发生影响的具体事件以及特定人物"我"的生活,转化为学生对现实生活的观察和思考,这种由虚拟到现实"双情境"的转换,有利于落实核心素养发展的要求。

其次,是任务驱动。王老师设计了两个驱动任务:第一个任务,由现实生活走进文本世界,探究"我"的发现究竟有无意义。王老师用课件出示:"我们知道,科学发现必须符合事实。不符合事实的,一定不是科学发现。'我'发现父亲的表里有一种会发声的生物。事实上,那里根本没有生物,会发声的是表里的弹簧。那么,'我'的发现还有意义吗?"学生带着任务走进文本,先是初步梳理"我"得出结论的证据,然后抓住文本语言文字,开展对"有限的经验""大胆的猜想""小心的求证"三个"证据"的研读,获得对"我"的生活世界以及"我"的生活认知的深刻认识。第二个任务,由文本世界转换到现实生活,引导学生辩证地思考发现的意义。王老师把学生分为正、反两方,请学生打开课堂作业纸,认真思考和梳理一下自己的理由,并把理由写下来。同时,王老师提醒学生:"无论你选择哪种观点,我都希望你们能独立思考，能有根有据地思考。不要人云亦云，更不要迷信权威。"学生在思考与表达的过程中，完全跳出了文本世界，走进了自己的现实生活，他们思考深刻，表达令人惊叹，"素养立意"水到渠成。

四、学习实践的引导

我一直认为，语文课堂应该是学生"做"的课堂，"做"的含义就是学生的学习实践，老师应该是学生学习实践的引导者，王老师即如此。王老师将《表里的生物》的学习实践聚焦于"语言与思维"实践，在学生的学习实践中扮演着参与者、指导者和帮助者的角色。

第一，参与学习实践。王老师三个"参与"至今让我难以忘怀。一是走到学生座位中间去，虽然"走动"看似频繁了点，但是极其"自然"，就在"走动"之中，王老师贴近了学生，时刻了解了学情，让课堂的调控"活而有序"。谁说课堂上教师"走动"不好？要"走动"而不能"晃动"，王老师做出了示范。二是走进学生的心灵里面去，当一个叫方志纯的孩子，以 1:29 处于学习的对立面而成为"另类"时，王老师赞他"好样的，绝对好样的"，借以纾解孩子的心理，赞扬孩子独立思考的勇气。三是走进学生的脑袋里面去，王老师先后引导学生开展两次对"发现"意义的探寻，一次基于"文本"，另一次基于"生活"，学生的思维经历了由"一般性思考"到"深刻性思辨"的过程，要促进学生这种思维的"进阶"，不走进学生的大脑是不行的。

第二，指导学习实践。王老师对学生学习实践的指导有三点可探。一是巧搭支架。在审读课文题目时，搭建认知支架，出示"怀表"和"蝎子"，将"怀表"和"蝎子"联系起来，让学生形成认知冲突；在把握主要内容时，搭建表格支架，引导学生从"我"最初的观点、"我"发现的经历和"我"最终的结论三个方面把握内容；在探寻"发现"的意义时，搭建问题支架，引导学生从简单"思考"走向深刻"思辨"。二是给出动作。学生的学习实践行为是否有效果，需要老师有明确的"动作指令"。在学生探寻"结论是合理的、可信的、科学的"时，王老师发出了三项动作指令：找一找，写一写，议一议，三项指令操作性强，学生运用自如，卓有成效。三是不断追问。课堂追问犹如"思维之鞭"，王老师"鞭"不离"嘴"。比如，父亲说得那么肯定、那么认真，作为经验有限的"我"，还会怀疑吗？还会否认吗？还会动摇吗？正是这样的连续追问，让学生的思考与体验走向了深度。

第三，帮助学习实践。王老师对学生的帮助可谓"雪中送炭"：在学生体会到了"我"是一个怎样的孩子后，王老师没有止于小时候的"我"，而是关联了长大的"我"，及时给学生提供了作者冯至成年的资料。在王老师拓展的探究空间里，学生将小时候的"我"与成年后的"我"联系起来，深刻地领会到了"没有小时候的发现，就没有成年后的巨大成就"。至此，"素养立意"已深入学生骨髓，融进了学生血脉。

是的，在素养立意的新时代，我们呼唤以核心素养为导向的新教学。新教学应是怎样的形态？王崧舟老师用《表里的生物》一课作出了引领。

教学 反思

警惕"沉默的螺旋"

王崧舟

德国社会学家伊丽莎白·诺尔-诺伊曼提出"沉默的螺旋"理论。她指出：大众传媒有助于人们认识到当前社会的主流意见，而赞成主流意见的人可以放心表露自己的态度，认为自己的意见不合时宜的人则会保持沉默。结果，在劣势意见的沉默和优势意见的大声疾呼中，持异见的人会变得越发沉默，形成"沉默的螺旋"。人们之所以选择沉默，是因为大多数人存在"孤立恐惧"的心理，他们习惯与大多数人为伍，而并没有思考大多数人是如何成为大多数人的。

从某种意义上讲，课堂就是一个微型社会，学生同样存在孤立恐惧心理，"沉默的螺旋"同样存在于我们的课堂教学。

前不久，我执教冯至先生《表里的生物》。此文大意是讲："我"小时候以为凡能发出声音的，都是活的生物。一次，"我"发现父亲的怀表发出清脆的声音，就猜想表里有一个蝉或者虫一类的生物。带着这个猜想，"我"几次要去摸一摸表，但父亲只许"我"看不许"我"动。终于有一次，父亲告诉"我"表里确实有一个小蝎子。就这样，"我"的猜想得到了证实——表里有生物。

为了促进学生的思辨性阅读，课上，我创设了这样一个任务情境：我们知道，科学发现必须符合事实。不符合事实的，一定不是科学发现。"我"

发现父亲的表里有一种会发声的生物。事实上，那里根本没有生物，会发声的是表里的弹簧。那么，"我"的发现还有意义吗？

结果，全班30位学生，选择有意义的是29位，选择无意义的只有1位，那位同学叫"方志纯"（化名）。我问他，当你看到29位同学举手的时候，心里是什么感受？他说，感觉压力很大。我继续问，压力很大，那你为什么没有放弃呢？他说，因为我坚持认为他的发现是没有意义的。这时，我建议全体鼓掌。随后我说，独立思考太难了！29比1，这是需要勇气的，独立思考是需要勇气的！当然，无论你认为有意义还是无意义，得出一个结论其实并不难，难的是，你要为自己的结论寻找理由和证据。

从某种意义上讲，教师就是课堂上的大众传媒，你可以使大多数学生与课堂上的主流意见保持一致，也会使少数"不合时宜"的学生三缄其口。而沉默的螺旋，不仅会使少数人放弃独立思考，也会使大多数人在规避孤立恐惧心理、获得群体安全感的同时，满足于对问题的肤浅认知，再也懒得作出自己的理性思辨和独立决断。对此，我们必须引起高度警惕！

课的最后，我特意请方志纯同学最后一个发言。发言前，我先以自己的传媒优势，营造出一个"安全气候"。我说，只有一颗火种啊！什么叫物以稀为贵？这就是贵！这是态度的可贵，精神的高贵，自由的珍贵！无论你说出怎样的理由，我们都首先为这样的"贵"鼓掌！

方志纯的发言，从结果的角度入手，提出了严谨思考、不骄不躁对于科学发现的重要作用，可谓持之有据、言之有理；而他所表现出来的自信、沉静、理性、从容，更如一股清风拂向在场的每一个人。

在这个喧嚣浮躁的自媒体时代，保持个性，独立思考，不被大多数人的情绪舆论所裹挟，是何等珍贵，又是何等稀缺。我们的课堂，理应成为保护、催生这样的稀缺灵魂的一方净土、一片沃土。

第十课

如何在任务群视域下重构单篇教学样态

——《梅花魂》

教学简案

教学 版本

统编小学语文教科书五年级下册第 4 课。

学习 任务群

文学阅读与创意表达。

大 概念

文学意象：文学意象是文学作品所描写的客观物象，融入了作者的主观情感。通过对文学作品中意象的关注与分析，有助于体会其中所蕴含的思想感情。

教学 目标

1. **核心目标**：结合文中的具体事例，体会"梅花"这一文学意象所蕴含的多重思想感情：梅花比喻百折不挠、坚贞不屈的高贵品格（比喻义）；梅花象征坚守气节、顶天立地的民族精神（象征义）；梅花寄托眷恋祖国、热爱中华的赤子之心（寄托义）。

2. **条件目标**：借助预学单和课堂作业，认识"葬""腮"等 12 个生字，能读准多音字、易读错词和难读句子；能按照时间线索，梳理课文写外祖父的五件事例，感受外祖父钟爱梅花、眷恋祖国的人物形象；有感情地朗读课文，背诵并积累文中写梅花的优美语段；通过资料拓展，初步感受和体会中国的梅文化。

教学时间

2课时。

教学过程

一、温习诗词，创设"梅花"语境

师：千百年来，喜爱梅花的中国人很多很多。
1. 温习王安石的《梅花》
2. 温习卢钺的《雪梅》
3. 温习毛泽东的《卜算子·咏梅》
4. 温习王冕的《墨梅》

师：爱梅花的人又何止他们。

二、整合词串，初识"梅花"意象

师：朗读课文，要求读准字音、读通句子；遇到难读、难认的生字新词，不妨多读几遍。

1. 整合描写"梅花"的词串

朵朵冷艳　缕缕幽芳　老干虬枝　顶天立地　梅花秉性

2. 整合描写"外祖父"的词串

漂泊他乡　葬身异国　华侨老人　泪湿腮边　眷恋祖国

学生朗读这两组词串，并试着分别用其中的一组词串说一句话。

三、概括事例，梳理"梅花"文脉

师：默读课文，想一想，课文回忆了外祖父的哪几件事，这几件事是按照什么顺序来写的。

序号	摘录时间词	概括写外祖父的事例
第一件事	我很小的时候	外祖父（　）
第二件事		外祖父分外爱惜墨梅图
第三件事		外祖父（　）
第四件事		外祖父郑重送我墨梅图
第五件事	回国的那一天	外祖父（　）

1. 借助表格梳理文脉的时间节点
2. 借助表格概括文脉的具体事例

师：课文就是按照时间顺序，回忆了外祖父的这样五件事例。

四、还原情境，引向"梅花"内涵

师：事实上，《梅花魂》这篇文章还没有结束。陈慧瑛在《梅花魂》的原文中，这样写道——

七天七夜的航行，"万福顺"号穿过了深邃辽阔的太平洋。我和妈妈终于回到了日夜向往的祖国，回到了厦门——我可爱的故乡！

在祖国的怀抱里，我完成了高等教育。上学期间，外祖父一直从经济上支持我。十来年间，老人来信时常要提起："莺儿，待你学有所成，一定前来接我归去！"

可是，天不从人愿。我上大学三年级时，一个冬日午后，一封加急电报，带来外祖父离开人间的噩耗——真没想到，昔日星岛码头一别，竟成永诀。重洋万里，冥路茫茫，妈妈和我，真是悲恸欲绝。

外祖父去世后的次年初春，我在老家的山坡上，种下了两株树……

师：大家觉得"我"最有可能种下的是什么树呢？

五、拓展背景，理解"梅花"意蕴

师：默读课文，为"我"的这个决定——"种梅花"寻找理由。把你找到的理由，用波浪线画下来；并且，在理由的旁边写上批注。

1. 锁定梅花的文化意象

这梅花，是我们中国最有名的花。旁的花，大抵是春暖才开花。她却不一样，愈是寒冷，愈是风欺雪压，花开得愈精神，愈秀气。她是最有品格、最有灵魂、最有骨气的！几千年来，我们中华民族出了许多有气节的人物，他们不管历经多少磨难，不管受到怎样的欺凌，从来都是顶天立地，不肯低头折节。他们就像这梅花一样。一个中国人，无论在怎样的境遇里，总要有梅花的秉性才好！

学生反复朗读这段话。

2. 理解梅花的比喻义

师：这里有四种花，分别可以用来比喻四种人。

清正廉洁　自尊自重　菊花

淡泊名利　超凡脱俗　莲花

雍容华贵　典雅端庄　梅花

百折不挠　坚贞不屈　牡丹

师：梅花可以用来比喻怎样的人？为什么？

3. 理解梅花的象征义

师：查过资料，对我们中华民族有气节的人物一定已经有所了解。请你向大家介绍一位有气节的人物。

学生介绍有气节的人物事迹。

师：梅花象征着中华民族坚守气节、顶天立地的精神。所以，外祖父希望"我"也能成为像梅花一样的人。

4. 理解梅花的寄托义

师：浏览课文，你会发现，课文里到处都能看到外祖父的这颗眷恋祖国、热爱中华的赤子心。

学生浏览并汇报相应的文字。

师：对于这样的梅花、这样的人，你的心里会升起一种怎样的感情？

学生有感情地朗读写梅花的整段文字。

六、知人论世，传承"梅花"文化

师：陈慧瑛与梅花之间又有什么故事呢？

三次拓展陈慧瑛的事迹，感受梅花魂对作者成长的影响；并在拓展过程中，进一步熟读并背诵写梅花的整段文字。

师：陈慧瑛接过了外祖父的梅花魂。在她的身上，我们又一次看到了梅花比喻的人格、梅花象征的精神、梅花寄托的感情。

板书设计

梅花魂 { 比喻：百折不挠、坚贞不屈 / 象征：坚守气节、顶天立地 / 寄托：眷恋祖国、热爱中华 } 意象

课堂教学实录

一、温习诗词，创设"梅花"语境

（课前板书：梅花魂）

师：孩子们，我们中国是一个多花的国家，据植物学家考证，原产中国的花卉就有七千多种；而我们中华民族是一个爱花的民族，据考古学家发现，早在七千多年前，我们的祖先就开始种花、赏花。孩子们，你们爱花吗？你最爱的是什么花？

生1：我最爱牡丹花。

生2：我最爱菊花。

生3：我最爱玫瑰花。

生4：我最爱梅花。

生5：我最爱月季花。

师：我知道，每个孩子都有自己最爱的花，而且爱的花往往不一样。但是你们知道吗，有一种花，我们中国人特别喜爱，喜爱的人特别多。这种花就是（指着课题）——

生：（齐读）梅花。

师：那么，有哪些人特别喜爱梅花呢？课前，老师布置了预习任务，请你们在我们的语文书中找一找，有哪些人专门为梅花写过诗词。大家都找到了吗？

生：（齐答）找到了。

1. 温习王安石的《梅花》

师：好！那我们来梳理一下。你们应该记得，在二年级上册的"日积月累"中，我们就学过王安石写的《梅花》，大家有印象吧？谁能背一背？

生：（指名背诵）

师：真好！背得一字不差！

（课件呈现）

梅 花
（宋）王安石

墙角数枝梅，凌寒独自开。

遥知不是雪，为有暗香来。

师：我们一起读——

生：（齐读）

师：这首诗写梅花不惧寒冷，傲然独放；而且愈是寒冷，愈是暗香沁人。由此可见，王安石非常喜爱——

生：（齐答）梅花。

2. 温习卢钺的《雪梅》

师：当然，喜爱梅花的不只是王安石。在四年级上册，我们还学过卢钺写的《雪梅》，大家有印象吗？谁能背一背？

生：（指名背诵）

师：真好！背得字正腔圆！

（课件呈现）

雪 梅
（宋）卢钺

梅雪争春未肯降，骚人搁笔费评章。

梅须逊雪三分白，雪却输梅一段香。

师：我们一起读——

生：（齐读）

师：这首诗，不仅写雪，更写梅花傲霜凌雪、清香四溢。由此可见，卢钺也非常喜爱——

生：（齐答）梅花。

3. 温习毛泽东的《卜算子·咏梅》

师：爱梅的人还有很多。在四年级下册的"日积月累"中，我们学过毛泽东写的《卜算子·咏梅》，大家还有印象吗？谁能背一背？

生：（指名背诵）

师：真好！背得声情并茂！

（课件呈现）

卜算子·咏梅

毛泽东

风雨送春归，飞雪迎春到。

已是悬崖百丈冰，犹有花枝俏。

俏也不争春，只把春来报。

待到山花烂漫时，她在丛中笑。

师：我们一起读——

生：（齐读）

师：这首词，写梅花凌寒怒放的俏丽身姿，表现梅花对春天充满信心的乐观精神。由此可见，毛泽东也非常喜爱——

生：（齐答）梅花。

4. 温习王冕的《墨梅》

师：爱梅的人是不是很多？还有呢，就在四年级下册，我们还学过王冕写的《墨梅》，谁能背一背？

生：（指名背诵）

师：真好！背得滚瓜烂熟！

（课件呈现）

墨 梅
（元）王冕

我家洗砚池头树，朵朵花开淡墨痕。

不要人夸好颜色，只留清气满乾坤。

师：我们一起读——

生：（齐读）

师：这首诗，写的是墨梅的淡雅之色，赞美了梅花的高洁品格。由此可见，王冕也非常喜爱——

生：（齐答）梅花。

二、整合词串，初识"梅花"意象

师：孩子们，喜爱梅花的何止是这些人。我们今天要学的课文《梅花魂》，又写了一位非常喜爱梅花的人。他是谁？他为什么喜爱梅花？我们一起走进——

生：（齐读）梅花魂。

师：打开课文，自由轻声朗读课文，要求读准字音、读通句子；遇到难读、难认的生字新词，不妨多读几遍。

生：（自由轻声朗读课文）

1. 整合描写"梅花"的词串

师：孩子们，《梅花魂》这篇课文有12个生字，还有不少新词。我们一起来熟悉熟悉——

（课件呈现）

朵朵冷艳　缕缕幽芳　老干虬枝　顶天立地　梅花秉性

师：谁来读一读这组新词？

生：（指名朗读）

师：读得很准确，读得很清楚。但是还不够，谁能读出这组词语特有的节奏和味道来？

生：（指名朗读）

师：词语有画面，词串有精神！真好！我们一起读——

生：（齐读）

师：真好！孩子们，在这样的一个个画面中，你能不能联系课文的内容，同时用上这五个词语，来说一句话？

生：（指名回答）朵朵冷艳的梅花，散发着缕缕幽芳，任凭风欺雪压，她的老干虬枝从来都是顶天立地，这就是梅花秉性。

2. 整合描写"外祖父"的词串

师：说得真好！这组词语，写的就是这样的梅花秉性。好！我们再来看一组新词——

（课件呈现）

漂泊他乡　葬身异国　华侨老人　泪湿腮边　眷恋祖国

师：谁来读一读这组新词？

生：（指名朗读）

师：读得真好！但是，词语有温度，词串有情境，谁能读出这组词语特有的节奏和味道来？

生：（指名朗读）

师：真好！读出了词语的温度。我们一起读——

生：（齐读）

师：为什么要把这些词语分成一组呢？谁能联系课文的内容，也同时用上这五个词语，说一句话？

生：（指名回答）一位漂泊他乡、葬身异国的华侨老人，每当读到思乡的唐诗宋词时，总会泪湿腮边，他有一颗眷恋祖国的赤子心。

师：说得真好！这组词语，写的就是华侨老人眷恋祖国的赤子之心。

三、概括事例，梳理"梅花"文脉

师：孩子们，你们知道吗？这位漂泊他乡、眷恋祖国的华侨老人，就是作者陈慧瑛的——

生：（齐答）外祖父。

师：那么，外祖父跟梅花之间有着怎样的故事呢？让我们再次走进——

生：（齐读）梅花魂。

师：请大家默读课文，想一想，课文回忆了外祖父的哪几件事，这几件事是按照什么顺序来写的。一边默读，一边完成课堂作业的第一大题——

（课件呈现）

序　号	摘录时间词	概括写外祖父的事例
第一件事	我很小的时候	外祖父（　）
第二件事		外祖父分外爱惜墨梅图
第三件事		外祖父（　）
第四件事		外祖父郑重送我墨梅图
第五件事	回国的那一天	外祖父（　）

生：（默读并完成课堂作业第一题）

1. 梳理文脉的时间节点

师：好！通过刚才的梳理，我们发现，课文回忆了外祖父的五件事例，这五件事例是按照时间的先后顺序来写的，是吧？下面，我们请一位同学来汇报摘录的时间词。第一件事例的时间词是——

生：（指名回答）我很小的时候。

师：联系下文，"我很小的时候"应该是"我"几岁之前？

生：（指名回答）我五岁之前。

师：没错！那么，很显然，第二件事例的时间词就是——

生：（指名回答）我五岁那年。

师：同意的请举手！好！第三件事例的时间词是——

生：（指名回答）有一天。

师：同意的请举手！好！第四件事例的时间词是——

生：（指名回答）离别的前一天早上。

师：同意的请举手！好！第五件事例的时间词是——

生：（指名回答）回国的那一天。

（课件最后呈现为）

序号	摘录时间词	概括写外祖父的事例
第一件事	我很小的时候	外祖父（ ）
第二件事	我五岁那年	外祖父分外爱惜墨梅图
第三件事	有一天	外祖父（ ）
第四件事	离别的前一天早上	外祖父郑重送我墨梅图
第五件事	回国的那一天	外祖父（ ）

师：孩子们，校对一下自己的表格，有错误的马上改正。

生：（订正错误）

师：孩子们，根据资料显示，作者陈慧瑛是在十三岁的时候回到祖国的。那么，表格中的"有一天""离别的前一天早上""回国的那一天"，应该是陈慧瑛几岁的时候？

生：（指名回答）十三岁的时候。

师：准确一点说，是她十二三岁的时候。很显然，《梅花魂》这篇课文的时间跨度至少有十多年的时间。

2. 概括文脉的具体事例

师：在十多年的时间里，作者回忆了外祖父的五件事例，是吧？第一件事例是什么，谁来概括一下？

生：（指名回答）第一件事例是，外祖父教我读唐诗宋词，读到一些诗词的时候会落泪。

师：在你的基础上，我们把这件事例概括成十个字——外祖父读唐诗宋词落泪，可以吗？好！第二件事例，表格上已经作了概括，外祖父分外爱惜墨梅图，正好也是十个字。我们来看第三件事例，谁来概括一下？

生:（指名回答）我觉得第三件事例写的是，外祖父因为不能回祖国哭了起来。

师：很好！在你的基础上，我们把这件事例也概括成十个字——外祖父因不能回国哭泣，可以吗？好！第四件事例，表格上也已经作了概括，外祖父郑重送我墨梅图，也是十个字。我们来看第五件事例，谁来概括一下？

生:（指名回答）外祖父含泪送我梅花绢。

师：真好！不多不少，正好也是十个字。

（课件最后呈现为）

序号	摘录时间词	概括写外祖父的事例
第一件事	我很小的时候	外祖父读唐诗宋词落泪
第二件事	我五岁那年	外祖父分外爱惜墨梅图
第三件事	有一天	外祖父因不能回国哭泣
第四件事	离别的前一天早上	外祖父郑重送我墨梅图
第五件事	回国的那一天	外祖父含泪送我梅花绢

3. 梳理文脉的先后事例

师：孩子们，这就是《梅花魂》这篇课文的主要内容。作者陈慧瑛按照时间顺序，先后回忆了十多年间外祖父的五件事例。我们一起来看，第一件事例发生在——

生:（齐读）我很小的时候。

师：写的是——

生:（齐读）外祖父读唐诗宋词落泪。

师：但是，为什么落泪，"我"其实并不清楚。第二件事例发生在——

生:（齐读）我五岁那年。

师：写的是——

生:（齐读）外祖父分外爱惜墨梅图。

师：这件事，留给"我"的印象非常深刻。第三件事例发生在——

生:（齐读）有一天。

师：那已经是"我"十二三岁的时候。写的是——

生：（齐读）外祖父因不能回国哭泣。

师：第四件事例发生在——

生：（齐读）离别的前一天早上。

师：写的是——

生：（齐读）外祖父郑重送我墨梅图。

师：第五件事例发生在——

生：（齐读）回国的那一天。

师：写的是——

生：（齐读）外祖父含泪送我梅花绢。

四、还原情境，引向"梅花"内涵

师：这三件事例，发生在同一个时间段，令作者陈慧瑛终生难忘。好了，课文《梅花魂》写到这里就结束了。外祖父留在了东南亚的星岛，也就是新加坡；而"我"和母亲，则坐船回到了祖国的怀抱。孩子们，假如《梅花魂》可以继续写下去，你特别希望知道一些什么呢？

生1：我想知道，外祖父为什么会分外爱惜墨梅图？

生2：我特别想知道，回国的那一天，外祖父到底跟"我"说了一些什么？

生3：我很想知道，外祖父后来有没有回到祖国的怀抱？

生4：我特别想知道，回国以后外祖父和"我"还有没有联系？

生5：我特别想知道，外祖父送给"我"的那幅墨梅图后来怎么样了？

师：孩子们，你们知道吗？其实《梅花魂》这篇文章还没有结束。陈慧瑛在《梅花魂》的原文中，对你们想要知道的内容都作了非常生动的交代。想继续读下去吗？一起来看——

（课件呈现）

七天七夜的航行，"万福顺"号穿过了深邃辽阔的太平洋。我和妈妈终于回到了日夜向往的祖国，回到了厦门——我可爱的故乡！

在祖国的怀抱里，我完成了高等教育。上学期间，外祖父一直从经济上支持我。十来年间，老人来信时常要提起："莺儿，待你学有所成，一定前来接我归去！"

可是，天不从人愿。我上大学三年级时，一个冬日午后，一封加急电报，带来外祖父离开人间的噩耗——真没想到，昔日星岛码头一别，竟成永诀。重洋万里，冥路茫茫，妈妈和我，真是悲恸欲绝。

外祖父去世后的次年初春，我在老家的山坡上，种下了两株树……

师：（朗读以上文字）孩子们，"我"在老家的山坡上，种下了两株树。那是为了祭奠谁？

生：（齐答）外祖父。

师：是为了怀念谁？

生：（齐答）外祖父。

师：是为了铭记谁？

生：（齐答）外祖父。

师：是啊！"我"种下的不仅是两株树，更是"我"对外祖父的思念和爱呀！那么，你以对这篇课文的了解，你猜一猜，"我"最有可能种下的是什么树呢？

生：（指名多位学生回答）梅花树。

师：为什么？为什么你们这么肯定？为什么你们这么一致？

（课件呈现）

我在老家的山坡上，种下了两株梅花树。

生：（齐读此句）

师：答案一定在课文中！让我们再次走进——

生：（齐读）梅花魂。

五、拓展背景，理解"梅花"意蕴

师：请大家默读课文，为"我"的这个决定——"种梅花"寻找理由。把你找到的理由，用波浪线画下来；并且，在理由的旁边写上批注。

生：（默读，思考，批注）

师：好！刚才大家一致认为，为了祭奠外祖父、怀念外祖父、铭记外祖父，"我"在老家山坡上种下的一定是——

生：（齐答）梅花树。

1. 锁定梅花的文化意象

师：理由呢？我想你一定已经找到了很多条理由，是吧？那么，在你找到的很多条理由中，你觉得哪一条理由是最重要的？

生：（指名回答，朗读相关语段）

（课件呈现）

这梅花，是我们中国最有名的花。旁的花，大抵是春暖才开花。她却不一样，愈是寒冷，愈是风欺雪压，花开得愈精神，愈秀气。她是最有品格、最有灵魂、最有骨气的！几千年来，我们中华民族出了许多有气节的人物，他们不管历经多少磨难，不管受到怎样的欺凌，从来都是顶天立地，不肯低头折节。他们就像这梅花一样。一个中国人，无论在怎样的境遇里，总要有梅花的秉性才好！

师：也画下这一处的请举手？

生：（纷纷举手）

师：孩子们，这段话是谁说的？

生：是外祖父说的。

师：没错，这段话是外祖父说给谁听的？

生：是外祖父说给作者听的。

师：也就是陈慧瑛，小名叫——

生：莺儿。

师：是的，那么，这段话是外祖父在什么时候说给莺儿听的？

生：是离别的前一天早上。

师：没错，还记得吗？这段话是外祖父在离别的前一天早上，送给莺儿什么礼物的时候说的？

生：送她最珍贵的墨梅图的时候。

师：孩子们，记住这样的情境，记住这样的场景，把自己放进去，再来用心地读一读这段话。自由读，读出画面，读出感情。一遍不够，两遍；两遍不够，三遍。请开始——

生：（自由朗读此段课文）

2. 理解梅花的比喻义

师：好！谁来读一读外祖父送给"我"的临别赠言？

生：（指名朗读）

师：读得真好！她把自己放进去了，也把我们带进去了。孩子们，在外祖父看来，梅花有"三最"。第一，最有——

生：（齐答）品格。

师：第二，最有——

生：（齐答）灵魂。

师：第三，最有——

生：（齐答）骨气。

师：我们一起来读读外祖父心中的"三最"之花。这梅花——

（课件呈现）

这梅花，是我们中国最有名的花。旁的花，大抵是春暖才开花。她却不一样，愈是寒冷，愈是风欺雪压，花开得愈精神，愈秀气。她是最有品格、最有灵魂、最有骨气的！

生：（齐读）

师：但是，好像有问题啊！孩子们，"品格""灵魂""骨气"，这些词语一般是用来形容人还是形容物的?

生:(齐答)人。

师:对呀!通常,只有人,我们才会形容他最有——

生:(齐答)品格。

师:最有——

生:(齐答)灵魂。

师:最有——

生:(齐答)骨气。

师:但是,梅花不是人,是物啊,是植物啊!这是为什么呢?

生:因为他将梅花比作人来写了。

师:我们都知道,这叫借物——

生:(齐答)喻人。

师:孩子们,我们一起看!这里有四种花,可以用来比喻四种不同的人。反过来,我们也可以说,这里有四种人,可以用四种不同的花来比喻。

(课件呈现)

清正廉洁　自尊自重　菊花

淡泊名利　超凡脱俗　莲花

雍容华贵　典雅端庄　梅花

百折不挠　坚贞不屈　牡丹

师:一个人清正廉洁、自尊自重,我们可以说他像什么花?

生:像莲花。

师:是的!莲花通常用来比喻清正廉洁、自尊自重的人。一个人淡泊名利、超凡脱俗,我们可以说他像什么花?

生:像菊花。

师:是的!菊花通常用来比喻淡泊名利、超凡脱俗的人。当然,一个人雍容华贵、典雅端庄,我们就可以说他像什么花?

生:像牡丹。

师：是的！牡丹通常用来比喻雍容华贵、典雅端庄的人。那么，一个人百折不挠、坚贞不屈，我们就可以说他像——

生：（齐答）梅花。

师：（板书：比喻：百折不挠、坚贞不屈）孩子们，现在我们知道，梅花可以用来比喻这样的人——

生：（齐读）百折不挠、坚贞不屈。

师：一个人百折不挠、坚贞不屈，可以把他比喻成——

生：（齐读）梅花！

师：为什么呢？为什么是梅花，而不是莲花、菊花、牡丹花呢？

（课件呈现）

这梅花，是我们中国最有名的花。旁的花，大抵是春暖才开花。她却不一样，愈是寒冷，愈是风欺雪压，花开得愈精神，愈秀气。她是最有品格、最有灵魂、最有骨气的！

师：（引读）因为，外祖父告诉莺儿：这梅花——

生：（齐读）是我们中国最有名的花。

师：（引读）旁的花——

生：（齐读）大抵是春暖才开花。

师：（引读）她却不一样，愈是寒冷，愈是风欺雪压——

生：（齐读）花开得愈精神，愈秀气。

师：（引读）她是——

生：（齐读）最有品格、最有灵魂、最有骨气的！

师：所以，在外祖父心中，梅花不仅是一种花，更是一种人格的比喻。这种人格就是——

生：（齐读）百折不挠！坚贞不屈！

3. 理解梅花的象征义

师：不仅如此，外祖父还告诉莺儿——

（课件呈现）

几千年来，我们中华民族出了许多有气节的人物，他们不管历经多少磨难，不管受到怎样的欺凌，从来都是顶天立地，不肯低头折节。他们就像这梅花一样。

生：（指名朗读）

师：孩子们，课前你们一定已经查过资料，对我们中华民族有气节的人物一定已经有所了解。打开你的导学单，向大家介绍一位你印象最深的气节人物。

生：我印象最深的是岳飞。（朗读资料）岳飞是南宋的抗金名将，伟大的民族英雄。为了收复被金兵占领的中原地区，岳飞率领岳家军奋勇杀敌、精忠报国。遇到强敌，他无所畏惧；被奸臣陷害，他威武不屈。他那"还我河山"的决心从未动摇过。最后，他以莫须有的罪名被奸臣所害。但是，他的英名却流芳百世。

师：孩子，如果用一种花来祭奠岳飞，你的第一选择是什么花？

生：梅花。

师：因为，梅花最有——

生：品格。

师：最有——

生：灵魂。

师：最有——

生：骨气。

师：是的！岳飞就像梅花一样，坚守气节，顶天立地！好，请继续介绍你印象最深的气节人物——

生：我印象最深的是文天祥。（朗读资料）"人生自古谁无死，留取丹心照汗青。"这句家喻户晓的名言，就出自文天祥之手。文天祥身为南宋丞相，誓死抵抗元朝对宋朝的攻击，一心报效朝廷。即使屡战屡败，仍然矢志不渝。被元军俘虏之后，他在狱中受尽非人折磨，却始终保持一身正气，最后英勇就义。

师：如果，文天祥的纪念册要配上一种花的图案，你最想用的是什么花？

生：梅花。

师：因为，梅花——

生：最有品格，最有灵魂，最有骨气。

师：是的，文天祥就像梅花一样，坚守气节，顶天立地！请继续介绍——

生：我印象最深的是杨靖宇。（朗读资料）杨靖宇是著名的抗日英雄，他带领东北抗日联军，创建游击根据地，与日本鬼子血战于白山黑水之间，给敌人以很大的打击和威慑。在冰天雪地、弹尽粮绝的情况下，他孤身一人与日本鬼子周旋了五天五夜，无论敌人如何劝降，都毫不动摇，最后壮烈牺牲。

师：杨靖宇的墓地需要种一些花，你会选择种什么花？

生：梅花。

师：因为，梅花——

生：最有品格，最有灵魂，最有骨气。

师：是的，杨靖宇就像梅花一样，坚守气节，顶天立地！当然，这样的气节人物在我们中华民族的历史上还有许多许多。所以，外祖父才会如此郑重地告诉莺儿——

（课件呈现）

几千年来，我们中华民族出了许多有气节的人物，他们不管历经多少磨难，不管受到怎样的欺凌，从来都是顶天立地，不肯低头折节。他们就像这梅花一样。

生：（齐读）

师：于是，说到梅花，你就会想到南宋的抗金名将——

生：（齐答）岳飞。

师：他精忠报国，流芳百世！说到梅花，你就会想到"人生自古谁无死，留取丹心照汗青"的——

生：（齐答）文天祥。

师：说到梅花，你就会想到孤身一人与鬼子周旋了五天五夜的抗日英雄——

生：（齐答）杨靖宇。

师：说到梅花，你就会想到中华民族许许多多有气节的——

生：（齐答）人物。

师：因为，梅花成了一种象征！一种坚守气节、顶天立地的象征！（板书：象征：坚守气节　顶天立地）

4. 理解梅花的寄托义

师：其实，在外祖父的心里，梅花不仅是一种人格的比喻，不仅是一种民族气节的象征，还是一种寄托。（板书：寄托）大家想一想，一位常年漂泊他乡、身在异国的华侨老人，当他看到梅花的时候，很自然地就会想到什么？

生1：想到祖国。

生2：想到中国。

生3：想到故乡。

师：所以，回国以后的"我"，终于明白——

（课件呈现）

我带走的，岂止是我慈爱的外祖父珍藏的一幅丹青、几朵血梅？我带走的，是身在异国的华侨老人一颗眷恋祖国的赤子心啊！

生：（齐读）

师：（板书：眷恋祖国　热爱中华）孩子们，请快速浏览课文，你会发现，课文里到处都能看到外祖父的那颗眷恋祖国、热爱中华的赤子心。

生：（浏览课文）

师：孩子们，外祖父的这颗赤子心在哪里热烈地跳动着？比如，"我"很小的时候——

生:"我"很小的时候，外祖父教"我"读唐诗宋词，而且在读唐诗宋词的时候，外祖父流泪了。

师：唐诗宋词，就是外祖父心中的——

生：祖国。

师：在这里，我们看到了一种情感的寄托，这种情感，就是——

生：（接答）眷恋祖国，热爱中华。

师：继续交流，在"我"五岁那年——

生：在"我"五岁那年，有一回到书房玩耍，不小心弄脏了墨梅图，外祖父顿时拉下脸来。后来，他用刀片轻轻刮去污迹，又用细绸子慢慢抹净。

师：那幅墨梅图，在外祖父的心中就是——

生：祖国。

师：在这里，你又一次看到了一种情感的寄托，这种情感，就是——

生：（接答）眷恋祖国，热爱中华。

师：继续交流，比如，在离别的前一天早上——

生：在离别的前一天早上，外祖父早早地起了床，把"我"叫到书房里，郑重地将那幅墨梅图送给"我"。

师：因为，墨梅图深深寄托着外祖父的一种情感，这种情感，就是——

生：（接答）眷恋祖国，热爱中华。

师：继续交流，在回国的那一天——

生：在回国的那一天，想不到眼含泪水的外祖父也随着上了船，递给我一块手绢——雪白的细亚麻布上绣着血色的梅花。

师：在外祖父的心中，那一朵血梅就是——

生：祖国。

师：在这里，我们又一次看到了他的情感寄托，这种情感，就是——

生：（接答）眷恋祖国，热爱中华。

师：孩子们，你们刚才找到的这些事例，有的直接跟梅花有关，有的好像跟梅花无关。但是，所有的这些事例，我们发现都是外祖父的一种情感寄托，这种情感，就是——

生：（齐读）眷恋祖国，热爱中华。

师：而这样一种深厚的情感，最好的寄托就是——

生：（齐答）梅花。

师：（指着板书）孩子们请看！在外祖父的心里，梅花比喻一种人格，这种人——

生：（齐读）百折不挠，坚贞不屈。

师：梅花象征一种民族精神，中华民族出了许多有气节的人物，他们——

生：（齐读）坚守气节，顶天立地。

师：梅花寄托一种感情，漂泊他乡的海外游子，他们——

生：（齐读）眷恋祖国，热爱中华。

师：孩子们，对于这样的梅花这样的人，你的心里升起了一种怎样的感情？

生1：我的心中升起了一种爱国感情。

生2：我的心中升起了感动之情。

生3：我的心中升起了一种敬佩之情。

师：孩子们，那就让我们一起，怀着感动，怀着敬佩，再来好好地读一读外祖父的这段临别赠言——

（课件呈现）

这梅花，是我们中国最有名的花。旁的花，大抵是春暖才开花。她却不一样，愈是寒冷，愈是风欺雪压，花开得愈精神，愈秀气。她是最有品格、最有灵魂、最有骨气的！几千年来，我们中华民族出了许多有气节的人物，他们不管历经多少磨难，不管受到怎样的欺凌，从来都是顶天立地，不肯低头折节。他们就像这梅花一样。一个中国人，无论在怎样的境遇里，总要有梅花的秉性才好！

师生：（配乐合作朗读）

5. 回应种梅花的情境

师：孩子们，回到开始。外祖父去世的次年初春，"我"在老家的山坡上种下了两株树，是什么树？

生：（齐答）梅花树。

师：这是陈慧瑛的原文——

（课件呈现）

老人逝后次年初春，我在老家的山坡上，种下了两株梅树：一株蜡梅，一株红梅……

——摘自陈慧瑛《梅花魂》

师：（引读）老人逝后次年初春，我在老家的山坡上，种下了两株——

生：（齐读）梅树。

师：一株——

生：（齐读）蜡梅。

师：一株——

生：（齐读）红梅。

师：现在你可以回答，为什么？

生1：因为这两株梅花比喻的是百折不挠、坚贞不屈的品格，象征的是坚守气节、顶天立地的精神，而它也寄托着外祖父眷恋祖国、热爱中华的情感。所以，"我"要种下两株梅树。

师：是啊，还有什么花可以取代梅花在外祖父心中的地位呢？

生2：因为这梅花在外祖父的心里比喻百折不挠、坚贞不屈的人，也象征坚守气节、顶天立地的精神，也寄托着外祖父眷恋祖国、热爱中华的情感。在外祖父心中，没有一种花可以代替梅花。

师：其实，在陈慧瑛的心中，外祖父就是——

生：（齐答）梅花。

师：梅花就是——

生：（齐答）外祖父。

六、知人论世，传承"梅花"文化

师：明白了！孩子们，这是外祖父和梅花之间的故事。那么，你们想不想知道，陈慧瑛和梅花之间的故事呢？我们继续看——

（课件出示）

陈慧瑛大学毕业之后，赶上十年动乱。她从风光绮丽的厦门被分配到了遥远的太行山。在太行山里，她孤独一人，举目无亲。和当地山民一样，她睡土窑、喝雪水、吃玉米疙瘩和糠窝窝；患了胃溃疡，时时疼得冒冷汗；在滴水成冰的日子里，跟着男社员上山开大寨田，细嫩的虎口被震裂……

师：（朗读此段文字）孩子们，那个时候，陈慧瑛会想到什么？

生1：会想到外祖父，也会想到梅花。

生2：会想到梅花百折不挠、坚贞不屈的品格。

师：是的，就在那个时候，陈慧瑛会打开外祖父送给她的那幅墨梅图；就在那个时候，她会想起外祖父送给自己的临别赠言，一字一句地把它们写在日记本上——

（课件呈现）

这梅花，是我们中国最有名的花。旁的花，大抵是春暖才开花。她却不一样，愈是寒冷，愈是风欺雪压，花开得愈精神，愈秀气。她是最有品格、最有灵魂、最有骨气的！几千年来，我们中华民族出了许多有气节的人物，他们不管历经多少磨难，不管受到怎样的欺凌，从来都是顶天立地，不肯低头折节。他们就像这梅花一样。一个中国人，无论在怎样的境遇里，总要有梅花的秉性才好！

生：（按照作业的填空设计，抄写这段文字）

师：其实你们抄写的不只是这段文字，更是梅花百折不挠、坚贞不屈的品格。正是这样的梅花魂，给了孤独的陈慧瑛以莫大的力量。

（课件呈现）

转眼五年过去了。生活的艰难还在其次，难道，十七年寒窗勤学得来的知识，除了埋入荒山，竟毫无用场？陈慧瑛痛苦地思索着。侨居海外的老父亲，寄来一封封滴着清泪的信笺，催她出国；星岛的舅妈，巴黎的表姐，澳大利亚的表哥，一个个轮番来信，要她去他们那里……

师：（朗读此段文字）孩子们，那个时候，陈慧瑛想到了什么？

生：我不能回去，我是一个中国人，我要像梅花一样百折不挠、坚贞不屈，我不能回去，这才是我真正的祖国。

师：孩子，你想的跟陈慧瑛一模一样。就在她迷茫的时候，就在她犹豫的时候，她又一次打开了外祖父送给她的墨梅图，又一次想起了外祖父的临别赠言——

（课件呈现）

这梅花，是我们中国最有名的花。旁的花，大抵是春暖才开花。她却不一样，愈是（　　），愈是（　　），花开得愈（　　），愈（　　）。她是最有（　　）、最有（　　）、最有（　　）的！几千年来，我们中华民族出了许多有气节的人物，他们不管历经多少（　　），不管受到怎样的（　　），从来都是（　　），不肯（　　）。他们就像这梅花一样。一个中国人，无论在怎样的境遇里，总要有（　　）才好！

生：（齐读这段文字）

师：就这样，在艰难跋涉的人生路上，外祖父的临别赠言，梅花眷恋祖国、热爱中华的情感寄托给了陈慧瑛莫大的安慰。在祖国的危难之秋，她怎么忍心掉头而去？

（课件呈现）

现在，祖国早已寒冰化春水，陈慧瑛调回了故乡厦门，成了一名新闻记者。她呕心沥血、持之以恒地刻苦学习、努力创作，坦坦荡荡地走过生命中的坎坎坷坷，无怨无悔地热爱祖国、服务人民。她先后发表了六百多万字的文学作品，出版了近二十部散文著作，有近百篇作品获得国内外的文学奖。

师：(朗读此段文字)孩子们，每当人生又一次遭遇坎坷的时候，陈慧瑛又会想起什么？

生1：她又会想起外祖父，想起外祖父送给她的墨梅图。

生2：她又会想起梅花那百折不挠、坚贞不屈的品格。

师：是啊！她怎么能忘记给了她安慰和力量的墨梅图？怎么能忘记外祖父的临别赠言呢？

（课件呈现）

这梅花，是我们中国最有名的花。旁的花，大抵是（　　）。她却不一样，愈是（　　），愈是（　　），花开得愈（　　），愈（　　）。她是最有（　　）、最有（　　）、最有（　　）的！几千年来，我们中华民族出了许多（　　）的人物，他们不管历经多少（　　），不管受到怎样的（　　），从来都是（　　），不肯（　　）。他们就像这（　　）一样。一个中国人，无论在怎样的（　　）里，总要有（　　）才好！

生：(齐读这段文字)

师：就这样，外祖父的临别赠言，梅花坚守气节、顶天立地的民族精神，陈慧瑛用一生的不离不弃做到了。繁花一树，终成风景。(指着板书)孩子们，其实梅花本来不过是大自然的一种花卉，她既不可能有什么品格，也不可能有什么灵魂。但是，在一代又一代诗人、作家的创作过程中，梅花不再只是梅花，梅花成了一种人格的比喻，它——

生：(齐读)百折不挠，坚贞不屈。

师：梅花成了一种精神的象征，它——

生：(齐读)坚守气节，顶天立地。

师：梅花成了一种情感的寄托，它——

生：(齐读)眷恋祖国，热爱中国。

师：于是，在我们中国人的心里，梅花成了一种意象。(板书：意象)

(最后形成如下板书)

```
       ┌ 比喻：百折不挠、坚贞不屈 ┐
梅花魂 │ 象征：坚守气节、顶天立地 │ 意象
       └ 寄托：眷恋祖国、热爱中华 ┘
```

生：（抄写板书）

师：这种意象，就刻写在外祖父的心里。在外祖父的身上，我们看到了梅花一样的人格，他——

生：（齐读）百折不挠、坚贞不屈。

师：在外祖父的身上，我们看到了梅花一样的精神，他——

生：（齐读）坚守气节、顶天立地。

师：在外祖父的身上，我们看到了梅花一样的情感，他——

生：（齐读）眷恋祖国、热爱中华。

师：孩子们，这就是外祖父身上的——

生：（齐读）梅花魂。

师：这种意象，也刻写在陈慧瑛的心里。在陈慧瑛的身上，我们看到了梅花一样的人格，她——

生：（齐读）百折不挠、坚贞不屈。

师：在陈慧瑛的身上，我们看到了梅花一样的精神，她——

生：（齐读）坚守气节、顶天立地。

师：在陈慧瑛的身上，我们看到了梅花一样的情感，她——

生：（齐读）眷恋祖国、热爱中华。

师：孩子们，这就是陈慧瑛身上的——

生：（齐读）梅花魂。

师：那么，从今天开始，当你再一次听到梅花，再一次看到梅花，再一次读到梅花，你会很自然地想到——

生1：我会想到外祖父和陈慧瑛的梅花魂。

生2：我会想到我要跟外祖父和陈慧瑛一样，百折不挠，坚贞不屈。

生3：我会想到梅花象征着坚守气节、顶天立地。

生4：我会想到中华民族那些有气节的英雄人物。

生5：我会想到那些华侨眷恋祖国、热爱中华的赤子心。

师：孩子们，这就是你们的——

生：（齐读）梅花魂。

师：这就是中华民族的——

生：（齐读）梅花魂。

师：下课！（课件播放歌曲《红梅赞》）

教学反思

任务群视域下小学语文单篇教学样态的转向

王崧舟

"语文学习任务群"（以下简称"任务群"）作为一个专用名词、工作概念、创新术语，随着《义务教育语文课程标准（2022年版）》（以下简称"新课标"）的颁布施行，业已成为本轮语文课程改革的热点与焦点。

新课标指出："义务教育语文课程内容主要以学习任务群组织与呈现。"[①]这就意味着，"任务群"的提出，首先是一种"课程内容"的构建。为此，新课标以"任务群"的组织方式，从横向的角度将课程内容划分为六个"学习领域"，即：语言文字积累与梳理、实用性阅读与交流、文学阅读与创意表达、思辨性阅读与表达、整本书阅读、跨学科学习；又从纵向的角度将课程内容划分为四个学段的"系列学习任务"，从而解决了长期以来义务教育语文课程内容的缺失问题。

新课标又指出："教师要明确学习任务群的定位和功能，准确理解每个学习任务群的学习内容和教学提示。在此基础上，综合考虑教材内容和学生情况，设计不同类型的学习任务，依托学习任务整合学习情境、学习内

---

① 中华人民共和国教育部. 义务教育语文课程标准（2022年版）[S]. 北京：北京师范大学出版社，2022：19.

容、学习方法和学习资源，安排连贯的语文实践活动。"[①] 这就同时意味着，"任务群"的提出，不仅是一种"课程内容"的构建，也是一种"课程路径"的设计。理由很明显，不同结构的课程内容，需要有与之匹配的课程路径来加以实施。

当然，"任务群"视域下课程内容的实施路径包括教学样态，应该是多元共生、和而不同的，诸如"单篇教学""群文教学""专题教学""活动教学""项目式教学""大单元教学"等。这些教学样态，在"任务群"的实施路径中都有其独特的地位与功能，既各美其美，又美美与共。尤其是单篇教学，在可以预见的将来，依然是语文教学的基本样态、主要样态。那么，"任务群"视域下小学语文单篇教学样态将会发生哪些变化？我们在教学设计和课堂实施中又该做出哪些调整呢？

一、学习领域：导向"任务群"

作为课程内容的"任务群"，首先划定了六大"学习领域"。第一层次是基础型学习领域，即：语言文字积累与梳理；第二层次是发展型学习领域，即：实用性阅读与交流、文学阅读与创意表达、思辨性阅读与表达；第三层次是拓展型学习领域，即：整本书阅读、跨学科学习。每一个学习领域既相对独立又相互关联，在整个语文课程内容体系中承载着各自独特的使命和功能（见表1）。

[①] 中华人民共和国教育部. 义务教育语文课程标准（2022年版）[S]. 北京：北京师范大学出版社，2022:45.

表1 六大"语文学习任务群"（学习领域）的使命与功能

学习领域	学习使命	学习功能
语言文字积累与梳理	本学习任务群旨在引导学生在语文实践活动中，积累语言材料和语言经验，形成良好的语感；通过观察、分析、整理，发现汉字的构字组词特点，掌握语言文字运用规范，感受汉字的文化内涵，奠定语文基础。	分类思维 语言仓库 侧重于语料积累与梳理
实用性阅读与交流	本学习任务群旨在引导学生在语文实践活动中，通过倾听、阅读、观察，获取、整合有价值的信息，根据具体交际情境和交流对象，清楚得体表达，有效传递信息，满足家庭生活、学校生活、社会生活交流沟通需要。	实用思维 生活意识 侧重于发展实用语言素养
文学阅读与创意表达	本学习任务群旨在引导学生在语文实践活动中，通过整体感知、联想想象，感受文学语言和形象的独特魅力，获得个性化的审美体验；了解文学作品的基本特点，欣赏和评价语言文字作品，提高审美品位；观察、感受自然与社会，表达自己独特的体验与思考，尝试创作文学作品。	诗性思维 人文情怀 侧重于发展审美语言素养
思辨性阅读与表达	本学习任务群旨在引导学生在语文实践活动中，通过阅读、比较、推断、质疑、讨论等方式，梳理观点、事实与材料及其关系；辨析态度与立场，辨别是非、善恶、美丑，保持好奇心和求知欲，养成勤学好问的习惯；负责任、有中心、有条理、重证据地表达，培养理性思维和理性精神。	理性思维 理性精神 侧重于发展理性语言素养

续表

学习领域	学习使命	学习功能
整本书阅读	本学习任务群旨在引导学生在语文实践活动中，根据阅读目的和兴趣选择合适的图书，制订阅读计划，综合运用多种方法阅读整本书；借助多种方式分享阅读心得，交流研讨阅读中的问题，积累整本书阅读经验，养成良好的阅读习惯，提高整体认知能力，丰富精神世界。	纵向思维 长效学习 侧重于发展 整体阅读素养
跨学科学习	本学习任务群旨在引导学生在语文实践活动中，联结课堂内外、学校内外，拓宽语文学习和运用领域；围绕学科学习、社会生活中有意义的话题，开展阅读、梳理、探究、交流等活动，在综合运用多学科知识发现问题、分析问题、解决问题的过程中，提高语言文字运用能力。	横向思维 协同学习 侧重于发展 语文综合素养

单篇教学以教材文本为依托，但是跟新课标颁布之前有所不同的是，传统的单篇文本，虽然指向语文要素的落实，但其自身依然保持着相对独立、具足的教学使命与功能。而"任务群"视域下的单篇文本，则首先需要确定其所属的学习领域，然后依照学习领域的使命与功能来确立其相应的学习任务。以统编小学语文教科书五年级下册第4课《梅花魂》为例，同样的文本，同样的教学素材，一旦归入不同的学习领域，则形成的学习任务也就完全不同（见表2）。

表2 单篇文本《梅花魂》归入不同"任务群"（学习领域）后学习内容分析

学习领域	主要学习任务
语言文字 积累与梳理	审美语言积累：梳理并积累《梅花魂》文本中有关"梅花秉性"的一组词串、有关"眷恋祖国"的一组词串，诵读并积累外祖父讲述"梅花魂"的核心语段。

续表

学习领域	主要学习任务
实用性阅读与交流	人物小传分享：从《梅花魂》文本中提取、整理有关外祖父身世经历、性格特点等方面的信息，结合其他相关资料，为外祖父洪镜湖先生撰写一份人物小传；并以作者陈慧瑛的身份向大家介绍外祖父洪镜湖先生。
文学阅读与创意表达	文学意象品鉴：阅读《梅花魂》文本，梳理外祖父与梅花之间的事例，通过观照语境、知人论世等方法品鉴作为文学意象的梅花，理解其比喻、象征、寄托等文学意蕴，体会借物喻人、借景抒情的表达手法。
思辨性阅读与表达	"中国心"演讲：以《梅花魂》文本为主要素材，结合自己的生活经验以及其他相关资料，围绕"热爱中华、报效祖国"这一主题撰写演讲稿；并在全班组织一场演讲比赛。
整本书阅读	整本书导读：以《梅花魂》文本为引子，了解作者陈慧瑛的主要事迹，感受其作品清新朴实、真挚隽永的风格特点，引发学生进一步阅读《梅花魂——陈慧瑛散文集》的期待。
跨学科学习	课本剧编演：以《梅花魂》文本为蓝本，从角色、对白、场景、画外音、背景音乐等角度将其改编成课本剧；并以小组为单位，准备合适的"服化道"，完成《梅花魂》课本剧的排练和演出。

由此可见，第一，任务群视域下的单篇教学，首先需要一个由处于上位的"学习领域"观照处于下位的"学习任务"的过程。换言之，"学习领域"的独特使命与功能决定着单篇文本的教学价值。第二，单篇文本教学价值的开掘，还有一个由处于下位的"学习任务"匹配处于上位的"学习领域"的过程。简言之，单篇文本以其某一方面的教学价值来支撑某个"学习领域"的使命与功能。第三，由上位"学习领域"到下位"学习任务"，再由下位"学习任务"到上位"学习领域"，是一个循环往复、螺旋上升的过程，在这样一个交互递进的过程中，我们得以不断开掘、修正单篇文本的教学

价值，使之趋向理想任务的状态。

二、学习目标：指向"大概念"

传统意义上的单篇教学，就教材编排而言，虽然也处于某一单元的某一位置上，或精读，或略读，或自读；同时，也在一定程度上受制于单元语文要素的规约，在学习目标的制订上存在一定指向和边界。以《梅花魂》为例，我们梳理比较一下不同教案对本课学习目标的设置，就能发现其共同倾向与特征（见表3）。

表3 传统单篇教学《梅花魂》教学目标分析

教 案	教学目标	特征分析
教案A	1. 认识"葬""腮"等12个生字，能读准多音字、易读错词和难读句子； 2. 能以儿童视角走进课文，梳理课文写了外祖父的五件事； 3. 通过捕捉作者童年时心里的疑惑，在层层解疑释惑中体会外祖父思念家乡、眷恋祖国的情感，对题目"梅花魂"有更深理解。	1. 教学目标的制订均指向单元语文要素"体会课文表达的思想感情"； 2. 教学目标的制订均体现略读课文的基本任务"说说课文写了外祖父的哪几件事，表现了他怎样的感情"； 3. 教学目标的制订均关注课后新识字任务的落实。
教案B	1. 认识"葬""腮"等12个生字； 2. 默读课文，能说出课文写了外祖父的哪几件事，表达了他怎样的情感； 3. 能结合课文内容，说出自己对题目"梅花魂"的理解。	

续表

教　案	教学目标	特征分析
教案 C	1. 认识"葬""腮"等 12 个生字； 2. 正确、流利、有感情地朗读课文； 3. 基本读懂课文，领悟梅花那种不畏"风欺雪压"的品格，感受外祖父对祖国无限眷恋的思想感情。	

由上述分析可知，传统单篇教学的目标设定，倾向于语文知识和技能的线性排列，满足于某一要素（知识、技能）的操作性表述；单篇本身虽处于某一教材单元中，但以满足单篇自身的教学价值为本，忽略与单元内部其他单篇教学之间的价值关联，更没能与处于上位的大概念相联结。因此，这样的教学目标，虽有促进学生核心素养发展的意义，但其发挥的作用极为有限。因为，处于知识和能力最底部的语文要素，无法促成相对复杂的认知结构，也就很难在真实的语言运用情境中得到有效表现。一如专家所言，"如果没有联结上位的大概念等，习得的方法、策略、要素和格式很容易被机械地使用"[①]。

而"任务群"视域下的单篇教学，则需要努力拆除以单篇自身的教学价值为本的藩篱，自觉融入学习领域的单元整体目标，主动与处于上位的大概念相联结，使掌握的语文知识和能力实现高通路迁移，真正形成指向解决现实语文生活问题的核心素养。

以《梅花魂》这一单篇文本所处的教材单元为例。该教材单元的人文主题是"童年往事"，语文要素是"体会课文表达的思想感情"；选用的课文有《古诗三首》《祖父的园子》《月是故乡明》《梅花魂》；口语交际的主题为"走进他们的童年岁月"，习作训练的题目为《那一刻，我长大了》。通过对上述教材资源的分析统整，我们发现"文学意象"是落实单元语文要

---

① 刘徽. 大概念教学：素养导向的单元整体设计 [M]. 北京：教育科学出版社，2022:35.

素的重要载体，在《古诗三首》中同时出现了"儿童"这一文学意象，在《月是故乡明》中集中使用了"明月"这一文学意象，在《梅花魂》中重点构建了"梅花"这一文学意象，而口语交际和习作训练也都可以和童年的某一典型意象勾连起来。这样，我们首先可以将该单元归入"文学阅读与创意表达"这一"任务群"（学习领域），而学习主题则可以确立为"文学意象"。根据"文学意象"这一主题，我们再建立与之相应的大概念，然后将《梅花魂》单篇教学的目标与上位的大概念联结起来，形成一个上位概念与下位目标相统一的教学价值体系（见表4）。

表4 "任务群"视域下《梅花魂》教学目标的制订

学习主题	大概念	学习目标
文学意象	文学意象是文学作品所描写的客观物象，融入了作者的主观情意。通过对文学意象的关注与分析，有助于体会其中所蕴含的思想感情。	（一）学生将知道： 1. 作为文学意象"梅花"的内涵和作用； 2. 认识本课12个生字，了解本课跟"梅花"意象相关的若干新词。 （二）学生将理解： 1. "梅花"这一文学意象具有"渲染氛围、营造意境"等表达作用； 2. "梅花"这一文学意象所承载的比喻、象征、寄托等意蕴。 （三）学生将做到： 1. 能运用文学意象陈述"种梅"这一问题情境的理由； 2. 能恰当运用"梅花"这一文学意象来表达自己对中华民族中那些有气节人物的敬意和缅怀。

就"任务群"视域下《梅花魂》一课的单篇教学目标来看，传统意义上的以单篇自身的教学价值为本的藩篱已经消除，新设定的单篇教学目标自觉服从并服务于"文学意象"这一大概念的掌握和运用。通过这一课的单篇教学，学生需要识记的，是跟"文学意象"这一大概念有关的信息与知识；学生需要理解的，是在"梅花意象→文学意象→梅花意象"的循环

过程中所挖掘的文学意蕴和表达效果；学生需要掌握的，是在"文学意象"这一大概念统领下再使用具体的知识、方法、策略等解决生活中的真实问题。这样的目标设定，打通了语文学习联系现实世界的"最后一公里"，真正体现了"素养本位"这一新课标核心理念。

三、学习活动：投向"真情境"

传统意义上的单篇教学，也注重"情境创设"。如《梅花魂》一课，有的创设这样的情境：请各小组展示课前搜集到的带有梅花图案的物件，诵读有关梅花的古诗词，在引趣中导入新课；有的则创设这样的情境：先播放歌曲《我的中国心》，然后以"这是一首让无数中华儿女潸然泪下的歌曲，它唱出了千千万万海外游子的心声，《梅花魂》写的就是这样一位身在异国的华侨老人眷恋祖国的故事"的讲述，在激情中导入新课。但是，这样的情境创设，其目的是为教师的教服务，其作用仅为导入新课，其结构缺乏角色代入，其驱动跟学生的真实性问题无关。显然，这与"任务群"视域下理想的"学习情境"创设相去甚远。

新课标指出："学习情境的设置要符合核心素养整体提升和螺旋发展的一般规律。语文学习情境源于生活中语言文字运用的真实需求，服务于解决现实生活的真实问题。"[1] 简言之，学习情境的创设要体现生活性、真实性和实践性。

譬如，《梅花魂》的单篇教学，我们可以设置这样的学习情境——

一位在日本留学的中国博士生，连续三次毕业论文都没通过。后来，一次偶然的机会，他读到了《梅花魂》，受到了极大鼓舞，最终顺利通过了毕业论文。校方知道后，将《梅花魂》这篇文章收入到大学课本中。如果有机会采访这位中国留学生，你最感兴趣的是哪些问题？请为自己的采访设

---

[1] 中华人民共和国教育部. 义务教育语文课程标准（2022年版）[S]. 北京：北京师范大学出版社，2022：45.

计一份问题清单。

我们也可以设置这样的学习情境——

陈慧瑛的散文《梅花魂》于1984年5月首次在文学期刊《花城》上公开发表；同年，《梅花魂》在全国侨联和《华声报》联合举办的"月是故乡明"全国征文比赛中，荣获一等奖。大赛组委会为每一篇获得一等奖的作品都创作了颁奖词。请你也为《梅花魂》写一篇颁奖词。

我们还可以设置这样的学习情境——

学校正在举办"我和我喜爱的作家"征文活动。要求：1.给自己喜爱的作家写信，写清楚自己阅读作家作品的感受和体会；2.思想正确，叙述清楚，语言得体，格式规范，字数不少于500字。读了《梅花魂》，请你给作家陈慧瑛写一封信，将自己阅读《梅花魂》的感受和体会写清楚、写具体。

上述学习情境，均来源于学生真实的生活经验，有真实的场景描述、真实的人物设定、真实的任务驱动，有助于学生将语文学习与真实的家庭生活、学校生活、社会生活联通起来，增强他们在各种场合学语文、用语文的意识。

当然，一个理想的学习情境，不仅要体现生活性、真实性、实践性等要求，同时还要考量以下三个维度：首先，要考量学习情境的目的性，即学习情境是否指向大概念、是否符合学习目标；其次，要考量学习情境的适切性，即学习情境所设置的任务是否具有挑战性、是否超越了大多数学生的认知能力；最后，要考量学习情境的兼容性，即学习情境与文本语境是否协调、与学生真实的生活环境是否抵牾。根据以上标准，我们审视前述三个学习情境，发现有的目的性不够明确，有的适切性不够到位，有的兼容性不够理想，似乎都有进一步改进的必要。为此，我们最终为《梅花魂》单篇教学创设了这样一个学习情境——

课文《梅花魂》回忆了"我"小时候关于外祖父的几件事例，老人家对梅花的热爱、对祖国的眷恋给我们留下了深刻印象。但事实上，陈慧瑛的《梅花魂》原文并没有就此结束。我们不妨继续往下读——

七天七夜的航行，"万福顺"号穿过了深邃辽阔的太平洋。我和妈妈终于回到了日夜向往的祖国，回到了厦门——我可爱的故乡！在祖国的怀抱里，我完成了高等教育。上学期间，外祖父一直从经济上支持我。十来年间，老人来信时常要提起："莺儿，待你学有所成，一定前来接我归去！"可是，天不从人愿。我上大学三年级时，一个冬日午后，一封加急电报，带来外祖父离开人间的噩耗——真没想到，昔日星岛码头一别，竟成永诀。重洋万里，冥路茫茫，妈妈和我，真是悲恸欲绝。外祖父去世后的次年初春，我在老家的山坡上，种下了两株树……

很显然，"我"种下的不仅是两株树，更是"我"对外祖父的思念和爱！那么，以你对课文内容的了解，你觉得"我"最有可能种下的是什么树？请为这两株特殊的树设计一块"树铭牌"，用简洁而富有诗意的文字写下"我"这样选择的理由。

这一学习情境的创设，灵感来自《梅花魂》原文的真实语境，集中指向大概念"文学意象"——学生的猜测高度一致，"我"种下的一定是梅花树；而任务"树铭牌"的设计，更是将"梅花"这一文学意象与学生的生活经验进行了无缝对接；同时，"我"的角色代入，有效激发了学生探究问题、解决问题的兴趣和热情，彰显了情境内涵以文化人的育人导向。

总之，作为课程路径的"任务群"，"应明确学生围绕什么学习主题，在什么学习情境中，学习什么内容，怎样学习，并以学习任务整合学习情境、学习内容、学习方法，引导学生在运用语言文字的过程中发展核心素养"[1]。"任务群"视域下的单篇教学，只有明确自身在六大"学习领域"中的定位，依据定位确立学习主题，在学习主题的统领下生成适切的大概念，并将学习目标主动与大概念相联结。在此基础上，创设指向大概念的真实学习情境，让学生在情境任务的驱动下自主学习、合作探究。唯其如此，才能切实转变学习方式，切实加强语文学习与生活世界的联系，切实提升学生语文课程核心素养。

---

[1] 郑国民，李宇明. 义务教育语文课程标准（2022年版）解读[M]. 北京：高等教育出版社，2022:100.